U0454736

阅读 你的生活

娱乐新闻小史

从讲八卦到流行文化的诞生

闫岩

著

中国人民大学出版社

·北京·

前　言

　　本书源于一些有趣的问题。比如：为什么八卦人人喜欢又人人喊打？如果它是好的，那么为什么人人在谈论八卦时都自觉地放低音量，似乎在做一件不道德的事？如果它是不好的，那么为什么人人又都忍不住谈论它？如果说，上述问题的答案在于八卦是人类无法抑制的一种本能，那么，为什么人类的演化树上会产生并保留这种本能？为什么人类进入文明社会几千年后，这个本能一点都没有衰落的兆头？

　　又如：八卦不是人人传来传去的家长里短吗？为什么居然可以卖钱？而且八卦消息贩卖产业还做大做强，成了专门的娱乐新闻业？再如：为什么我们不能安安心心地做明星的事业粉，而是不可抑制地想要获取他们的一切八卦信息？为什么一旦明星有悖德的传闻，粉丝们既不愿相信，又开着一切雷达去搜索？为什么人们喜闻乐见他人的负面新闻，尤其是名人的堕落？

再如：为什么围绕八卦居然有争论？八卦不是人人喊打的吗？学者们为什么居然能争论起来？既然有争论，这就意味着八卦不只有坏的一面，还有好的一面。那么，围绕八卦的学术争论的焦点是什么？

当我产生这些疑问时并没有想到，对于我认为平平无奇的八卦，人类学家、政治学家、社会学家、新闻学家和传播学家们早已从不同角度做出过深入思考。不同学科的阐释有些自成一体，有些互为支撑，有些又互相冲突。我以八卦新闻为主线，将不同学者、学派、学科围绕八卦及其衍生问题的论述熔于一炉，形成一本关于八卦新闻的专著。在这本书中，读者时时可以看到一些熟悉的名字，如八卦研究方面的著名学者罗宾·邓巴，名人研究方面的知名学者理查德·戴尔、大卫·马歇尔、格雷姆·特纳、克里斯·罗杰克和尼克·库尔德利，明星研究方面的领军人物保罗·麦克唐纳、理查德·德科尔多瓦、约翰·朗格，通俗报纸研究方面的著名学者海伦·休斯，以及文化研究方面的学者迈克尔·舒德森、约翰·哈特利。少数人由于对某些领域开创性或主导性的贡献而完全占据了某一章或某一节的主要篇幅，但本书中出现的大部分学者对这个领域的贡献止于数篇论文或者一段陈述。然而，这些零散但富有洞见的智慧犹如漫长时空中散落的星火，彼此辉映，并在本书的逻辑框架下被重新排布，形成目前这本以"八卦何以为新闻"为起点的小书。

前　言

全书章节安排一一回应了开头所提的一系列问题。

第一章追溯八卦的人类学起源，主要引用罗宾·邓巴的研究成果，将八卦视为灵长类动物结盟的一种必要手段，进而在社会学意义上阐述八卦对人类生存和发展的三大社会性功能。因为八卦并不仅仅是"嚼舌根"的无聊消遣，反而具有重要的演化意义，因而八卦非但没有在演化过程中被淘汰，反而随着社会分工的细化而逐渐专业化和商业化。

由此进入本书的第二章和第三章，考察八卦在脱离口耳传播之后，如何被纳入官方、民间和商业的信息传播系统。这两章都将普通人的家长里短、街头闾巷的奇闻怪事视为"常人八卦"。这种常人八卦在民国以前被作为辅助治理的民间风闻录上报朝廷；在西方进入工业社会后，则成为专为平民阶层生产的现代文化产品。

与"常人八卦"相对的是"名人八卦"，即那些知名人物的私人琐事。由于名人八卦是最畅销、社会影响力最大的八卦新闻类型，因此本书用了三个章节、将近一半的篇幅阐述。第四章主要论述名人、名人文化和名人研究的一系列发现，第五章论述了现代名人中最具大众影响力的类型——明星——的产生、分型和意识形态本质，第六章则将名人和明星报道收束到"名人八卦"这个概念下，考察其对传统新闻业的挑战与延续。

第七章讲的是围绕八卦的学界争论。本章通过对不同学者观点的并置、梳理、比照，提出"去二元化的新闻评价准则"的观点，并追加了对这种准则的再批评。需要指出的是，本书直到结尾也没有对八卦、八卦新闻及其社会功能做出最终臧否。盖因本书的目的之一就是廓清人们对八卦的刻板印象，同时无意于强为之正名而制造出新的标签。

八卦是什么呢？八卦只是一个平常的、普遍的、不需要藏着掖着的人类行为。八卦是人性的一部分。人不需要以这种"非恶"的人性为耻，也不应当追求对人性的完全"净化"。本书研究八卦，就是为了将其祛魅化、祛魔化，从而提示读者从标签、思潮和政治正确的裹挟之下"脱嵌"，重新回到真实、琐碎而平常的人间烟火里，去认识一个普通的人类行为在社会关系中的位置、功能和价值。

对于研究者而言，本书以八卦作为研究对象，或可提示"常人研究"的意义——不是追求重大性、严肃性、边缘性、猎奇性，而是关注普通性、普遍性、平凡性、日常性。如同德斯蒙德·莫利斯在《裸猿》里说的那样，人类学家们喜欢研究那些偏远的、简陋的、未开化的原始部落，仿佛那里才藏着人类社会的演化密码。其实恰恰相反。这些保存至今的原始部落"并不是真正的原始部落，而是智力发展受挫的部落"；他们保存原始状态至今，只能说明他们是"失败了的、'出了差错'的社会"，是被人类演化史遗落的残片；而普遍的、普通的、普适的，"代表人类大多数的主要标本"才是人类学家更应该关注的问题。本书也同样如此。它关注的不是"看山不喜平"的"山川"，而是平常且平坦的"大地"。那些被视而不见的人间平常事里，蕴含着人类社会更本真的意义。

我事务繁杂而诸事怠惰。本书能最终成稿，需要郑重感谢中国人民大学出版社翟江虹老师数年间的肯定、鼓励与督促，没有翟老

前　言

师的帮助，我对八卦的研究可能止于几篇论文而已；还要特别感谢《新闻记者》主编刘鹏老师的肯定，我因此书与刘鹏老师数度结缘，亦是人生幸事；还要感谢李金铨老师、白红义老师、李红涛老师、虞淑娟老师在 2017 年 3 月南京师范大学"多友论坛"和 11 月福建师范大学"再造传统"工作坊上对本书部分章节内容提出的中肯意见，很多意见在我整合全书时尤显高瞻；还要感谢 2015 级硕士张皖疆，没有他对"指尖上的八卦"这个定量研究选题的出色执行，我不会去看这么多文献，以至于一篇文章的文献综述构成了本书的最初起点；最后要感谢 2021 级硕士和博士校对四人组——耿吴菁、易千雪、余湘珺、葛宪麟同学耐心而细致的工作，给本书画上了一个规整的句点。

　　俗世多忧。唯愿本书令读者展颜。

闫　岩

初稿于 2022 年 6 月 5 日
定稿于 2023 年 1 月 12 日

目　录

第一章 | 从八卦谈起

　　本章追溯八卦的人类学起源，主要引用罗宾·邓巴的研究成果，将八卦视为灵长类动物结盟的一种必要手段，进而在社会学意义上阐述八卦在人类形成和发展过程中的社会性功能。

　　因为八卦并不仅仅是"嚼舌根"的无聊消遣，反而具有重要的演化意义，因而八卦非但没有在演化过程中被淘汰，反而随着社会分工的细化而逐渐专业化和商业化。

讲八卦应当是少数几类人见人爱的活动。

儿童从两三岁起就会讲八卦：谁跟谁玩得好，谁跟谁打了架，谁抢了谁的娃娃……往往会转述得头头是道。普通人一天中除去工作，六成以上的自由时间都在八卦[1]。并非只有醉心于蜚短流长的人才会四处打探隐私，在任何社交场合中，熟人的八卦秘闻都是增进距离、调节气氛的不二之选。即使对八卦总摆出一副不屑面孔的学者也少不了从故纸堆里考据前辈八卦的爱好，只不过这类谈论往往被冠以"掌故"之名，谈起来不仅有得窥隐私的快乐，还有些炫耀学识的傲娇。这其中的微妙乐趣，比照着八卦一向蒙受的恶名，颇能显示文人的矫情。

八卦的恶名，一言以蔽之，曰"恶俗"。八卦之"恶"，在于其传递不实信息、侵犯个体隐私、中伤他人名誉、损害人际关系[2]。八卦之"俗"，则在于其不登大雅之堂，是琐碎的、无聊的、无用的，是"碎嘴子""嚼舌根"，关注"鸡零狗碎""家长里短"，没有"正事儿"。然而，八卦又并非大恶大俗，而仅仅是一种小恶小俗。

究竟什么是八卦呢？并非所有的蜚短流长都是八卦。美国学者艾瑞克·福斯特（Eric Foster）提出了八卦的三个核心维度：第一，第三

---

[1] DUNBAR R I M, MARRIOTT A, DUNCAN N L C. Human conversational behavior [J]. Human nature, 1997, 8 (3): 231-246.

[2] ROSNOW R L. Rumor and gossip in interpersonal interaction and beyond: a social exchange perspective [M] // KOWALSKI R M. Behaving badly: aversive behaviors in interpersonal relationships. Washington, D. C.: American Psychological Association, 2001: 203-232.

方缺席（third parties not present）①。八卦是在场者关于缺席者的信息交换。传播者对自己的谈论更适合被称为"自我揭露"（self-disclosure），比如吹牛、自曝其短、痛说革命家史、忆往昔峥嵘岁月稠等，都属于此类，算不上八卦；传播者对在场者的当面谈论更适宜被叫作"公共揭露"（public disclosure），比如互损、群嘲、当面揭短、当面吹捧、当面明损实捧等，都属于此类，也算不上八卦。第二，评价性内容（evaluative content）。八卦不能仅有信息，还需要包含传播者对该信息的态度。这种态度可以是直接的言语评价，也可以被包含在语气、语境或肢体语言中，比如信息揭露伴随拖长的尾音、耸肩或翻白眼；单纯的信息转述不能算作八卦②。第

美国学者艾瑞克·福斯特提出了八卦的三个核心维度：第一，第三方缺席。八卦是在场者关于缺席者的信息交换。第二，评价性内容。八卦不能仅有信息，还需要包含传播者对该信息的态度。第三，情境性因素。八卦的产生和阐释都依赖于情境。

福斯特将八卦定义为在双方投契的非正式场合里，对缺席第三方的私人信息以（正面或负面）评价性方式进行的信息交换。

---

① FOSTER E K. Research on gossip: taxonomy, methods, and future directions [J]. Review of general psychology, 2004, 8（2）: 78-99.

② 有学者将八卦定义为广义的信息传播活动，即只要是对第三方信息的持续性传播就算作八卦（Tannen, 1990）。但多数研究者认为，八卦的传播活动本身及其社会功能都与八卦的评价性属性不可分割。TANNEN D. You just don't understand: women and men in conversation [M]. New York: Morrow, 1990.

三，情境性因素（situational factors）。八卦的产生和阐释都依赖于情境。特定的氛围、场景、参与者和话题都会影响人们对八卦的判断。比如，普通人谈论邻居的日常生活属于八卦，而心理咨询师的类似交谈属于职业咨询，律师的类似交谈则属于业务交流。因此，福斯特将八卦定义为在双方投契的非正式场合里，对缺席第三方的私人信息以（正面或负面）评价性方式进行的信息交换。

八卦的起源：一种演化论的视角

之所以说八卦是构成人类社会的非制度性基础，是因为八卦在人类形成和发展过程中具有举足轻重的社会功能。牛津大学进化心理学家罗宾·邓巴（Robin Dunbar）在其成名作《梳毛、八卦及语言的产生》一书中详细阐释了八卦产生的演化论可能①。

同鸟类和其他哺乳类相比，灵长类动物都具有强烈的社会性。它们都是群居动物，总是生活在由血缘关系衍生的群体之中。群居动物的种群规模受两个因素影响：一方面，由于始终有天敌环伺，群居动物需要保持较大的种群规模，才能在天敌来临时组织起有效的抵抗，或者在面对不可抵抗的天敌时，依靠种群规模的巨大来消化损失，从而维持种群的整体繁衍。但另一方面，种群的扩张势必伴随其他社会成本的提高。例如，更大的种群要求更多的食物，从而提高整个群体的生存成本；成员数量众多必然伴随食物分配问

---

① DUNBAR R I M. Grooming, gossip, and the evolution of language [M]. Cambridge, MA: Harvard University Press, 1998.

题，群体成员往往需要通过冲突或战斗来解决，导致内耗性伤残甚至死亡；更激烈的冲突是对雌性配偶以及随之而来的繁衍权的争夺，往往导致成员的死伤、放逐，有时甚至因为个体争斗引发群体内不同派别的冲突，导致种群的分裂或大面积减员。概言之，对群居动物而言，天敌的外在威胁要求种群扩张，内部的利益分配则制约种群规模的无限膨胀。这种长期利益和短期利益之间的张力要求一种平衡机制的诞生，使得个体不再听凭本能聚集或冲突。这种平衡机制就是社会组织的雏形。

平衡机制的核心策略是结盟，即，个体之间建立一种稳定的利益和义务关系。结盟的首选是血缘，其次是密友。前者靠生殖繁衍出庞大的谱系，后者则靠公认的规则维护可持续的双方乃至多方关系。受哺乳动物生殖周期的限制，即便个体垄断雌性配偶，也无法依赖直系血亲繁衍出庞大的种群。故而，非血缘的盟友关系的缔结成为种群扩张的主要手段。盟以利结。然而，在物质匮乏的前提下，利益交换是结盟的结果而非原因。换句话说，只有先结盟，一起去打猎，才有肉吃。因此，结盟往往始于社会互动而非实质收益。灵长类动物最常使用的一种表达友善的互动信号就是梳毛（grooming）。

人们经常可以在动物园里或者纪录片中看到猩猩或猴子在闲暇时互相舔舐毛发、挠痒痒、抓虱子。这并不是无意义的玩闹，而是严格意义上的梳毛。梳毛能带来直接的生理愉悦：当哺乳动物接受梳毛时，大脑的内啡肽分泌会显著增强。内啡肽是一种天然的内源性鸦片物质，能带来类似于轻微麻醉的效果，从而产生放松感①。除了生理上的愉悦之外，梳毛还传递着重要的社交信号。它是一种来自梳毛者的承诺——我愿意投入大量时间为你而不是为别的猴子梳毛；它同时是被梳毛者的信任——我愿意将脆弱的颈项暴露给你，我在你为我梳毛时放松警惕，因为相信你会在危险来临时保护和示警。承诺和信任的建立意味着盟友关系的达成。此后，梳毛搭档们会在其他事情上互相帮助，比如组团战斗、分享食物、共享栖息地等等。

直到今天，人类依然需要"梳毛"。拥抱、抚摸、亲吻都是典型的灵长类梳毛行为。我们只允许并接受亲密的人向我们做出这种动作。他们要么是血脉相连的亲人，要么是亲密无间的朋友。当你拥抱别人或者被拥抱时，会产生放松和愉悦。这都是镌刻在我们基因里的群居动物的本能。当然，在特殊情况下，人类会出于利益交换的考量允许这类"梳毛"。比如，双方虽然并非盟友，

当哺乳动物接受梳毛时，大脑的内啡肽分泌会显著增强，从而产生放松感。除了生理上的愉悦之外，梳毛还传递着重要的社交信号。直到今天，人类依然需要"梳毛"。拥抱、抚摸、亲吻都是典型的灵长类梳毛行为。

---

① DUNBAR R I M. The social brain hypothesis [J]. Evolutionary anthropology: issues, news, and reviews, 1998, 6 (5): 178 - 190.

但出于某些原因，依旧会牵手、拥抱或亲吻。这是人类压制自我本能的社交术，不能推翻梳毛与结盟行为的天然连接。而且，从某种程度上来说，不论梳毛者或被梳毛者是否真诚，在双方执行梳毛动作的时刻，实质上都构成了短暂的联盟。

如果联盟的达成需要首领挨个与成员通过梳毛建立盟约，那么显然梳毛行为的频率直接影响群体规模：梳毛行为越多，盟友的数量就多，群体规模就越大。然而，个体的梳毛时间不是无限的。再有效率的首领，一天也只有 24 小时。除去觅食和休憩，灵长类动物用于梳毛的时间上限是清醒时间的五分之一。这种时限天花板框定了群体规模的上限：邓巴对哺乳类动物的观察表明，灵长类动物通常的群体规模维持在 80 个左右，而现代人类的平均社交圈为 150 人[1]（这就是著名的邓巴数[2]）。这意味着人类产生了一种梳毛行

梳毛行为不是一种无限制的社交行为。当群体的生物性梳毛行为会影响捕猎等生存行为时，前者就需要让位于后者。人类学家罗宾·邓巴对哺乳类动物的观察表明，灵长类动物通常的群体规模维持在 80 个左右，而现代人类的平均社交圈为 150 人（这就是著名的邓巴数）。

---

① DUNBAR R I M. Coevolution of neocortical size，group size and language in humans [J]. Behavioral and brain sciences，1993，16（4）：681 - 694.

② 邓巴数（Dunbar's number），又名 150 定律（Rule of 150），由人类学家罗宾·邓巴在 20 世纪 90 年代提出，因而得名。该定律根据猿猴的智力与社交网络推断出：人类智力允许人类拥有稳定社交网络的人数是 148 人，四舍五入大约是 150 人。

为的替代性手段。换言之，梳毛行为不是一种无限制的社交行为。当群体的社交性梳毛行为会影响捕猎等生存行为时，前者就需要让位于后者，这意味着通过梳毛维持的种群规模是有上限的，如前所述，对灵长类动物而言，这个上限通常是80。如果某个种群——比如人类——要突破这个80的上限而持续扩充规模，就需要一种能替代物理梳毛的手段来建立和维护盟友关系。这种替代性手段就是语言。

语言首先是一种一对多的行为，从而突破了物理梳毛活动中一对一的限制，大大提高了社交效率；语言又是一种伴随性行为，可以一边从事其他工作（如采集、浆补、育儿）一边交谈，从而突破了物理梳毛的排他性，增加了人类社交的实际可用时间。由此，尽管人类用于社交的时间和其他灵长类动物不相上下，社交效率却大幅度提升，从而突破了灵长类动物族群规模的天花板，为人类后续的一系列演化打下了基础。

语言会像属于肢体接触的物理梳毛一样令人舒泰吗？答案是：不全是。只有当语言能够引起愉悦时，才能刺激内啡肽分泌。只有在这样的情况下，语言才如邓巴所言，是"声音形式的梳毛"[1]。反过来说，如果语言仅仅是梳毛行为的延伸，其内容就无足轻重。语言只需要通过无意义或仅具简单意义的发声传达出陪伴意愿，即，"我愿意花时间与你而不是与别人在一起"就足以支撑盟友关系。但人类语言却极为复杂，这意味着语言承担了梳毛以外的复杂

① DUNBAR R I M. Coevolution of neocortical size, group size and language in humans [J]. Behavioral and brain sciences, 1993, 16 (4): 681-694.

功能。

语言的具体功能可以概括为两类：社会性功能（social uses）和技术性功能（technical uses）。许多语言学家认为，语言的发明是为了传递事实性信息（factual knowledge），包括如何制造弓箭、辨识猛兽、烹饪食物等，从而令知识和经验得以传承与积累。语言的这种技术性功能的确是人类演化史上的里程碑，使得人类的智慧成果得以超越有限的个体生命，而在后世子孙的头脑中代代绵延，从此个体不再以懵懂之身独自面对广袤的世界。语言的技术性功能如此重要和神圣，以至于任何其他功能相形之下都微不足道且显得不务正业。一想到神圣的语言居然被用来嚼舌根而不是传承文明，这简直令人痛心！然而，如果仅用于传递事实性信息，那么语言无须进化得这么复杂而迅猛。事实上，在数百万年的石器时代中，人类的生存技术进化得极其缓慢。要传递这些简单的生存指南，实在无需如此庞大而繁复的语言体系。

因此，还有部分语言学家认为，是生存需求以外的另外一种动力驱动着语言演化。这就是社交需求。换言之，语言是作为梳毛

如果某个种群——比如人类——要突破这个 80 的上限而持续扩充规模，就需要一种能替代物理梳毛的手段来建立和维护盟友。这种替代性手段就是语言。作为梳毛这一社会行为的替代品，语言的社会性功能而非技术性功能是其基本功能。

这一社会行为的替代品而诞生的，社会性功能而非技术性功能是语言的基本功能。人们通过复杂的语言来结交朋友、区分敌人、追随领袖、驱策下属，以此建构起从部落到城市的文明进程。

八卦的功能

社交性语言从内容上可分为三类：仪式类（如寒暄）、情感类（如诉衷肠）、信息类（如八卦）。其中，八卦信息的占比最高。研究表明，现代人日常交谈中八卦话题的比例占其对话的 65％以上[1][2]。即便在实用性信息更新如此迅速的现代生活中，八卦依旧是自然对话的主体。可以想见，在知识更新缓慢的前现代生活中，由于无须时时更新实用性信息，社交性话题只会占据更大比重，承担更重要的功能。

信息功能

八卦的功能首推信息传递。在人类的演化树上，八卦被我们的祖先选中并保留下来，是因为它能提供生存所必需的信息[3]。同至关重要但变化缓慢的技术性信息相比，充满变数的社会生活是

---

[1] DUNBAR R I M，MARRIOTT A，DUNCAN N D C. Human conversational behavior [J]. Human nature，1997，8（3）：231-246.

[2] SEEPERSAND F. Laughter and language in evolution [D]. Liverpool，Eng.：University of Liverpool，1999.

[3] BARKOW J H. Beneath new culture is old psychology：gossip and social stratification [M] // BARKOW J H，COSMIDES L，TOOBY J. The adapted mind：evolutionary psychology and the generation of culture. Oxford，Eng.：Oxford University Press，1992：627-637.

八卦信息的核心对象。对技术性信息的掌握程度影响族群面对自然的生存能力，对社交性信息的掌握程度则影响个体相对于其他个体的生存质量。尤其是当人类进入稳定的文明社会之后，技术性信息的传承通过文字和教育获得了整体性保障，从而确保了人类作为一个物种的安全底线。在此基础上，文明社会为具备不同技术能力的个体提供了不同的生存空间，并且依赖系统性的道德约束和社会救济，为没有或丧失技术能力的个体也提供了基本的生存庇护。换句话说，在庞大的人类社会中，上至高官富贾，下至升斗小民，都有自己的生存空间。对技术性信息掌握得更充分，如读书金榜题名、打仗横刀立马、写诗洛阳纸贵、经商通达四海……往往会让人获得更好的生存能力，进而升级自己的生存空间；与此同时，理想的社会制度也会为那些技术能力堪忧的个体，比如老、幼、孤、寡、病，乃至失业者、流浪汉、瘾君子等社会边缘人群提供生存保障。如此，各个生存空间中的个体在技术性信息供给方面始终有基本保障；他们需要竞争的是相对生存质量，故而始终存在对社交性信息的迫切需求，包括"亲属、对手、配偶、后代、搭档和高位者的信息"，以及"资源、性行为、繁殖行为和死亡、盟友关系、政治参与、健康、名誉等"一系列社会交换中的核心信息①。在日常生活的每一天都需要获取并更新这些变动不居的社交性信息，才能保证个人在其所处群体内的生存质量。这些信息构成了八卦的主体内容。

---

① BARKOW J H. Beneath new culture is old psychology: gossip and social stratification [M] // BARKOW J H, COSMIDES L, TOOBY J. The adapted mind: evolutionary psychology and the generation of culture. Oxford, Eng.: Oxford University Press, 1992: 628.

第一章　从八卦谈起

　　八卦天然就是用于交换的。由于八卦多数起源于道听途说，因此天然地需要通过交流和分享来验证[①]。拉尔夫·L. 罗斯诺（Ralph L. Rosnow）和加里·A. 费恩（Gary A. Fine）观察到，八卦的交换价值极其类似于货币，取决于其即时性、稀有性、准确性[②]。如果八卦仅仅是一种信息，那么，或早或晚获得八卦当无甚差别——然而事实并非如此。每当有劲爆八卦诞生时，屡屡崩溃的微博服务器表明，吃瓜群众热衷于第一时间到达八卦现场。盖因八卦的价值与其即时性紧密相连。新鲜出炉的八卦意味着更亲密从而更可靠的信源，更短从而失真度更低的信息路径，以及更少为人所知从而更稀有的估值。即时性和稀有性决定了一个八卦的价值；相较之下，准确性则并非八卦不可或缺的属性。

　　对于那些纯粹为消磨时间而产生的八卦而言，准确的信息固然充满吸引力，不准确的八卦也具有相当程度的流通价值。与其他实体或虚拟的流通活动不同，八卦活动不要求参与者一定掌握关于特定八卦的事实性信息。即便你对相关对象或相关事实一无所知，也不妨碍你参与一场八卦。八卦的协作性语言结构（corroborative semantic structure）如同一个四通八达的信息接入装置[③]。人们如要参与八卦，可以在任何一个节点上发表议论、表达感悟，或信口

　　① SULS J M. Gossip as social comparison [J]. Journal of communication，1977，27（1）：628.
　　② ROSNOW R L，FINE G A. Rumor and gossip：the social psychology of hearsay [M]. New York：Elsevier，1976.
　　③ FINE G A. Social components of children's gossip [J]. Journal of communication，1977，27（1）：181-185.

雌黄、添油加醋，或即兴引入另外一个八卦。即便这样高度失真的八卦也同样能够毫无障碍地进入交换和流通环节。相反，守口如瓶是八卦的坟墓。一个长期只听不说八卦的人是不受欢迎的。至少对于八卦爱好者而言，守口如瓶的人才是八卦活动中的搭便车者。

对于与参与者有涉及切身利益关系的八卦而言，准确性便是一项核心属性。此时，八卦开始向谣言靠拢，产生了求真的需求。关于这一论述，读者可以参见胡泳的《谣言作为一种社会抗议》一文[①]。譬如谁人升迁、谁人失势、空降上司隐秘的社会关系、某项规定出炉背后的复杂博弈……这类八卦实际上是披着八卦外衣的生存性信息，是个人生存环境的构成部分。在规则明确的情境中，这类信息对生存的重要性因为明示规则的制约而不那么重要；但在规则模糊的情境中，关于谁是敌人、谁是盟友的信息直接关乎个人可支配的社会资源，进而影响相对生存竞争力。这类利益攸关的信息恰恰

八卦的交换价值极其类似于货币，取决于其即时性、稀有性、准确性。八卦的价值与其即时性紧密相连。新鲜出炉的八卦意味着更亲密从而更可靠的信源，更短从而失真度更低的信息路径，以及更少为人所知从而更稀有的估值。八卦的协作性语言结构如同一个四通八达的信息接入装置，人们可以在任何一个节点上发表议论、表达感悟，参与进八卦或即兴引入另外一个八卦。

---

① 胡泳. 谣言作为一种社会抗议 [J]. 传播与社会学刊, 2009 (9)：67-94.

不会通过正式渠道公开披露，人们便只能通过八卦这种非正式信息渠道来获取和验证。

归根结底，人们热衷于传播八卦是因为信息是一种资源，而对资源的掌握和分配是权力的基本表现形式。一旦获取了其他人的八卦，便掌握了他人现下或过往的生活；一旦这种掌握与更大的力量相结合，便能生发出对他人的支配、控制乃至毁灭的力量。譬如，在理学盛行的时代，偷情者的秘密一旦被泄露，其生存就会受到威胁，轻则放逐，重则沉河。掌握此八卦的人便能以此胁迫悖德者为"封口"付出代价。这个模式的现代版本便是狗仔队拍了某明星的不雅照后反手联系该明星斥巨资买断，或某公众人物的前爱侣以曝光该公众人物的私下行为或私人言论为筹码索要分手费。盖因某些公众人物因私德不检、与当前社会主流道德相悖而成为八卦对象，对这类八卦的掌握间接威胁八卦对象的名誉与事业，因此，八卦的主角们往往会花费巨资开展公关、买断证据、偿付大笔"封口费"以阻断八卦的传播。这类

人们热衷于传播八卦是因为信息是一种资源，而对资源的掌握和分配是权力的基本表现形式。八卦的权力属性体现为掌握信息所标示的资源优势。能够在社群中首先获得某种信息，意味着传者对信息资源的占有、对社会规则的谙熟和人际关系的通达。因此，占有和传播八卦，是彰显个体资源性优势的一种手段。

负面性八卦构成了对八卦对象的一种威胁性权力。

在更多情况下，八卦的权力属性体现为掌握信息所标示的资源优势。能够在社群中首先获得某种信息，意味着传者对信息资源的占有、对社会规则的谙熟和人际关系的通达①。人们厌恶那些搬弄是非的二传手，然而，如果一个人始终能够优先获得八卦信息，这就意味着他具有通达的消息渠道、复杂的人脉资源，以及虽不一定深厚但足够广泛的社会信任。因此，占有和传播八卦，是彰显个体资源性优势的一种手段。不论一个人是几传手，当他开始传递八卦时，都是在向听者宣示权力。

社会影响功能

社会需要通过对规则的反复宣示规约成员行为。理想的规则是那些被内化了的规则，人们在日复一日的生活中自觉践行，并相互监督和约束，使得人为规则以其俗常而近乎天然。日常仪式、风俗、道德、传统、常识等都属于这类规则。而八卦是最常见的一种规则内化形式，因为它的生产不需要任何特殊技能②。凡能言者皆可八卦。

八卦能够强化和夯实社会规则，是一种有效的社会控制机制。八卦通常聚焦于违反规则的行为，如占便宜、搭便车、私德有亏、

① SHAPIRO J P, BAUMEISTER R F, KESSLER J W. Children's awareness of themselves as teasers and their value judgments of teasing [J]. Perceptual and motor skills, 1987, 64 (3): 1102.

② ABRAHAMS R D. A performance-centred approach to gossip [J]. Man, 1970, 5 (2): 290-301.

行为不检、离经叛道等。通过对这些行为的负面评价和反复传播，八卦承担了实际上的舆论监督功能，给违规者和潜在违规者以群体压力和道德威慑，从而以最低代价规约成员行为①。相反，违反规则的社会行为如果不通过八卦这种柔性监督手段来约束，就将迫使组织采取代价较高的维护手段，如通过宗教或律法对组织成员施加惩罚、驱逐或毁灭——无论哪一种，都会降低组织效率乃至消耗组织的有生力量。八卦则通过对个人违规行为的言语侵犯，反向促使人们为免于成为八卦对象而自我约束②。批评家们惯于关注八卦打破规则的一面，却忽视了八卦强化规则的一面③。可以说，八卦是社群对个体不端行为的调整性反应④，是一种低强迫性的规约形式。当然，八卦所能宣示的规则是有限的。它既不严格亦不精确，无法传递明确的规则和律法，只能通过具体故事传递相对模糊的文化和道德规则⑤。它所谓的强制性也仅是一种基于间接威慑的道德强制性。那些尚处于法律底线以上的违规或悖德行为，曾经由礼俗、宗法、教义等组织规则约束，留给八卦的功能性余地并不大；进入现

① STIRLING R B. Some psychological mechanisms operative in gossip [J]. Social forces，1956，34（3）：262 - 267.

② GLUCKMAN M. Gossip and scandal [J]. Current anthropology，1963，4（3）：307 - 316.

③ BAUMEISTER R F，ZHANG L，VOHS K D. Gossip as cultural learning [J]. Review of general psychology，2004，8（2）：111 - 121.

④ WILSON D S，WILCZYNSKI C，WELLS A，et al. Gossip and other aspects of language as group-level adaptations//HEYES C，HUBER L. The evolution of cognition [M]. Boston：The MIT Press，2000：347 - 365.

⑤ SABINI J，SILVER M. Moralities of everyday life [M]. Oxford，Eng.：Oxford University Press，1982.

代社会以后，社会治理的底线被统一为律法，礼俗、宗法、教义的强制力则日趋消散，原先由后者承担的社会控制功能便部分移交给了八卦，使得八卦成为现代生活中不可或缺的社会约束机制。

八卦是一种间接性的社会规范习得行为。人是社会动物，受社会规范约束；人的社会化就是持续不断的规则习得过程。任何辅助这种习得的因素都有益于个体生存和生活。八卦就是一种传递社会和文化规则的叙事方式。一方面，八卦是观察性学习行为的延伸。人们谈论他人负面八卦的过程，也是一个习得何谓"不可为"的过程；人们对流行八卦乃至陈年旧事反复咀嚼的过程，也是一个从社会集体知识库中调取和习得规则的过程。通过观摩那些违反规则者的遭遇——轻则沦为笑柄，重则声名扫地——人们无须以身试法，就能通过观察别人的二手经验习得社会规则。观察性学习本来就是一种重要的学习技能。研

人是社会动物，受社会规范约束；人的社会化就是持续不断的规则习得过程。八卦就是一种传递社会和文化规则的叙事方式，是一种有效的社会控制机制。八卦通常聚焦于违反规则的行为，如占便宜、搭便车、私德有亏、行为不检、离经叛道等。通过对这些行为的负面评价和反复传播，八卦承担了实际上的舆论监督功能，给违规者和潜在违规者以群体压力和道德威慑，从而以最低代价规约成员行为。如果不通过八卦这种柔性监督手段来约束，组织就将被迫采取代价较高的维护手段，来控制违反规则的社会行为。

究者发现，婴儿一学会说话就能八卦。八卦对四五岁的儿童尤为重要，因为他们迫切需要在亲身经历世界之前了解世界的运行法则[①]。尤其在儿童以个体身份进入社会，也就是上了幼儿园以后，他的每日汇报中都包含大量八卦信息，如谁生病了、谁请假了、谁被表扬了、谁和谁打架了。这除了因为儿童的抽象记忆能力尚不成熟以外，儿童正是通过对日常事件的观摩来习得规则。

　　另一方面，更重要的是，八卦的习得性作用不随参与人的主观意愿转移。即使参与人没有习得规则的动机，也能够完成习得行为。这其中部分原因在于，八卦是一种十分便于记忆的具体性信息——你一定认识这样的朋友，背书不咋地，八卦第一名。这生动地显示了八卦便于记忆的特征，用认知心理学的术语来说，就是具体性优势（concreteness superiority）[②]，即具体信息总是比抽象信息更容易记忆。八卦总是关于具体个体的具体故事，因此容易激发富于联想性的画面，从而比抽象知识或规则更便于理解和记忆。此外，从听八卦到传八卦是一个社会规则内化的过程，表明传者认同并理解八卦信息中包含的规约性内容。研究表明，经过传者自我加工的信息，在记忆和传播效果方面均有更好的表现——这也恰是八卦的吊诡之处：人们在通过谈论八卦来规约别人的同时也在经历着更深刻的自我规约而不自知。对于社会层面而言，八卦作为观察性习得行为，降低了个体反复试错带来的社会成本，使得组织无须以

---

① FINE G A. Social components of children's gossip [J]. Journal of communication, 1977, 27 (1): 181-185.

② PAIVIO A. Dual coding theory: retrospect and current status [J]. Canadian journal of psychology, 1991, 45 (3): 255-287.

降低效率或消耗有生力量为代价维护组织规则。

八卦还是一种低成本的宣泄和净化①。不论社会如何宣示规则，组织成员间的利益冲突总是不可避免。放任个体冲突将影响族群整体利益，社会于是逐渐形成了律法和魔法两种公开和隐秘的冲突控制手段。前者是社会组织以公约的方式惩戒违规者，后者则是个体以私力手段声张利益。各个文明都有所谓的"巫术时代"或"黑魔法时代"。巫师和术士们通过巫蛊、符咒等匿名方式宣泄恶意而不至于产生公开冲突。进入文明时代以后，律法能够满足人们要求坏人得惩的大部分意愿，巫术和魔法的风俗也随之销声匿迹。但律法并不能让每个个体满意。惩戒那些尚不违反法律的悖德行为或者法律并不支持的恶意攻讦需要替代性途径。八卦就是其中之一。它是"文明驯化后巫术的替代品"②，是一种低成本的表达敌意和宣泄情感的载体。当人们遭遇不公而无法伸张正义，或者当人们对他者怀有恶意而不愿公开对抗时，就可以诉诸八卦，通过口舌上的诋毁达成想象中的满足，从而获得心理平衡。这样一来，不论是八卦制造者还是八卦对象都免于承受肉体冲突而影响组织效率；八卦的匿名性又减缓了二者之间的直接人际冲突，从而维护组织团结和社群稳定。

最后，八卦具有界定群体边界、强化身份认同的作用。作为社会梳毛行为的延伸，参与八卦本身包含了共享的时间、信息和兴

① STIRLING R B. Some psychological mechanisms operative in gossip [J]. Social forces, 1956, 34 (3): 262-267.

② 同①262-267.

趣，表达了参与人愿意相互陪伴的友善意愿；分享八卦则能够传递
亲密与信任，从而夯实群体关系①。一方面，八卦源自信任。八卦
通常只会发生在朋友之间，而不太会发生在只有点头之交的熟人或
陌生人之间②。只有传者认为受者足可信赖时才会发起一场八卦；
而受者则需要通过参与行为来回应和表达信任。从不八卦的人往往
不合群，因为他不愿意消耗时间来缔结亲密关系，因而难以被群体
接受。但太八卦的人也会被群体排斥，因为获取大量八卦意味着他
需要在多个群体间游移；人们或许热衷于从他的口中获取八卦，但
难以视其为"我们"的一员。毕竟八卦只是维护盟友身份的手段，
而盟友的核心价值在于能力和忠诚。碎嘴的人既不能保守秘密，又
不能保证发布的信息准确且有价值③④，因而不足以信任。另一方
面，八卦的阐释依赖于共享的历史。只有共享社会经验和过往的人
才能够理解八卦的幽微之处⑤⑥。如果内部人士有意使用某些言语
技巧，外人就很难参与到一场八卦中⑦。换言之，八卦是确定和宣

① BAUMEISTER R F, ZHANG L, VOHS K D. Gossip as cultural learning [J]. Review of general psychology, 2004, 8 (2): 111-121.

② BLUMBERG H H. Communication of interpersonal evaluations [J]. Journal of personality and social psychology, 1972, 23 (2): 157-162.

③ BERGMANN J R. Discreet indiscretions: the social organization of gossip [M]. New York: Aldine de Gruyter, 1993.

④ GLUCKMAN M. Gossip and scandal [J]. Current anthropology, 1963, 4 (3): 307-316.

⑤ ABRAHAMS R D. A performance-centred approach to gossip [J]. Man, 1970, 5 (2): 290-301.

⑥ NOON M, DELBRIDGE R. News from behind my hand: gossip in organizations [J]. Organization studies, 1993, 14 (1): 23-36.

⑦ 同④。

示群体边界的手段。如果一个群体不愿意接纳某个成员，就可以通过八卦来显示差别和表达疏离；如果一个人要对陌生人表达接纳的善意，那么主动发起八卦意味着组织身份的邀请；当人们参与八卦时，人们同时在确认自己与其他成员共享的知识与身份边界。

娱乐功能

上文所列举的种种功能令八卦看起来身兼重任，这或许有些超出了八卦的原初意义。帕特里夏·斯派克斯（Patricia Spacks）指出，人们喜爱八卦乃出于本能，因为八卦能带来纯粹的快乐。他在《八卦赞》一文中写道：

> 权力、价值、同盟——将这些作为八卦的组成部分似乎有些出人意料。这忽略了八卦带来的纯粹快乐。大部分八卦参与者以此作为他们参与八卦的原因：获得同好的愉悦、言语游戏的享受、自由表达的畅快、发掘秘辛的兴奋、以最小代价实现冒险的刺激等等。对自我的八卦产生自我揭露的禁忌性愉悦；对他人的八卦则伴随着窥伺的战栗①。

讲八卦所产生的刺激类似于生物性梳毛，能够直接刺激内啡肽分泌，产生生理性愉悦。此外，八卦能够供人打发时间，无须如处理技术性信息那样，榨取大脑的注意力资源；八卦是一种即时消遣，单单讲八卦本身就能获得快乐，而无需任何延时等待；八卦令

---

① SPACKS P M. In praise of gossip [J]. The hudson review，1982，35（1）：19 - 38.

人获得自我肯定的愉悦，传播者因占有一项别人不知道的信息而获得权威感，又通过传播这种信息彰显能够自我表达的言语能力。八卦又是一种低成本的刺激。背后论人短长的八卦行为是一种禁忌，它冒犯了追求公开、公正的组织法则，因此，每一场八卦都是一场冒险。当人们在谈论那些违反规则的八卦对象时，他们本身也在享受挑战规则的战栗。上述种种快乐对八卦参与者来说几无成本，却收益巨大①。弗雷德里克·拉姆利（Frederick Lumley）因此将八卦比喻为"精神口香糖"（intellectual chewing gum）②。

　　然而，并不是所有人都抱着消遣性目的投身八卦。那些旨在通过散布八卦达到某种目的的恶意行为也具有这类娱乐功能吗？亚伦·本-泽耶夫（Aaron Ben-Ze'ev）在《为八卦辩护》一文中提出了一个非常讨巧的视角③。他将人类行为分为内在价值型（intrinsically valuable activity）和外在价值型（extrinsically valuable activity）两类。前者是指行为本身就是目的，如听曲、观月、赏花、冶游等；后者是指行为本身是手段，行为结果才是目的，如竞技比赛。本-泽耶夫认为，八卦是一种内在价值型行为，因为与人八卦本身的参与感、获得信息的满足感和放松心情的娱乐感就是目的。只有唠嗑型的闲聊（idle talk）才是八卦；带有目的指向的闲聊要么是谣言、诽谤、恶意中伤，要么是科学分析（如心理咨询师讨论

　　① FOSTER E K. Research on gossip：taxonomy，methods，and future directions [J]. Review of general psychology，2004，8（2）：78-99.
　　② LUMLEY F E. Means of social control [M]. New York：Century，1925.
　　③ BEN-ZE'EV A. The vindication of gossip [M] // GOODMAN R F，BEN-ZE'EV A. Good gossip. Lawrence：University Press of Kansas，1994：11-24.

患者的病情）或其他外在价值型行为。本-泽耶夫的说法实际上为八卦划定了更严格的条件。福斯特将八卦定义为在双方投契的非正式场合里，对缺席第三方的私人信息以评价性方式进行的信息交换①，但这类交换并未排除恶意性。而本-泽耶夫干脆将恶意性从八卦中剥离出来，从而为八卦正名。

这种分类固然净化了八卦的名声，但也窄化了八卦的功能。如果采用这种更狭窄的定义，那么，八卦的信息交换功能、八卦作为巫术替代品的净化功能、八卦作为社会规范的部分强制性规约功能也都要一并剥离。实际上，从八卦的本源来说，争取盟友和丑化敌人本来就是一对双生子。任何对"我们"群体的褒扬同时也是对"他们"群体的矮化。当人们在谈论他人的八卦时，或许并未怀着诽谤那般明确的恶意，但总是伴随价值判断，如同人们在谈论大多数事物时那样。尤其是对于负面性八卦行为而言，将这类行为定义为"负面性"本身便包含了对行为者的恶意——人们总要认为他是不同于大多数的、有违法度的、不顺从的，然后才会将他的行为作为谈资，意图通过大规模的隐秘议论构成道德压力，迫使他付出代价或者回归庸常。此时，人们所怀抱的那种"不是不报，时候未到"的期待，那种"天道轮回，报应不爽"的快意，那种落井下石的痛快和幸灾乐祸的暗爽，又何尝不是一种恶意的消遣。

如同美国哲学家埃默里斯·韦斯科特（Emrys Westacott）在

---

① FOSTER E K. Research on gossip: taxonomy, methods, and future directions [J]. Review of general psychology, 2004, 8 (2): 78-99.

《恶习的美德》[①] 一书中所说的，个人从八卦中可以获得的益处有幸灾乐祸（别人的不幸会让我们感受到一种恶毒的快乐）、洋洋得意（讨论别人的失败或不幸能引发自鸣得意的感觉，让我们对自己的美德、能力或智慧产生优越感）、权力的感觉（对被讨论主体或尚不知情的听众所产生的信息高位优势）、瘙痒般的快意（偷窥他人隐秘，并违反禁忌谈论这种隐秘的刺激）、情绪的宣泄（发泄生气、受挫、怨恨、嫉妒或愤恨等消极情绪）等等。八卦总是关乎琐碎的日常。它满足的不是人们垂名青史的雄心、建功立业的壮怀、报仇雪耻的快意，亦非家人闲坐、灯火可亲这种堂堂正正的人情缱绻，而只是一些人人共有又不便宣之于口的、隐秘而幽暗的满足。

"八卦"得名的由来

英文 gossip 的词源学演变

gossip 一词原是古英语中"上帝的亲族"（God sib）的缩写，后来省略了中间的"d"，固定为 gossip 这一写法，指与某个家庭有着亲密关系的人，如孩子的教父或密友等[②]。在前工业社会时代，欧洲人以大家族的形式生活在社交范围狭小的乡村。教父或教母通常就从这些亲族或友人中产生，往往与整个家族形成一种准血缘关

---

① 韦斯科特. 恶习的美德 [M]. 柯珍妮，译. 北京：世界图书出版公司，2014.

② RYSMAN A. How the "gossip" became a woman [J]. Journal of communication, 1977, 27 (1)：176-180.

系，也因此容易成为人们闲聊的对象。以 gossip 指代亲密关系的这种用法极其接近于其"梳毛的延伸品"这一生物学意义。

到 16 世纪伊丽莎白时代，gossip 这个词已经从家庭间关系转移到个体间关系。除了"教父"这一意义之外，萨缪尔·约翰逊（Samuel Johnson）的《英语词典》里添加了八卦的两个新意涵：一是酒友；二是生子聚会上像女人一样的闲聊者①。因为那时候医院还没有普及，生育主要在家庭中进行，也因而成为家族和密友聚会的契机。生子聚会上的男性未必不会聊八卦，但男性的闲聊却没有与 gossip 的释意相连。这种饱含性别偏见的定义将男性与八卦的负面内容剥离：似乎男性的交流无关闲谈，女性的私语则不登大雅之堂。这种明确的性别倾向预示了"八卦"一词的未来走向：关乎女性、琐事和秘密②。到 19 世纪，《牛津大词典》吸纳了上述定义：八卦的男性意义"酒友"传达出温暖和陪伴感，而其女性意义则与"扯闲篇"和"泄露秘密"（tattle）等负面意义相关③。

亚历山大·里斯曼（Alexander Rysman）在《八卦何以变成女人》一文中指出，在词源学意义上，gossip 一词发生了两个层面的负面性转向：第一，八卦从一个无性别差异的中性词转化为与女性相连的贬义词，通常用来描述女人（如"长舌妇"）或男人的女性

---

① JOHNSON S. A dictionary of the English language [M]. London: W Strahan, 1755//RYSMAN A. How the "gossip" became a woman [J]. Journal of communication, 1977, 27 (1): 176-180.

② SPACKS P M. In praise of gossip [J]. The hudson review, 1982, 35 (1): 19-38.

③ RYSMAN A. How the "gossip" became a woman [J]. Journal of communication, 1977, 27 (1): 176-180.

化特质（如"娘们似的"）；第二，八卦从指代温情脉脉的亲密关系转变为碎嘴子（trifling talk）、唠嗑（idle talk）、道听途说（hearsay）或丑闻（scandal）等一系列负面意义①。

　　八卦意涵的性别主义转向始于19世纪并不是一个巧合。相反，这种转向不过是启蒙理性重新定义性别角色的一个微小的投影②：将具体的、特殊的、个人化的内容与女性相连而贬抑，将抽象的、一般的、理论化的内容与男性相连而褒扬。唯此，男性的主导权才能不言自明③。与此同时，闲聊这种原本中性的人类行为也在19世纪开始被污名化。在工业理性的席卷之下，人们赋予机械效率以至高优先性，以此来评判包括言语在内的一切人类行为。一切社会构件，包括语言，都恨不得时时刻刻生产财富，而不应当耽于磨牙、唠嗑、碎嘴子这类毫无产出甚至降低生产效率的无聊行为。自此以降，所有围绕八卦的争论总是在这种理性/崇高/男性—感性/琐碎/女性的二元框架下进行。为八卦辩护的所有努力都包含了承认八卦的负面性这一前提，是一种精英主义的凝视和回护。从这一意义上说，谴责者和辩护者出自同样的立场④。

　　然而，20世纪80年代的一系列研究表明，男性和女性均热衷于八卦，只是内容有所不同。男性八卦多围绕名人、体育明星、政

　　① GLUCKMAN M. Psychological, sociological and anthropological explanations of witchcraft and gossip: a clarification [J]. Man (new series), 1968, 3 (1): 20-34.

　　② RYSMAN A. How the "gossip" became a woman [J]. Journal of communication, 1977, 27 (1): 176-180.

　　③ SPACKS P M. In praise of gossip [J]. The hudson review, 1982, 35 (1): 19-38.

　　④ 同③21.

治家和熟人，即更广阔的社会和文化关系；女性则更关注家庭成员和密友，即小圈子关系①②。这与性别的社会角色定位相契合。性别的差异——如男性倾向于通过层级化的建构融入更大的社会关系中，女性则关注临近的、双向的、亲密的人际关系③——是一种社会现实，但认为这种差异有高下、优劣之分则是一种社会建构。索伦·克尔凯郭尔（Soren Kierkegaard）和马丁·海德格尔（Martin Heidegger）都假定抽象真理优于具体细节，将八卦视为出自没有严肃思考的头脑的劣等文化。对此，斯帕克斯指出，对八卦的污名化是一种权力宰制：

　　除了使用代名词以外，我已经不再将女性与八卦频繁连用。我的以上种种论述，都能够应用于在公共世界中被剥夺了大部分社会权力和仅享有少量社会功能的阶级。那些社会角色显赫的群体有其他方式构建同盟和施加权力……而无须借助电话或围于餐桌。在传统意义上，男性的生活由直接竞争主导，无须针对缺席者。典型意义上的男性拥有其他途径来释放言语游戏的冲动；他们无须通过针对小人物来获得乐趣，因为他们具有直接面对大事件的权力。④

　　① BEN-ZE'EV A. The vindication of gossip［M］// GOODMAN R F，BEN-ZE'EV A. Good gossip. Lawrence：University Press of Kansas，1994：11-24.
　　② LEVIN J，ARLUKE A. Gossip：the inside scoop［M］. New York：Plenum，1985//BAUMEISTER R F，ZHANG L，VOHS K D. Gossip as cultural learning［J］. Review of general psychology，2004，8（2）：111-121.
　　③ BAUMEISTER R F，ZHANG L，VOHS K D. Gossip as cultural learning［J］. Review of general psychology，2004，8（2）：111-121.
　　④ SPACKS P M. In praise of gossip［J］. The hudson review，1982，35（1）：19-38.

从这一意义上说，八卦是无权者抵达权力的一种手段。八卦是对听者所不知道的知识的占有，因而产生"权力光环"。尽管这种知识边缘而琐碎，但亦是一种知识。如前所述，对他人的知识意味着对他人的权力压制；对过去的知识意味着（表面上的）把握未来和阐释权威的能力。叙事者掌握意义的方向，因此可以部分占有和影响八卦对象的生活。"知道、表达、获取——这一系列行为都维护了某种宰制"①。由此，无权者通过讲八卦体验他们在严肃社会生活——那些他们通常被排斥、被贬抑、被忽略的社会生活——中所无法体验的权力感。

不幸的是，这种"代餐"式的权力感也不被允许。女性——和其他弱势群体——被剥夺或限制了参与公共事务的权利；当她试图基于日常话题构建权力角色时，这种努力又被污名化为低级的或劣等的。在 20 世纪50 年代早期，得克萨斯州奇卡诺市的女性甚至不被支持与亲属之外的任何女性发展社交关系——这类社交一律被称为"八卦"，

八卦意涵的性别主义转向是启蒙理性重新定义性别角色的一个微小的投影：将具体的、特殊的、个人化的内容与女性相连而贬抑，将抽象的、一般的、理论化的内容与男性相连而褒扬。与此同时，闲聊这种原本中性的人类行为也在 19 世纪开始被污名化。但八卦本无须承担如此污名。

① SPACKS P M. In praise of gossip [J]. The hudson review, 1982, 35 (1)：19 - 38.

参与者则被称为"长舌妇"。里斯曼尖锐地指出："八卦使女性在男性主导的社会机制之外生发出新的社会关系，这就是它的原罪"①。它代表了脱离男性控制的另外一个世界。

但八卦本无须承担如此污名。"同诗歌和小说一样，八卦穿透并直达事物的本真。它无关乎人类的梦幻般的伟大，而只关乎人类真实的琐事"②。

中文语境中的"八卦"

长久以来，中文里并没有特定词语指代"在双方投契的非正式场合里对缺席第三方的评价性内容"这一具体意义，而是以一系列代表 gossip 不同侧面的词来表述其含义。例如："家长里短"表明其内容的私密性、"蜚短流长"表明其内容的负面性；"小道消息"强调其传播渠道的非正式性；"街谈巷议"侧重其传播对象的底层性和广泛性；"碎嘴子""嚼舌根"则指代"八卦"这种行为的琐碎性，它无关大雅，而仅仅是一种无聊的口舌活动。

gossip 对译为中文的"八卦"颇有些幽深的渊源。要知道"八卦"一词直溯《易经》，曰："易有太极，是生两仪，两仪生四象，四象生八卦，八卦定吉凶，吉凶生大业。"朱子注："此数言者，实圣人作《易》自然之次第，有不假丝毫智力而成者。画卦揲蓍，其序皆然。"这段话是说，圣人画卦揲蓍均按太极—两仪—四象—八

---

① RYSMAN A. How the "gossip" became a woman [J]. Journal of communication，1977，27（1）：176-180.

② SPACKS P M. In praise of gossip [J]. The hudson review，1982，35（1）：19-38.

卦的顺序，画出的最原始的八个爻分别为乾、坤、震、巽、坎、离、艮、兑，即为"八卦"，分别象征着天、地、雷、风、水、火、山、泽八种自然现象。

数千年间，"八卦"总是与祝卜、天道、国运等宏大肃穆的命题相连，它延展出"人间琐事"这一意涵相当晚近。其来源众说纷纭，迄今尚无系统考证。目前流行的说法可归纳为三类：一是图形说。有人认为早年香港报刊争相刊登美女裸照，但因受制于法律和社会道德，不得不在照片的重点部位加贴八卦图，类似现在打马赛克的效果，"八卦新闻"遂由此得名。还有一种不太流行的说法将"八卦"之命名追溯到民国，称当时某些茶馆为招徕生意，在茶馆外墙上按八卦形状贴放各种小道消息，"八卦"之称由此而来。二是语源说。有人认为该说法源自台湾地区娱乐圈。台湾本地语以"八婆"指代刺探和搬弄别人隐私的人，台湾娱乐主持人曹启泰化用了这个说法，将"八婆"们所谈论的内容称为"八卦"。还有人认为该说法源自香港娱乐圈。因为原本香港专门刺探名人隐私的杂志都是八开大小，而粤语的"八开"与"八卦"音近，久而久之，这类杂志就被称作"八卦杂志"。三是词源说，但流传并不广。该说

gossip 对译为中文的"八卦"颇有些幽深的渊源，有图形说、语源说、词源说三种说法。

法自《易经》推衍，认为世界上纷纷扰扰的小道消息，大多数皆源于男（阳）女（阴）间的恩怨情仇，好比阴阳衍生出八卦一般，故将刊发这类消息的杂志称为"八卦杂志"。

　　随着中国内地改革开放的发展，文娱产业日渐兴盛，以名人隐私为主要内容的信息产品逐渐成为一个固定的门类。不仅有专门的娱乐报纸、杂志、新闻节目，连严肃报纸也一度专门开辟娱乐版，报道名人的糗闻、绯闻或丑闻。"八卦新闻"逐渐成为固定说法。早期的"八卦新闻"特指以娱人为主业的知名人物的私事，主要包括娱乐明星（影、视、歌星）和文化名人（诗人、作家等）；商业大亨们因为有主业，其风流韵事多以"花边新闻"指代；知名政治人物的私事往往不允许讨论，通常冠以"秘闻"之名，在地摊文学中或明目张胆或故弄玄虚地流传；而那些从政治系统中被剥离的人，当他们出现在社会版或法治版时，其私人生活的部分往往被冠以"桃色新闻"之名，用以指代权色交易的违法悖德行为。直到今天，这种细微的文字差别逐渐隐没，"八卦新闻"成为一个宽泛而懒惰的名词，指代所有与私人生活相关的街角轶事、红墙往事、绯色情事、烟火俗事。

第二章 | 稗官野史：中国历史上的八卦与小报

　　由于八卦的社交属性，人类历史中大部分八卦的寿命仅止于被生产和被遗忘之间的短暂时间——短则几分钟、几小时，长则几日或经年。

　　中国民间报纸晚至宋代萌芽，开始刊登一些早期形态的社会新闻。只有在商业新闻发达的近代，一些被大规模讨论的八卦才有可能以八卦新闻的形态存于纸面。

八卦的历史漫长，可能与语言同步。石器时代的女人们可能一边采集野果，一边谈论新任酋长的脾性；武王举兵，将领们大概也在酒宴间合议过误国的妖姬；春秋的暖风里，南子或许与侍女悄悄探听过孔丘的才貌；魏晋的横街上，姑娘们抱着鲜花和果子等车驾时，想必也在竞相分享着潘安的姿仪；盛唐的酒肆里，士子们当中多少会流传着李太白"天子呼来不上船"的酒脱；北宋的歌楼上，酒客们也未尝不会点评歌女口中词调婉转的柳三变。人们既关心英雄，关心美人，关心名动天下的才子、一诺千金的丈夫，更关心休戚相关的身边人，就像曹操打听关羽的喜好而赠赤兔，水浒好汉们泡茶楼泡出无数风波，黛玉关心宝钗选了哪种珠花，孙猴子动辄取笑猪八戒的前尘糗事……在流动的光阴中，鲜活的八卦勾连着日复一日的俗世烟火；但因其琐碎平常，这些人间故事难以在史书上留下任何痕迹。

实际上，由于八卦的社交属性，人类历史中大部分八卦的寿命仅止于被生产和被遗忘之间的短暂时间——短则几分钟、几小时，长则几日或经年。那些能够累世传播的八卦往往积淀为别的东西，比如传说、传奇、民间故事。中国民间报纸晚至宋代萌芽，开始刊登一些早期形态的社会新闻；此前的邸报、邸吏状、进奏院状报、朝报等主司政事消息，即使涉及对官吏、民间人物或闾巷事件的呈奏，也往往隶属于庞大的官僚行政事务的一部分。只有在商业新闻发达的近代，一些被大规模讨论的八卦才有可能以八卦新闻的形态存于纸面。而真正口耳相传的八卦信息，要么在勾栏酒肆中流传直至消泯，要么以各种私史的形态被写入文人笔记、小说、话本。好在中国文人向来有史官情结，记前史之所遗，录时闻之精粹①，希望以私人撰述聊补正史之阙漏，为后世之考遗。由此，现代八卦信息中的相当一部分类别便与中国历史中的杂史、杂记、杂传、笔记、小说、传奇产生了交集。后者往往被民间统称为"野史"②。

明代以前的八卦小史

稗官与稗史

"野史"是相对于"正史"而言的。

《礼记·玉藻》谓天子"动则左史书之，言则右史书之"③。《汉书·艺文志》亦云："古之王者世有史官，君举必书，所以慎言行，昭法式也。左史记言，右史记事。事为《春秋》，言为《尚书》，帝王靡不同之。"④ 其中，"言"主要是诰誓之类的官方文件，"事"即通常所谓的记录人物活动和生平的"史书"⑤。那时候，国家设立史官的主要目的是记录国家大事、朝代兴替及著名人物的功业成就。《旧唐书·职官志·史馆》有云：

> 史官掌修国史，不虚美，不隐恶，直书其事。凡天地日月

① 吴绍钪."野史"特征漫议 [J].东疆学刊，1996（2）：24-27.
② 陈力.中国史学史上的正史与野史 [J].四川大学学报（哲学社会科学版），1999（2）：63-71.
③ 郑玄.礼记注 [M].北京：中华书局，2021.
④ 班固.汉书：卷三十 [M].北京：中华书局，1962.
⑤ 同②.

之祥，山川封域之分，昭穆继代之序，礼乐师旅之事，诛赏废兴之政，皆本于起居注、时政记，以为实录，然后立编年之体，为褒贬焉。既终藏之于府。①

正史最重要的特点在于其写作方式而非内容。班固最早用"实录"一词作为对司马迁修《史记》的最高褒奖，言其"善序事理，辨而不华，质而不俚，其文直，其事核，不虚美，不隐恶，故谓之实录"②。此后，"实录"便成为正史写作最重要的标准。

从史学分类上来说，"正史"更严谨的对举词应当为"稗史"或"小说"，后者的历史可追溯到周代。《汉书·艺文志》"诸子略·小说家"云："小说家者流，盖出于稗官。街谈巷语，道听涂说者之所造也。"③ 此后，"稗史"遂成"小说"的代名词，指街谈巷说的琐碎"小语"，而非兴邦定国的宏阔"大事"。"稗史"一词由"稗官"生发而来。稗官同左史、右史一样，都是官方正式任命的史官职位。只不过左史、右史专记帝王言行，稗官则专记官修正史所不取的闾巷旧闻与民俗风情，是为"稗史"。"稗史"者，小说也；"小说者，正史之余也"④。

稗史、私史、野史

稗官始终是朝廷公职人员，只是官名在不同朝代均有变化，地

---

① 刘昫，等.旧唐书：卷四十三［M］.北京：中华书局，1975.
② 班固.汉书：卷六十二［M］.北京：中华书局，1962.
③ 班固.汉书：卷三十［M］.北京：中华书局，1962.
④ 笑花主人.今古奇观序［M］//抱瓮老人.今古奇观.上海：上海古籍出版社，1992.

位也自汉代以后逐渐边缘化，至宋明则逐渐销声匿迹①。但稗史却一直以官史、私史、官史吸纳私史等形式存在。作为官方信息辑纳系统的一部分，稗史的主要功能依旧是"垂训诫"的政治功能，即为帝王提供关于民间的信息，但也具备了八卦的某些功用，比如"为夸尚"的社交功能、"资谈笑"的娱乐功能等②。

周代以来，官修史书藏于皇史，连普通官吏都无权观览，民间更无法流传③。及至春秋末年，世官世禄制解体，以知识分子为主体的"士"阶层诞生；与此同时，战争带来的社会动荡令部分国史散落民间，使得"士"阶层得以将春秋各国官史重新修编，最著名者当推春秋三传。此时，才有了真正的私史④。

魏晋时期盛行"品评人物""共相标榜"的世风，长于志人的杂传因此风行一时⑤。加之两晋的史官制度，要求甫上任的著作官"必撰名臣传一人"，因此出现了大量关于历史名人的杂传⑥。由于杂传的大量诞生和推动，魏晋时期史部的地位上升，摆脱了作为经

① 王以兴，杜贵晨."外史"名义的历史变迁 [J]. 求索，2014 (4)：169-173.
② 刘晓军."稗史"考 [J]. 中山大学学报（社会科学版），2008 (4)：28-33.
③ "先朝之史，皆天子之大臣与侍从之官承命为之，而世莫得见。其藏书之所，曰皇史宬。每一帝崩，修实录，则请前一朝之书出之，以相对勘，非是，莫得见者。人间所传，止有《太祖实录》。国初人朴厚，不敢言朝廷事，而史学因以废失。正德以后，始有纂为一书附于野史者，大抵草泽之所闻，与事实绝远，而反行于世。世之不见实录者从而信。万历中，天子荡然无讳，于是实录稍稍传写流布。至于光宗而十六朝之事具全，然其卷帙重大，非士大夫累数千金之家不能购，以是野史日盛，而谬悠之谈遍于海内。"顾炎武. 亭林文集：卷五 [M] //顾亭林诗文集.2版. 北京：中华书局，1983.
④ 陈力. 中国史学史上的正史与野史 [J]. 四川大学学报（哲学社会科学版），1999 (2)：63-71.
⑤ 仇鹿鸣. 略谈魏晋的杂传 [J]. 史学史研究，2006 (1)：38-43.
⑥ 刘湘兰. 两晋史官制度与杂传的兴盛 [J]. 史学史研究，2005 (2)：18-24.

学附属的地位，"正史"与"野史"的分异也自此时始①。隋代明令禁止民间修史②，《隋书》在《经籍志》中正式提出"正史"之名③并将其列为史部之首，同时单列"杂史"部，记录帝王的相关琐事④。因此，尽管在品评人物这一点上，从魏晋至隋的"杂传"与现代意义上的八卦颇有相似之处，但其目的却并非通过品评人物来社交，而是一种由史官著述的正式史书，唐人认为"盖亦史官之末事也"⑤。

魏晋时期更接近八卦的是志怪笔记，主要记录鬼、神、仙、怪等传闻，其手法也不再延续"实录"的史传传统，而是"杂以虚诞怪妄之说"⑥。但魏晋南北朝的杂传在后世修史辑录时依旧被归于史部，盖因后世认为，尽管这类志怪作品多记述怪异传闻，但时人视之为实，故记之以为佐证，它们属于时人眼中"神道不诬"的明证，因此当视为史⑦。

唐代首创史馆制度，史官地位的崇高导致士人积极记录所见所

---

① 陈力. 中国史学史上的正史与野史［J］. 四川大学学报（哲学社会科学版），1999（2）：63－71.

② 隋文帝开皇十三年（593）五月，"诏人（民）间有撰集国史、臧否人物者，皆令禁绝"。魏徵，令狐德棻. 隋书：卷二［M］. 北京：中华书局，1973.

③ 《隋书·经籍志》："古者天子诸侯，必有国史，以纪言行，后世多务，其道弥繁。……自是世有著述，皆拟班、马，以为正史，作者尤广。一代之史，至数十家。"魏徵，令狐德棻. 隋书：卷三十三［M］. 北京：中华书局，1973.

④ "然其大抵皆帝王之事，通人君子，必博采广览，以酌其要，故备而存之，谓之杂史。"魏徵，令狐德棻. 隋书：卷三十三［M］. 北京：中华书局，1973.

⑤ 魏徵，令狐德棻. 隋书：卷三十三［M］. 北京：中华书局，1973.

⑥ 同⑤.

⑦ 张子开. 野史、杂史和别史的界定及其价值：兼及唐五代笔记或小说的特点［J］. 绵阳师范学院学报，2009（3）：1－9.

闻，不仅借以满足未能厕身修史行列的遗憾，且视自己的记录著述可"补国史之阙""备史官之采"①。这一时期民间修史的主要形式是笔记小说，以由前代志怪笔记演变而来的"杂传记"和从轶事变化出的"杂录"为主，前者主要志人，后者则记录历史琐闻和考据辨证②。唐代笔记小说的文学性强，而真实性不足；同期的唐传奇更是以虚构为特征，往往明知事属荒诞而有意宣扬，以凸显作者的想象才能③。这些记录已经具有了明显的现代八卦信息的特征，比如：含有以真实人物为对象的评价性内容；涵盖人物生平、生活琐事、时代逸闻、乡野趣事等多种话题；真实性信息和虚构性信息杂糅，不寻求信息的真实性，而是借以表达作者观点；作品不是藏于史馆，而是流传于闾巷。

宋代以后，随着印刷术的普及，私人修史的成本更为低廉，稗史风行一时。宋代笔记主要记载本朝轶事或掌故，虚构成分少，史料性强。后世评价曰："自古稗史之多，无如两宋……然一代文献，赖兹以存，学者考其颠末，可以为正史之助。"④ 及至衣冠南渡，朝廷失去对私史的约束力，各种野史更是层出不穷。据《三朝北盟会编》统计，仅宋徽宗、钦宗、高宗数十年间便录有野史二百余种⑤。

① 张子开. 野史、杂史和别史的界定及其价值：兼及唐五代笔记或小说的特点[J]. 绵阳师范学院学报，2009（3）：1-9.
② 同①.
③ 熊明. 六朝杂传与传奇体制［J］. 武汉大学学报（人文科学版），2001（5）：627-631.
④ 昭梿. 啸亭杂录：卷二［M］. 北京：中华书局，1980：30.
⑤ 陈力. 中国史学史上的正史与野史［J］. 四川大学学报（哲学社会科学版），1999（2）：63-71.

到明代，尤其正德年间，朝廷权威日塞而思想逐步开放，世人敢言朝廷事而纂为野史，民间修史著述逐渐繁盛，清初学者全祖望谓"明季野史凡千余家"①。至于明清易代，中原学者更是集中书写清兵屠城之惨及亡国之痛，追记南明之史而寄故国之思。大量人们耳熟能详的作品传世，有依托历史或影射历史的创作，如《三国志演义》《水浒传》《儒林外史》《官场现形记》《老残游记》等，亦有对当朝人事的描摹、记录和想象，如《三言》《二拍》《聊斋志异》，还有大量托"史"为名的文学作品，如《绣榻野史》《剿闯小史》《昭阳趣史》《禅真逸史》《浓情快史》《最近官场秘密史》等②。史学史的长河在此处突然喧闹起来，混着正史的整肃气、怀古的悲壮气、闻道于野的江湖气、街头闾巷的烟火气，也萦绕着宫闱秘闻的脂粉气、两性缠绵的香艳气，共同汇成了一派熙熙攘攘的市井人语。

如果说这些成书流传的作品仅仅提供了八卦的材料，宋代说书人的兴起则是民间八卦活动兴盛的实在场所。社会鼎革提供了丰富的素材，政权更迭弱化了官府对民间言论的约束，经济发展则促进了市民社会的产生，培育了说书人赖以生存的文化市场。由此，明清两代，说书人兴于市井。他们借助流行的野史和小说形成话本③，以历代史事为主，兼以社会奇闻或名人轶事，与今天人们对当地奇

---

① 陈力.中国史学史上的正史与野史［J］.四川大学学报（哲学社会科学版），1999（2）：63-71.

② 王以兴."外史"之小说价值补考［J］.江苏开放大学学报，2015（4）：74-79.

③ 王树民.从史学谈明清小说野史的价值［J］.河北师范大学学报（哲学社会科学版），1998（1）：123-130.

人、政客富商、影视明星的谈论已无差别。在汴京的酒肆里、洛阳的勾栏中，前朝演义与当朝风流都是茶余饭后的谈资。说书人提供了八卦的基础版本，听书人则在公开或隐秘的谈论中，将八卦添油加醋地流传。

概言之，直到魏晋时期，民间八卦还只有少数能以官修稗史的形式被记录而流传；魏晋杂传虽长于品评人物，但依旧以王侯名士传为主，缺乏八卦信息的社交属性；直到隋唐之后，民间私史的繁盛、市民社会的兴起以及说书的蔚然大观，方催生出八卦信息的生产与传播的双重繁荣。明代胡应麟《少室山房笔丛·九流绪论》首次将小说（稗史）列为子类，曰：

> 子之为类，略有十家。昔人所取凡九，而其一小说弗与焉。然古今著述，小说家特盛；而古今书籍，小说家独传。何以故哉？怪、力、乱、神，俗流喜道，而亦博物所珍也；玄虚、广莫，好事偏攻，而亦洽闻所眈也。谈虎者矜夸以示剧而雕龙者闲掇之以为奇；辩鼠者证据以成名而抇虱类资之以送日。至于大雅君子心知其妄而口竞传之，旦斥其非而暮引用之，犹之淫声丽色，恶之而弗能弗好也。夫好者弥多，传者弥众，传者日众则作者日繁，夫何怪焉？[1]

在这段描述中，怪、力、乱、神的小道消息在形形色色的人中流传。夸夸其谈的人传八卦以自抬身份，雕文琢字的人围观八卦以满足好奇心，热衷论辩的人辩证八卦以求扬名，闲散人则靠聊八卦

---

[1]　胡应麟. 少室山房笔丛：卷二十九 [M]. 上海：上海书店出版社，2009.

打发时间。即便看起来雅贵的正人君子，白天义正辞严地斥责八卦，晚上冶游时却也竞相谈论。人们对待八卦就好似对待淫词艳曲、青楼佳人，虽然知道不好，却又情不自禁地追逐。这些鲜活的八卦在高门深院内流转，亦在户牖陋室中流连，从乞儿的歌谣里到王公的酒宴间，绵绵不绝地连缀起整个时代的衣襟。

清代以前的小报活动

一提到"小报"，现代人通常会联想到充满名人八卦、大幅配图、色彩艳丽、标题巨大的娱乐杂志或报纸。但我国历史上的小报却并非如此。小报始见于北宋，盛行于南宋，是指官方邸报之外的一种刊载朝廷动态的文书抄本[1]。它是正式的政务信息通报之外的"补缺"，记载的依旧是官家遗事而非市井琐事。

要谈小报，就要先介绍邸报。"邸报"的"邸"原指古代进京朝觐的官员们的在京住所，最早出现于战国，后来则指代地方高级官员驻京的办事机构，相当于今天的"驻京办"。西汉初期，邸吏定期把皇帝的谕旨、诏书、臣僚奏议等官方文书以及宫廷大事等政治情报写在竹简或绢帛上，由信使骑快马沿驿道报送各郡长官。至唐代，各地节度使派"邸务留后使"常驻长安，负责呈进章奏和通报消息，这种通报消息的文书逐渐发展为一种手抄的、类似报纸的出版物，即为"邸报"[2]。唐代以降直至清代，邸报均由专门政府机

---

① 方汉奇. 中国新闻传播史［M］. 3 版. 北京：中国人民大学出版社，2014.
② 同①.

构制作，发行周期也并不相同，如唐代报状是日报，宋代邸报每隔五日、十日或一月发行一次。此间，"邸报"的名称虽屡有改变，但发行却一直没有中断。

历代邸报均以政治内容为主，包括皇帝的起居注、时政记，国家大事，王朝律法档案，官员升降、任免、奖惩，各级官吏奏疏和皇帝的口头或书面指示等，其目的在于"使知朝政""朝命令之出，天下通知"①。也就是说，皇帝及时通过邸报传递统一的政务信息，使各级官吏更好地了解朝廷的各种政策、法令，类似于今天的中央办公厅通讯。

明代以前，邸报只限于在高品级官吏内部流通。如唐代报状的发行范围仅限于京官，宋代邸报仅发行到路、州，清代邸报也只发行到府、州、县，低级官吏和闲散职官均无缘窥见，遑论普通士子乃至广大民众②。所以，尽管邸报在中国历史久远，但远非一套通达社会各阶层的信息发布机制。《大公报》创办人英华曾感叹："中国邸报创行最早，数百年于兹进步毫无。除宦海中人时一披阅，而读书士子，多有不知为何物者，民间更无论矣。"③

对被允许接触邸报的官员而言，邸报远非理想的信息来源。一

---

① 邓伟进. 从邸报看我国古代的档案公布 [J]. 湖南档案，1996 (4)：34.

② 同①. 值得注意的是，尽管朝廷对邸报发行范围有明确限制，但邸报依旧在民间流传。邸报在宋代已经成为一种可以买卖的商品。明代中期，朝廷开放邸报，不再向民间保密，合法民报应运而生。当时的合法民报称《京报》，由专业报房"提塘"组织编印和发行；为迎合民间读者需求，还增设社会新闻版块。至晚清，官报、小报、报房京报三者并存，近代中文报纸则在广州。参见方汉奇主编《中国新闻传播史》。

③ 英华. 也是集 [C]. 天津：大公报馆，1907//程丽红，程玥. 论清古代报业的进化与发展 [J]. 学术论坛，2015 (1)：95 - 100.

是邸报篇幅短，仅有数页①，所以信息容量有限；二是邸报有严格的"定本"制度②，每期内容都经过枢密院或宰相审查，只允许传达统一的官方信息；三是邸报时效性差，从制作完成到抵达各级官员手中，动辄几天到十几天的时间③。种种弊端表明，邸报难以满足各级官员的信息需求。于是，北宋时期，与合法"邸报"相对的非法"小报"开始出现，随后繁盛于南宋，绵延数百年，直至乾隆时期才逐渐式微。

作为一种非法出版物，小报几乎在各个朝代均被严厉查禁。宋高宗时曾任中书舍人、吏部尚书的周麟之有《论禁小报》一文，原是他在绍兴二十六年（1156）上呈高宗的奏折。文中称：

> 方陛下颁诏旨，布命令，雷厉风飞之时，不无小人诪张之说，眩惑群听。如前日所谓召用旧臣者，浮言胥动，莫知从来。臣尝究其然矣，此皆私得之小报。小报者，出于进奏院，盖邸吏辈为之也。比年事有疑似，中外未知，邸吏必竟以小纸书之，飞报远近，谓之小报。如曰"今日某人被召，某人罢

---

① 孙毓修《中国雕板源流考》描述了中国最早的邸报《开元杂报》的样式："叶十三行，行十五字，字大如钱。有边线界栏而无中缝，犹唐人写本款式，作蝴蝶装，墨影漫漶，不甚可辨。"孙毓修. 中国雕板源流考［M］. 上海：上海古籍出版社，2008.

② 定本即经官方审定后的邸报样本。定本制度是指根据进奏官采集来的各种发报材料，经本院监官编好，送请枢密院或宰相审查通过后产生的邸报样本。进奏官必须根据这一样本进行发报，不得超过范围。参见方汉奇主编《中国新闻传播史》。

③ 南宋绍兴二十六年（1156），右正言凌哲请求废除定本，以其"动辄旬日，俟许报行，方敢传录，而官吏迎合意旨，多是删去紧要事目，止传常程文书，偏州下邑往往有经历时月不闻朝廷诏令。切恐民听妄生迷惑，有害治体"。此时，南宋统治初步稳定，凌哲的请求被批准，定本制度再度取消。参见：李心传. 建炎以来系年要录：卷一百七十一［M］. 北京：中华书局，1988.

去，某人迁除"，往往以虚为实，以无为有。朝士闻之，则曰："已有小报矣！"州都间得之，则曰："小报已到矣！"他日验之，其说或然或不然。使其然耶，则事涉不密；其不然耶，则何以取信？此于害治，虽若甚微，其实不可不察。臣愚欲望陛下深诏有司，严立罪赏，痛行禁止。①

这段话涵盖了很多内容：第一，小报的消息来源是各地驻京办的吏员；第二，小报内容以政治信息为主；第三，小报追求迅捷而非准确；第四，小报发行范围广，超出政务信息被限制传播的范畴。

光宗绍熙四年（1193）的一份臣僚奏言补充道：

近年有所谓小报者，或是朝报未报之事，或是官员陈乞未曾施行之事，先传于外，固已不可。至有撰造命令，妄传事端，朝廷之差除，台谏百官之章奏，以无为有，传播于外。访闻有一使臣及阁门院子，专以探报此等事为生。或得于省院之漏泄，或得于街市之剽闻，又或意见之撰造，日出一纸，以出局之后，省、部、寺、监、知杂司及进奏官，悉皆传授，坐获不赀之利。以先得者为功，一以传十，十以传百，以至遍达于州郡监司。人情喜新而好奇，皆以小报为先，而以朝报为常，真伪亦不复辨也。②

① 周麟之．论禁小报［M］//全宋文：卷四千八百一十七．上海：上海辞书出版社，安徽教育出版社，2006.
② 徐松．宋会要辑稿：刑法二［M］．上海：上海古籍出版社，2014.

这段话补充的信息包括：第一，小报的主要内容是官报未收录或不允许公开发布的朝政信息，但也有伪造的信息；第二，小报有专门的生产地点和从业人员，后者于政府机关、市井街巷等处多方探查消息，并获得相应的消息费；第三，小报每天出版；第四，小报受欢迎的程度超过朝报。

这两段主张查禁小报的记录呈现了一幅极为生动的小报生产画卷。每一天，各地的驻京办吏员一方面依礼依制地去进奏院抄邸报，恭恭敬敬地记录下皇帝诏令、朝廷决策或人事变动，另一方面发动自己的人际网络，探查未记录在邸报上的信息，比如皇帝见了谁、罢免了谁、擢升了谁，谁上了什么条陈而未被邸报收录，谁有什么动议准备上报而未能提交。吏员们得了消息，偷偷写在小纸上传出去。这些来自各部委的消息汇集一处，于某个活字列列、墨香阵阵的小院里印成小报，在马背上飞驰往国土的疆域四方。各地官员心照不宣地收集和查阅这些朝廷严禁私相流传的消息，与稍后到来的邸报互为印证。

一提到"小报"，现代人通常会联想到充满名人八卦的娱乐报刊。但我国历史上的小报却并非如此。小报始见于北宋，盛行于南宋，是指官方邸报之外的一种刊载朝廷动态的文书抄本。它是正式的政务信息通报之外的"补缺"，记载的依旧是官家遗事而非市井琐事。几百年来，小报的读者群并非贩夫走卒，刊载的内容不是现代意义上的八卦信息，办报的目的也不是商业利益。北宋到清末八百年间的小报活动并非近代小报的先声。

与此时民间依靠文人笔记而流传的街巷阙遗不同，小报是庞大官僚系统的一种补充性信息手段。它首先是政治性的，是京外大员为弥补远离政治中心的信息缺位而打通和建设的信息通路。邸报系统与官方礼制系统、公文系统、官僚行政系统一道，以统一而刻板化的方式维护皇权的正常运转；而官员个体或地方官僚体系却试图通过额外信息的加持，从其所寄身的政治系统中获得更大收益。这种额外收益的主要实现方式，就是通过提前获得的政治信息开展政治投机和规避政治风险。至于底层吏员倒卖信息的收益或民间报房售卖小报的利润，只不过是这些灰色政治活动的副产品。几百年来，小报的读者群并非贩夫走卒，刊载的内容不是现代意义上的八卦信息、奇闻怪事，办报目的也不是商业利益。因此，史学界普遍认为，北宋到清末八百年间的小报活动并非近代小报的先声。

近代意义上的小报

近代意义上的小报出现于清末的上海。在《南京条约》后开埠通商的一百年里，上海从一个没落封建王朝的地方都会转变成远东第一大都市。随着基督教、租界、洋人一同舶来的，还有现代意义上的新闻和报纸。

近代报纸在出现之初并不为国人所接受。秦绍德在《近代上海文化和报刊》一文中考证道：

> 中国人对于近代报刊，有一个从抵触到适应的过程。这个过程持续了几十年之久。最初许多人不知报纸为何物，把报刊

看成是离经叛道的洪水猛兽，"父老且有以不阅报纸来为子弟勖者"。报纸的销售发行也十分困难。报馆请各商店代售，商店十分勉强。报贩上门派送，收费如同乞丐乞食一般："而此分送之人，则唯唯承受惟谨。及届月终，复多方以善言乞取报资，多少即亦不论，几与沿门求乞无异。"在报馆就职，也不像今天光彩、有地位："故每一报报社之主笔、访员，均为不名誉之职业，不仅官场仇视之，即社会亦以搬弄是非轻薄之。"左宗棠一句评论，贬报馆工作为"江浙无聊文人之末路"，传了几十年。可见不仅官府，而且一般社会心理，对新出现的报刊的抵触。①

清末报人的来源有二：一类人称"秉笔华士"，即最早和外国人合作译书或做秘书的文人②，故而有"洋人出钱，秀才办报"的说法③；另一类是"寓沪文人"，是指清末以来为避战祸或因仰慕都市生活而迁居到上海的文人。其中许多人都是因为仕途不顺、屡试不第，无法实现应试做官的人生理想，方投入报馆谋生。可以说，一方面，中国第一代报人多数是蒙受科举教育的传统文人，其文化心理上深埋着修齐治平的士人情怀；另一方面，他们又身处"数千

---

① 秦绍德. 近代上海文化和报刊 [J]. 学术月刊，2014（4）：157－172.

② 中国最早的中文报刊多数是外国人创办的。如中国境内第一份中文报纸《东西洋考每月统记传》（1833，广州）由普鲁士传教士郭士立（Karl Friedrich August Gützlaff）创办；上海第一份中文刊物《六合丛谈》（1857，上海）由伦敦传道会（London Missionary Society）的传教士创办，主编为伟烈亚力（Alexander Wylie）；堪称近代上海影响力最大的中文日报《申报》（1872，上海）由英国人美查（Ernest Major）创办。参见方汉奇主编《中国新闻传播史》。

③ 王敏. 上海报人社会生活（1872—1949）[M]. 上海：上海辞书出版社，2008.

年未有之变局"的动荡时代，个体的人生理想在国家飘零和时代剧变面前脆弱不堪。至 1906 年清廷停止科举，文人的出仕之梦破灭，大量读书人一夕之间失去了传统的晋身之阶，只能做乡间教员、官衙幕僚、买办账房或经营生意。一些受过康梁"新学"熏陶的知识分子转而办报①。他们的"人生境遇、文化背景、办报生涯、社会基础，决定着第一批中国近代报刊的形态"②。他们一方面推崇报纸作为新闻纸的定位，"求其纪述当今时事，文则质而不俚，事则简而能详，上而学士大夫，下及农工商贾，皆能通晓者，则莫如新闻纸之善"③；另一方面，又时刻强调"文以载道"的政治功能，试图以报纸为基础，针砭时弊，启迪民智，引导舆论，实现立德立言、修齐治平的抱负。

而在轰轰烈烈的近代报刊运动中诞生的商业"小报"，一方面承袭了"文人论政"的传统情怀，另一方面又因袭着西方小报的商业基因，因此呈现出双重性。

中国近代最早的小报是 1897 年 5 月 25 日④创刊的《游戏报》。其创办者是《官场现形记》的作者李伯元。《官场现形记》原本是一部连载的通俗小说，自 1903 年起连载于李伯元稍后创办的《世界繁华报》。李伯元本是清末秀才，甲午战争后，因痛感"国家瓜分之祸迫在眉睫，非大声疾呼，不能促使全国上下觉悟，而欲唤起

---

① 宁威. 从《世界晚报》到《立报》：平民性、商业性与民国报人成舍我的探索 [J]. 新闻爱好者，2014（2）：81-85.

② 秦绍德. 近代上海文化和报刊 [J]. 学术月刊，2014（4）：157-172.

③ 本馆告白 [N]. 申报，1872-04-30.

④ 欧阳健. 李伯元的文学之路 [J]. 学海，1994（4）：86-89.

群众，须以报纸为宣传利器"①。他举家来到上海，先入大型报纸《指南报》任编撰工作，次年创办《游戏报》。他在《论〈游戏报〉之本意》一文中将其办报主张阐述如下：

> 《游戏报》之命名，仿自泰西。岂真好为游戏哉？盖有不得已之深意存焉者也。慨夫当今之世，国日贫矣，民日疲矣，士风日下，而商务日亟矣。……故不得不假游戏之说，以隐寓劝惩，亦觉世之一道也。……始有此《游戏报》之一举。或托诸寓言，或涉诸讽咏，无非欲唤醒痴愚，破除烦恼。意取其浅，言取其俚，使工农商贾、妇人孺子，皆得而观之，庶天地间之千态万状，真一游戏之局也。②

在这段话中，李伯元充分表达了以小报为阵地，借游戏之笔浇心中块垒，以粗言俚语振聋发聩之意，以唤醒民众、启发民智的抱负。《游戏报》一出便名声大震而仿效者众，许多小报都阐述了类似的办报理念。如《晶报》"以吾国之政治黑暗，社会之蒙昧，……愿竭文字之能力，为吾国中万事万物，扫除障翳，使渐入于光明之域"；《铁报》自视为"专事批评的小报"；《罗宾汉》取名自"侠盗罗宾汉"，承继其仗义行侠之精神，认为"报纸之天职，在发奸摘伏，苟噤若寒蝉，怯如昼鼠，焉用此报纸为？"；《风人》报也认为"口诛笔伐、大声疾呼，仍是于事无济的"，只能用"一种有含蓄的批评，在我无伤忠厚，在人可以省悟，以含讥带刺的笔墨，作劝善

---

①　欧阳健 . 李伯元的文学之路 [J]. 学海，1994（4）：86 - 89.
②　李伯元 . 论《游戏报》之本意 [N]. 游戏报，1897 - 08 - 25.

惩恶的文章"；等等①。这类阐述都表达了我国近代小报的创办者们试图通过报纸启发民智、劝诫政治的意愿，体现出与西方小报迥异的新闻理念。

半个世纪间，沪上小报确实刊发了一些秉笔直书的新闻报道，如不为名士讳，报道胡适请人吃花酒②，也不为强者隐，报道黄金荣殴打情敌的野蛮行为和杜月笙门徒的斑斑劣迹③；对其专擅的名人大案连篇累牍，务求详尽，如20世纪20年代的王莲英遇害案、盛氏遗产案、黄慧如案等；对重大政治事件例不缺席，如20世纪30年代的史量才遇刺案、鲁迅逝世等④。小报还通过言论针砭时弊，如《游戏报》刊发《官场奉五字秘诀》揭露官场丑态，《大世界》以《睡狮论》

我国近代小报的创办者们试图通过报纸启发民智、劝诫政治的意愿，体现出与西方小报迥异的新闻理念。近代最早创办小报的是《官场现形记》的作者李伯元，他于1897年5月24日创办《游戏报》，办报主张为："……假游戏之说，以隐寓劝惩……或托诸寓言，或涉诸讽咏，无非欲唤醒痴愚，破除烦恼。意取其浅，言取其俚，使士农商贾、妇人孺子，皆得而观之"。

① 洪煜.从小报看近代上海的新闻舆论公共批评［J］.上海师范大学学报（哲学社会科学版），2010，39（4）：91-97.

② 李国平.上海市民的精神"大世界"：民国小报巨擘《晶报》研究［D］.苏州：苏州大学，2008.

③ 付建舟.旧上海文艺小报的历史分期及意义［J］.聊城大学学报（社会科学版），2006（5）：119-122.

④ 同②.

一文嘲讽国民政府尸位素餐，《采风报》在戊戌变法后以"捉康有为梁启超法"为命题征文以讽刺朝廷，《先施乐园日报》在五四运动期间连续发表社论支持学生运动①，《晶报》在卢沟桥事变后一周内以新闻和评述等多种方式勉励当局《宁为玉碎勿为瓦全》《勿接受任何条件》②，等等。这些都体现出小报"言时事、造舆论、达民情"的参政方式。

还有许多小报致力于生产专业内容，促进了民国时期多元市民文化的诞生。由于小报的读者群纷杂，下至普通职员、店员、学生和粗通文墨的市民，上至政府要员、上海闻人、出身显赫的寓公③，因此小报的细分市场也较为发达。不同类型的小报各有定位：如游戏场小报依托于大众娱乐场所，既为自己的游艺场做宣传，也刊载一些小品文和文化娱乐新闻；戏曲小报以捧角为主业，不少剧评影评十分专业，是民国梨园文化的新潮代表④；有的报纸开设生活服务类副刊或专栏，关注市民的衣食住行等生活点滴。从形式和内容上看，这一时期的小报已经与近代西方小报无异。它们篇幅小，约为正常报纸的四分之一⑤，不以重大政治新闻为主，而是专注于街巷里弄的凡俗人事。它们不厌其烦于八卦琐事、梨园新曲、名士风流、

① 洪煜.从小报看近代上海的新闻舆论公共批评 [J].上海师范大学学报（哲学社会科学版），2010，39（4）：91-97.

② 李国平.上海市民的精神"大世界"：民国小报巨擘《晶报》研究 [D].苏州：苏州大学，2008.

③ 李楠.晚清民国时期上海小报 [M].北京：人民文学出版社，2006.

④ 付建舟.旧上海文艺小报的历史分期及意义 [J].聊城大学学报（社会科学版），2006（5）：119-122.

⑤ 陈伯熙.上海轶事大观 [M].上海：上海书店出版社，2000.

伶人艳史、丑闻奇谈、饮食男女，从而勾连起升斗小民的平凡日常。

然而，大多数小报并未以监督批评社会时弊、构建市民文化为圭臬；甚至《游戏报》《晶报》等以"唤醒痴愚"为明发理念的小报，在具体经营中也与其创刊理念渐行渐远。这其中原因纷杂，兜着清末民初的时代乱象。

一方面，报人群体鱼龙混杂，办报动机五花八门。小报报人固然有出身和抱负如李伯元者，但其主体是"晚清文人、鸳蝴文人和后期的部分海派文人"[①]，还包括略通文墨的其他职业者，如律师、医生、餐馆老板、报贩等。他们成分芜杂，办报理念各异。李时新在《论晚清及民国时期上海小报的限禁》一文中考证说：

> 有以讥弹时事、改造社会为职志的；有不堪他人攻击，自办小报以牙还牙的；有"玩票"性质，靠办小报出风头的；有投机性质、企图依托办报一夜暴富的，不胜枚举。甚至连笔墨不甚通顺的人为了讨生活也挤进了报人行列，当上了小报主笔。有些报人注重社会责任，作风正派，宗旨纯正；而不少报人专事打探黑幕、挖掘隐私，以为敲诈；还有一些报人因为未能得到店家、伶人的"礼遇"，利用手中的报纸谩骂、攻击。……不少小报创办人此前都没有新闻从业经历，都是仓促转身成为报人或兼职报人，对新闻规律知之不多或是漠然置之。譬如，虚构或夸大事实，把新闻混同于一般的文学作品；疏于采访调查，捕风捉影；玩文字游戏，随意影射他人；至于动辄在报上

---

① 秦绍德. 近代上海文化和报刊 [J]. 学术月刊, 2014 (4)：157-172.

大开笔战，将报纸当"私器"，相互攻讦甚而辱骂。①

另一方面，报业管理失序，恶性竞争频仍。小报的内容不外乎新闻、评论、小品、掌故、随笔、剧谈、轶闻、诗词、小说、金石、书画等，对信息来源、记者队伍、新闻渠道等均无特殊要求。其准入成本低廉，有的甚至不需要办公场地，"一间房、一张桌子、几十块钱垫底，一家小报馆就可以开张了"②。据统计，在近代上海出版的1 786种报纸中，1 266种为小报，比例超过70%。数量如此众多的小报争夺有限的消费市场，又缺乏政府部门和行业组织的有效规范，故不可避免地陷入恶性竞争。多数小报无暇顾及发刊词中讥弹时事、针砭时弊、蕴养市民文化的宣言，"以趣味为中心，第一是不谈政治，所谓国家大事，概不与闻。所载的不过是街谈巷议，轶事秘闻，也没有好材料。执笔者都是当时所谓洋场才子，还弄点什么诗词歌赋游戏文，……到后来日趋下流，专写这些花界伶界的事"③。一旦有一份格调粗俗的报纸获得市场青睐，同类型的报纸便会蜂拥而起，且格调每况愈下。若有小报传授吃喝嫖赌经，新的报纸就会大谈两性男女事，甚至广刊淫词艳曲篇；还有小报报人以打探黑幕、挖掘隐私为业，借助手中的报纸敲诈、诋毁他人以谋私利④。如此种种，构成近代上海小报的典型样态。

---

① 李时新. 论晚清及民国时期上海小报的限禁［J］. 新闻与传播研究，2008（5）：62-69，95.

② 同①.

③ 付建舟. 旧上海文艺小报的历史分期及意义［J］. 聊城大学学报（社会科学版），2006（5）：119-122.

④ 同①.

与此同时，国民党政府对小报的管理则始终处于矛盾之中。一方面，不良小报污染社会空气，腐蚀国民志气，政府迫于舆论压力不能不采取限禁措施。如 1934 年 1 月，南京政府因小报"内容简陋、篇幅短小、专载琐闻碎事（如时人逸事、游戏小品之类）而无国内外重要电讯记载"而专电取缔[①]。另一方面，政府又会故意利用小报的这种负面性。冯并认为，国民党政府为了阻止进步思想的传播，放任黄色文化泛滥，以便争夺文化阵地和读者[②]。由此，小报虽有查禁但缺乏力度，小报市场便在政府的暧昧态度中发展得越发有恃无恐。

小报的泛滥并不能完全归咎于创办者的失德或管理者的失控，还必须正视读者阅读偏好的实质性影响。商业报纸是都市文化的产物，其兴盛依赖于庞大的市民阶层。上海自开埠以来迅速崛起为一座繁华的近代都市，其人口构成也发生了巨大变化，既包括党政要员、巨商富贾、士绅寓公、闻人名士和各国来华人士，也包括由周边地区大量乡民转变而来的新市民[③]，他们和城市中低层的原住民一道，主要从事商人、职员、店员、产业工人、苦力等工作。前者构成了一个衣食无忧、时间充裕的有闲阶层，需要一种闲适的文化生活来消磨时光；后者则终日为生计奔波，劳作之余也需要一种轻松的文化产品来放松精神。早期的小报主要迎合了前者，即知识分子和有钱有闲的市民阶层，往往以体现高雅士绅的"俗趣"为主要

①　秦绍德. 近代上海文化和报刊 [J]. 学术月刊，2014（4）：157-172.

②　冯并. 中国文艺副刊史 [M]. 北京：华文出版社，2001：364.

③　李国平. 上海市民的精神"大世界"：民国小报巨擘《晶报》研究 [D]. 苏州：苏州大学，2008.

目标。因此，以《游戏报》为代表的小报常常被称为"文艺小报"①。后期的小报则以普通市民为读者群，自然而然地向衣食住行、饮食男女、婚丧嫁娶、都市逸闻等日常生活方向延伸。

此外，小报与大报的读者群并不相互排斥。1920年年初，因被《上海学生联合会日刊》斥为"下等的小报"，《晶报》主笔张丹斧笔战应之，讽刺学生们：

> 诸位爱国之余，去征征花，看看戏，做几首新体诗；过四马路，买几张裸体美人图；过小书坊，买几本新出的《黑幕大观》；一时兴到，开开演说会，解放解放女同胞。如此办法，当然是个不欺人的青年，才称得一个上等。为什么血誂零喇的，说这些救世觉民的废话呢？诸位以为所说的话，全靠得住么？我也不必替诸位揭破了。②

商业报纸是都市文化的产物，其兴盛依赖于庞大的市民阶层。衣食无忧、时间充裕的有闲阶层需要一种闲适的文化生活来消磨时光，终日为生计奔波的人在劳作之余也需要一种轻松的文化产品来放松精神。早期的小报主要迎合了前者，即知识分子和有钱有闲的市民阶层，往往以体现高雅士绅的"俗趣"为主要目标；后期的小报则以普通市民为读者群，自然而然地向衣食住行、饮食男女等日常生活方向延伸。

---

① 李国平. 上海市民的精神"大世界"：民国小报巨擘《晶报》研究［D］. 苏州：苏州大学，2008.
② 丹翁. 戏答《上海学生联合会日刊》［N］. 晶报，1920-02-06（2）.

张丹斧的话固然有为笔战而笔战的刻薄，但也部分映照出当时的社会现实。文化精英、进步学生、爱国商人们并不总是板着忧心忡忡的面孔奔波于启蒙的暗夜里或革命的烽烟中。在日常生活的喘息里，他们也未必不会流连于八卦趣闻、饮食男女这类人性的普遍消遣。

概言之，不管第一张小报《游戏报》如何假嬉笑怒骂之笔"隐寓劝惩"而定下基调，后期的小报最终偏离了原有的设想，以猎艳的笔调谈论名人名角的起居、逸事，以窥探的眼光挖掘街头闾巷的丑闻、奇事，以掘金的狂热炮制捕风捉影的真假新闻[①]。它们留在中国报业史上的身影并不如何光彩。尽管这些小报的出版时间、读者规模、影响力度可能无法与名噪一时的大报相比，但却留存了另一种面貌的历史。

近代大报中的"小报新闻"

小报格调低下却风靡都市，反映了日渐崛起的市民对通俗文化的迫切需求。面对这个巨大的市场，商业报纸乃至严肃报纸的经营者们亦不得不心动。许多大报在社会新闻和休闲副刊中增加了八卦类内容，以回应和满足这类市场需求。《申报》主笔雷瑨曾撰文道：

> 彼时朝野清平，海隅无事，政界中人，咸雍容揄扬，润色鸿业，为博取富贵功名之计，对于报纸既不尊崇，亦不甚忌

---

① 李时新. 论晚清及民国时期上海小报的限禁 [J]. 新闻与传播研究，2008（5）：62-69，95.

嫉，而全国社会优秀分子，大都醉心科举，无人肯从事于新闻事业。惟落拓文人、疏狂学子、或借报纸以抒发其抑郁无聊之意兴……一为各省各埠琐录，如试场文字，书院题目，与夫命盗灾异以及谈狐说鬼等等，备普通社会阅之，借为酒后茶余之谈助，盖稗官之别派也。一为诗词，彼此唱和，或描写艳情，或流连景物，互衿风雅，高据词坛，无量数斗方名士，咸以姓名得缀报尾为荣，累牍连篇，阅者生厌，盖诗社之变相也。①

所谓的"各省各埠琐录……盖稗官之别派也"主要是指社会新闻。据戈公振《中国报学史》记载，20 世纪 20 年代的报纸将穷困、饿死、游艺、球戏、马戏、赛枪、土匪攻城略地、绑票劫人、集会（欢迎、欢送、追悼）、诉讼、慈善（施粥、施衣、施棺）等内容都列为社会新闻，并称社会新闻为"里巷新闻"②。

《申报》自设立之初就重视社会新闻。由于国人对"传奇"与"志怪"的阅读偏好，《申报》早期的社会新闻大量采用搜奇志怪手法。报馆在 1872 年创刊时即在《本馆告白》中强调《申报》对新奇事件的网罗："今天下可传之事甚多矣，而湮没不幸者比比皆是。其故何欤？盖无好事者为之纪载，遂使奇闻逸事阒然无称，殊可叹惜也。"③并在《本馆条例》中进一步表述道："启者新闻纸之设，原欲以辟新奇广闻，睹冀流布四方者也。使不事遝搜博采，以扩我

---

① 冯并．中国文艺副刊史 ［M］．北京：华文出版社，2001：364.
② 戈公振．中国报学史 ［M］．长沙：岳麓书社，2011：66.
③ 本馆告白 ［N］．申报，1872 - 04 - 30.

见闻，复何资兼听并观以传其新异，是不可徒拘拘于一乡一邑也。"① 其中，"奇闻逸事""新奇广闻""遐搜博采""传其新异"等关键性词语都表明了《申报》对新奇性的追求。

周玉华将《申报》早期社会新闻分为三类：一为奇闻传说类，如《一睡七十年》《遍奸缢鬼》《西湖异事》《秃龙变异》《嫁鬼奇闻》《贞节获报》等，这类报道颇有"志怪"笔法，引人入胜；二为因果报应类，如《完人夫妇得善报》《寺僧淫报》《匿财害命》《盗嫂受谴》《雷击不孝》《电击隐恶》等，这类报道颇有传奇色彩，有道德劝诫之义；三为市井轶事趣闻类，如《吴书卿轶事》《瞽女捐设医院》《少年怕妓》《捕头为贼诡计所卖》《误尼为僧》等，这些市井新闻贴近市民生活且俗异有趣，也很受欢迎②。依现在的标准看来，这些新闻固然保存了当时的社会风貌，但在内容和风格上呈现出典型的小报特征。

从晚清到民国，在政权更迭、军阀混战、民族挣扎于"救亡保种"的关头之时诞生的近代报纸，致力于宣传思想、传递消息、上干政局、下启民智。其间涌现出大量风姿卓绝的报人，记录了许多激荡史册的论战，见证了近代中国的凄怆与壮烈。但这并不是历史的全貌。

在这样天然以家国命运为深重底色的半个世纪里，小报是一条时代的暗线。

---

① 本馆条例 [N]. 申报，1872 - 04 - 30.

② 周玉华. 论美查时期《申报》社会新闻编辑猎奇性 [J]. 编辑之友，2014（9）：102 - 105.

赵君豪曾指出："小报唯一之特质，厥为每一新闻，皆具有若干趣味，而所得之材料，又显然与大报不同。故读报者宁愿匆匆翻阅大报，略省一日间重要之事件，独于小报，寄其深情，爱不释手，于以见小报能把握一般人之心理也。"[①] 在救亡图存的时代主题下，小报将市民阶层的消闲娱乐需要视为人的一项必然需求，予以正视、估值和满足。不论是在短暂的和平中，还是在虚幻的繁华里，总有人驻足买上一份小报，观摩名士风情、花丛艳事、坊间秘闻、伶界新曲。有人在喋血，有人在虚掷，有人关心民族大义，也有人流连于小报上的八卦琐事。这才是一个真实的人间。

---

① 赵君豪. 中国近代之报业 [M]. 上海：上海书店出版社，1990 年影印（申报馆1938 年出版）：161 - 162.

第三章 | 软新闻：都市里的常人八卦

　　20世纪平民阶层的崛起，使得原本流转于闾巷的常人八卦成为商品。这就是软新闻——一种专为平民阶层生产的现代文化产品。

　　硬新闻攸关生存，价值却只在转瞬；软新闻诉诸人类普遍情感、表现人间俗常经历、叙述人性恒久悲喜，更容易超越其新闻时刻，在反复的传播、改写、淘漉、循环中，积淀为跨越时间和空间的时代印记。

1833 年，世界上第一份便士报（the penny newspaper）——《纽约太阳报》（*the New York Sun*）诞生了。同此前主导报业的精英报纸和党报不同，它没有政府津贴，也没有固定订阅，而是靠报贩以街头售卖（street sale）的方式，将报纸卖给当时尚无读报习惯的工人阶级。这在当时是一项冒险。

这一项举措，以及本书列举的一切开创性的举措之所以获得成功，都有同一个根本性成因，即 20 世纪平民阶层的崛起。这种基于数量集聚而成的力量，改写了人类文明的许多成例。

在《纽约太阳报》出现之前，读报是一项奢侈的活动。这里的"奢侈"是字面意义上的——当时，市场上的精英报纸采取订阅制，订阅费为每年最少 6 美元，而当时一个工人的周薪仅为 1 美元。因此，尽管当时美国社会识字率已经超过 70%，但庞大的平民阶层依旧没有阅读报纸的习惯。定位于平民的通俗报纸，占用的是平民阶层的生活支出。它的竞争对象并不是老牌报纸，而是"蛋糕和苹果"[1]。因此，《纽约太阳报》面临的第一个难题是：怎么让低收入、低教育阶层压缩物质需求来购买报纸？创始人本杰明·戴（Benjamin Day）的答案是，诉诸他们更基本的需求——八卦。

人人都有八卦的需求。这是写在灵长类动物基因里的本能。然而"纽约太大了，以至于八卦无法通过口头交流传递到城市的所有角落"[2]。现代城市犹如一个巨大的部落，人们与许许多多相似而

---

① HUGHES H M. News and the human interest story [M]. Chicago：Greenwood Press，1968：7-8.

② 同①8.

不相识的陌生人生活在一起，共享"纽约人"的身份，却对彼此一无所知。人们只能依赖报纸上的八卦获得别人的故事。这些故事——一夜暴富的、浪漫梦幻的、惊悚骇人的、无奈唏嘘的——都有可能发生在自己身上。他们通过购买报纸来习得他人的经历，与每一个手握报纸的人成为虚拟邻居；他们与路人谈论报纸上的故事，仿佛他们彼此熟悉而非萍水一遇。

同传统的政党报纸和后来的严肃报纸相比，以19世纪前期《纽约太阳报》为代表的通俗报纸开创了一种新的新闻类型。它在当时并没有被命名，其内容和写作手法也随着通俗报纸的发展而不断变化。20世纪初期，通俗新闻被作为与严肃新闻对举的概念提出来，名曰"软新闻"；而以重要政治、经济信息为主要内容的新闻则被称为"硬新闻"。

从八卦到八卦新闻

最早的新闻从新闻信（newsletter）演化而来。新闻信原本是一种滞后的信息汇编。在岛链破碎而商贸往来紧密的地中海地区，人们需要传递岛屿间的物资需求信息；这般汇集而成的小册子往往夹杂着一些与贸易相关的信息，如当地法令、人事变动等。经济和政治信息遂构成早期新闻信的核心内容。等到商品贸易进一步在欧洲和美洲的广袤土地上铺开，读者们不再满足于滞后的、模糊的、道听途说的新闻信，而是需要一种迅速的、常规的、系统化的信息收集和传递服务。每日出版、消息准确且持续供应的新闻业作为机械大生产时代的一个新的商业门类而诞生。它服务于那些有财力支付报纸费用的人——政治家、教会神职人员或商人。而当时大字不识、夜无余粮的平民阶层并非报纸的服务对象。

实际上，政治和经济精英在任何时代都有自己的消息渠道。在欧洲，各个行省的长官都会派奴隶们去抄录 the Acta Diurna——罗马元老院、法庭和军队等机构的一种日常公报。[①] 在中国，自汉代起各郡便在京城设"邸"，由邸吏定期向郡守传递朝廷消息；唐代起正式设报状（邸报），此后，历朝历代均以定期或不定期的方式，向特定级别以上的官员定期派送邸报。但这套信息系统在内容上"但传朝廷之政事，不录间里之琐闻"，发行范围又严格控制在高级官吏群体，"阅之者学士大夫居多，而工农商贾不预焉"[②]，并不是为平民阶层设置的信息通道。

与精英人士的新闻系统并行的，是民间的信息传递系统，其中最重要、最持久的便是八卦。在鸡犬相闻的村落里，人们依赖古老的八卦活动传递信息。它们关乎日常琐事、婚丧嫁娶、柴米油盐、渔樵耕读；一些打破生活成规的小小意外更是能够在十里八村长久流传。它们的媒介是口头语言，仅仅有换取另外一个八卦的交换价值（且时常会交换不到等价物）而不会置换为商业价值。

这两套信息系统一直互不相交地运行着，如同它们的参与者也分属两个世界一样。直到 18 世纪工业革命的到来，把乡村卷入机

① HUGHES H M. News and the human interest story [M]. Chicago：Greenwood Press，1968：3.
② 邸报别于新报论. 申报，1872-07-13.

械工业的洪流。自给自足自治的乡村系统被打破。工业革命以效率为名，重新分配乡村角色。乡村不再被允许拥有完整的生产门类，而被冠以"玉米之乡""大豆基地""北方牧场"的美誉，从此成为工业链条的一环。当乡村的自治性被打破，成为嵌入整个工业世界的一个部分，对于整体社会情况、原料、交通以及人的种种信息需求就诞生了。大都市圈和大都市圈报纸应运而生。处于芝加哥或纽约都市圈的人们迫切需要知道另外一个城市里正在发生什么。与此同时，乡村里的人也离开彼此守望的土地，进入城市，成为大工业生产线上的产业工人。城市如此庞大，以至于八卦信息超出了口耳可达的范畴。人们无法知道在纽约、伦敦或巴黎的另一端发生了什么，于是那些原本"村头讲话村尾可闻"的八卦就有了被商品化的可能。一种专门售卖八卦的行业诞生了——这就是通俗报纸。通俗报纸的主要内容是城市中其他人的故事，如凶杀、暴力、色情、一夜暴富的神话、家破人亡的悲剧、无伤大雅的糗事……在乡民转变为市民的过程中，通俗报纸在一定程度上承担了八卦的社会功能：人们通过阅读报纸上形形色色的他人故事来习得城市社会的规则，来获得与电车上的陌路人短暂交流的话题从而铸造群体身份，以及通过别人的幸运或不幸而获得幸灾乐祸的快感或物伤其类的嗟叹。通俗报纸上这些与政治和公共事务无关的新闻被统称为软新闻。它是商业化的八卦（commercialized gossip）。

并不是八卦新闻进入了都市，而是都市发明了八卦新闻。小城镇中只有八卦，没有八卦新闻。那里的人情琐事，要么在口耳间私下传播如八卦，要么在报纸上公开发布为新闻。在乡村里，每一个人的事都与其他人直接相关，因此产生了一种确切的信息需求。比如，某人因车祸住院的消息被刊登在报纸上，亲友就要去看望、工会就要去慰问、工厂就要重新排班、社区周末的义工活动就要安排别人替代……在这里，他人的私事并非可有可无的软新闻，而是与每个人的行为决策密切相关的硬新闻。而那些私下传播的八卦，往往涉及违背社区规则的行为，如丑闻。在人人相熟的社会里，乡村报纸（country newspaper）是口头传播的补充，因此受到一系列社会规则的约束，那些不便当面谈论的八卦也不便公开出现在报纸上；只有在人人都是陌生人的都市里，互相匿名的市民不受熟人社会规则的约束，报纸才可肆无忌惮地将私密的个人信息公之于众。

乡村报纸是写给人的，都市报纸是售卖事的。在小村落里，八卦具有信息功能；在大城市里，八卦只是一种消遣。只有在人人陌路的城市里，那些在乡村中与每个人相关的硬新闻才变成了都市里供人消遣的软新闻。

从这个意义上说，八卦新闻的恶名源于工业秩序对乡村秩序的破坏和褫夺。个体被迫从鸡犬相闻的乡土田园中抽离出来，成为机械工业的零件；作为农业社会基础的邻里守望，在由陌生人组成的现代都市里，被视为窥探隐私的陋习，遭到耻笑和戒绝。这种所谓文明的进步，只不过是工业理性重新定义道德规则的结果：在人类历史上，工业理性比八卦晚得多；然而，当工业秩序主导社会秩序之后，工业理性的出现也成为伦理法则之圭臬。在人类社会中存在了数万年且承担重大社会功能的八卦变成了一种被现代理性鄙薄的低级乐趣。它只适合存在于田间地头，人们一边摇扇纳凉，晒麦子剥玉米，一边谈论张家新娶的媳妇、李家新丧的寡妇。一旦脱离了熟人社会，城市里随机组合在一起的邻居们便应当老死不相往来；如果窥人隐私，便有违现代道德。然而，人们对社交信息的本能需求在人情荒芜的城市里聚合成潜力巨大的市场，进而催生了一种专门的商品门类——八卦新闻。这多么讽刺！现代文明约束个体窥探他人隐私，同时公然发明了一种专门制造和售卖他人隐私的行业。那些免费的街谈巷议自此永绝——谈论他人隐私是悖德之举，不宜为之；想要了解其他人的故事吗？买一份便士报吧！

这个新兴产业完全是商业属性而毫无信息属性，对个人切身事务也毫无参考价值。其中的名人八卦尤其是一种低配版的八卦，无法承担八卦的原始功能——信息功能。因为它的对象是与读者生活全无关系的陌生人，他们的生活琐事对读者的饮食起居并无直接价值。名人八卦是一种被制造出来的商业需求。早期的名人八卦常常关涉政治人物、商

不是八卦新闻进入了都市，而是都市发明了八卦新闻。小城镇中只有八卦，没有八卦新闻。在乡村里，每一个人的事都与其他人直接相关，因此产生了一种确切的信息需求，他人的私事在这里并非可有可无的软新闻，而是与每个人的行为决策密切相关的硬新闻。而那些私下传播的八卦，往往涉及违背社区规则的行为，如丑闻。在小村落里，八卦具有信息功能；在大城市里，八卦只是一种消遣。从这个意义上说，八卦新闻的恶名源于工业秩序对乡村秩序的破坏和褫夺。

业巨子、行业英才，由于其对社会的广泛影响力，这类名人八卦尚且多少具有一些信息功能；但随着权力人物有意抽离八卦的中心地带，娱乐明星开始成为商业八卦的主体。这是一群被制造出来的人，他们靠别人的关注而生活。落在他们身上的视线是其衣食父母。他们的一举一动被用来填满人们对他人隐私的渴望。他们的八卦毫无信息功能，而仅仅提供了娱乐性和作为角色模范的示范性价值。

从这一意义上说，娱乐新闻是工业时代中人们被剥夺了刺探他人隐私的合理性之后所获得的替代品。它由现代工业统一制造和贩售，如同其他流水线上的产品一样。随着市场的扩大，它也会出现小众化、个性化的版本，甚至会贴心地出产私人定制版本，但它在本质上是一件商品。正因为如此，海伦·M. 休斯（Helen M. Hughes）指出，软新闻诞生的土壤并不一定是人口庞大的都市①。在任何人们互不关心的地方，都可以催生将私人信息商业化的软新闻。从这个意义上说，软新闻是城市文明的产物。

通俗报纸的诞生

以《纽约太阳报》为代表的一批早期通俗报纸将每份报纸的售价定为1便士，因此被称为"便士报"。它们活跃于19世纪30年代到80年代，这一时期被称为"廉价新闻"（the cheap press）时期。创立之初的《纽约太阳报》既没有雄厚的财力基础，也没有强

---

① HUGHES H M. News and the humam interest story [M]. Chicago：Greenwood Press，1968：154.

有力的政治联系。但是报纸的出版需要一种持续而稳定的信息来源，于是本杰明·戴将目光瞄准了法院。他每天派出自己唯一的写手乔治·文森纳（George Winsner）去地方法庭旁听庭审，将听来的案件写成故事。这种以暴力、犯罪为主的新闻类型受到市民阶层的热烈欢迎。《纽约太阳报》在创立 4 个月后，发行量达到 5 000 份，比当时最强劲的报纸《询问快报》（the Courier and Enquirer）还多 500 份；两年后，《纽约太阳报》销量突破 15 000 份，号称全美之最。① 1835 年，另一位商业报刊巨子詹姆斯·贝内特（James Bennett）创立《纽约先驱报》（the New York Herald），同样售价 1 美分，并引入广告，在创刊 3 个月后宣告盈利。1883 年，约瑟夫·普利策（Joseph Pulitzer）买入《世界报》（the World），进入纽约报业；3 年后，《世界报》发行量达到 250 000 份。1895 年，威廉·赫斯特（William Hearst）买下《纽约日报》（the New York Journal）。这两份报纸彼此竞争，竞相采用夸张炫目的标题、夺人眼球的图片和煽情主义的方式来包装新闻。由于当时这两份报纸先后推出了以一个穿黄色睡衣的男孩②为主角的连环画，这一时期遂被称

---

① HUGHES H M. News and the human interest story [M]. Chicago：Greenwood Press，1968：9.

② 1895 年，《世界报》签约漫画家理查德·F. 奥特考特（Richard F. Outcault）在《世界报》上连载漫画《霍根小巷》（Hogan's Alley）并大获成功。漫画的主角是一个穿着黄色大睡衣的小孩，因此被读者们亲昵地称呼为"黄孩子"（the yellow kid）。漫画的成功带动《世界报》销量大涨，在与《纽约日报》的竞争中稳操胜券。《纽约日报》的老板赫斯特重金挖角，将奥特考特签入旗下。失去奥特考特的普利策用了一个新的漫画家，继续推出黄孩子系列漫画。奥特考特遂与《世界报》就黄孩子漫画的版权问题对簿公堂，继而败诉。此后，两份报纸都宣称具有黄孩子漫画的版权，且为了发行量不断制作耸人听闻的漫画。这一时期两份报纸之间的竞争也被称为"黄孩子之争"（the yellow kid war）。

为"黄色新闻时期"（the yellow journalism）。

黄色新闻对新闻业最大的影响在于令新闻彻底商品化。人们或许会以为，商业报纸会不择手段地追求广告，如此才导致内容低俗。这其实是一个误解。当新闻业成为一种商业类型，而不是政治武器或福音通路时，新闻就是该产业的核心产品。时人认为，在报纸刊登的一切广告中，最重要的广告恰恰是报纸每天的新闻报道。怀特洛·里德（Whitelaw Reid）指出："最伟大的报纸追求新闻而不是追逐广告。新闻能带来发行量，当发行量足够大时，广告就会来找报纸，而不是报纸去求广告。"[①]因此，早期通俗报纸很快实现了编辑部和商业部（包括发行和广告）的分离，这也奠定了现代商业新闻业内容生产机制的基本格局。至于当时的新闻内容粗俗暴力，不过是通俗报业在诞生之初的产品定位问题。对当时的赫斯特们而言，迎合读者需求制造新闻产品就是一个商业行为，提升民众智识、领导社会运动、服务公共福祉等并不在他们的考虑范围内。

在当时的标准下，八卦消息的加强版就是好新闻。报纸极力迎合读者的本能需求以扩大发行量。以今时标准观之，早期的廉价新闻风格粗俗、内容琐碎、格调低下，但在新闻业发展的历史上，廉价新闻开了报纸独立于政党补贴和教会津贴的先河，开启了独立新闻时代的序幕。

粗通文墨的底层民众支撑起了商业报纸的繁荣。但这还不够。

---

① REID W. Journalism as a career［M］//American and English Studies. New York：Charles Scribner's Sons，1913：220 - 221.

资本一旦在新模式或新市场中获得甜头，就会想尽办法延续和扩展既有的商业模式。那么，发行商有没有可能将报纸卖给不识字的人呢？有的，只需要制造一种以图片为主的报纸就可以了。20世纪20年代，一种只具有常规报纸一半页幅、以图片为主的报纸诞生了。它的英文名称是tabloid。这个词本指一种由片剂（tablet）和生物碱（alkaloid）混合物制成的药丸，造词时分别取两个词的头尾，合成了tabloid一词①；新闻界将其借用过来，喻指这种拼贴了简单新闻文字和各类图片的新型报纸。中文将其翻译为"小报"，一语双关，既指报纸的开本小于正常报纸，亦指其内容琐碎，难称"大雅"。小报瞄准的是目不识丁的更底层的人。只要有眼睛，皆可看小报。其内容除了犯罪新闻以外，几乎无关社会现实，而是一系列由专栏作家撰写的体育、娱乐、明星、情感、礼仪、烹饪、美容、宠物等等的大杂烩。小报对新闻业的贡献在于，它发现了最被忽视的底层——那些最贫穷、最不幸从而与建立在书写文字上的现代文明绝缘的人。然而，这也是报业能开发的最后一个阶层了。

从廉价报纸到黄色新闻再到小报，商业报纸的成功之处在于发现了此前不曾存在的市场。与精英相比，边缘化的底层人群对政治、经济和公共事务等新闻的需求并不迫切。但商业报纸通过将八卦商业化，成功发掘并培育了底层民众对"新闻"这种无形的非必需品的习惯性需求。如同作家詹姆斯·帕顿（James Parton）所说：

① TULLOCH J. The eternal recurrence of new journalism ［M］//SPARKS C, TULLOCH J. Tabloid tales: global debates over media standards. Lanham: Rowman & Littlefield, 2000: 146.

"廉价新闻首先创造了自己，其次创造了属于自己的公众。"[1] 这才是作为商业的新闻业创造出的最有价值的商品。

软新闻的价值

平民阶层崛起给新闻业带来的根本变化是重新定义了信息需求。时效性和准确性是精英们的信息需求标准。能否及时准确地了解政策变化、股市涨跌、国际局势，对精英们来说意味着直接的前途起伏或身价涨跌；但对平民阶层而言，瞬息万变的政治和经济消息与他们的切身福祉相去甚远——大政方针的影响传导到平民阶层是相对迟滞的，即便真的有什么影响，平民阶层也无甚手段规避或对冲风险。在和平年代的大多数情境下，平民社会的变化平缓而迟滞。硬新闻早一天或晚一天到来对普通民众而言并无实质影响。时效性和准确性能够真正影响的是硬新闻的新闻价值：地震的死伤人数、股市的实时行情、大选的滚动票数……因为硬新闻的价值在于转瞬间，信息越早、越准确，新闻价值就越大；一旦时过境迁，几天甚至几小时之后，硬新闻就不再有信息价值[2]。而对于普通人来说，他们更需要一种持续的、能够长久谈论的消遣。这只能是软新闻。

除了政治家、企业家或投资人之外，大部分人对硬新闻的关注

---

① PARTON J. The life of Horace Greeley: editor of the New York Tribune [M]. New York: Mason Bros, 1855: 145.

② HUGHES H M. News and the human interest story [M]. Chicago: Greenwood Press, 1968: 56.

是一种职业性关注。他们关注金融、油料、国际航运、专利发明信息的时候，不是作为一个整体的"人"去关注的，而是作为人的一个技术的、职业的、公务的碎片去阅读和行动。软新闻则关乎人的生、死、爱、欲。它源于读者作为一个整体的"人"的本能渴望；它关乎实在的人性而非某种分工后的专业角色；它不属于任何版面，而是属于所有人。

硬新闻是快消品，软新闻反而是耐用品。战争、金融、大选等信息需要时时更新，昨天的消息已经不再有价值；但风物、人情、八卦则历久弥香。普通人可能无力每天买一份日报，却可以负担每周买一份八卦周刊。即使买不起也没关系——软新闻是耐用品，可以在人和人之间流转传阅，而不至于大幅度贬值。它是快速变化的现代社会中平民阶层的交往手段和介质。人们靠绵绵不绝的都市故事，而不是更准确、更迅速的信息竞赛，连缀起你来我往的交往空间。

硬新闻关乎当下，软新闻关乎恒久。一百年前，美国作家保罗·韦斯（Paul

Weiss）和冯·奥格登·沃格特（Von Ogden Vogt）在《艺术与宗教》一书中写道："世间文学作品浩瀚，却并非围绕着无数时空中的不同故事，而围绕着少数关乎普遍人性经历的伟大主题。"[①] 同样，尽管新闻每天发生，但主题乃至情节却常常相似——关于家人、知己、婚姻、新生的喜悦、离丧的悲苦、失去的无奈……熟悉的故事，相似的困境，共通的悲喜，人类命运来来回回围绕着的那些事。尽管人们的具体经历千差万别，但人性的贪嗔痴念总是相似的。即便新的故事不过是古老母题的一再重复，读者们依旧兴趣盎然。因为这些重复着的悲喜就是人类社会本身。每一个人都是这些人间悲喜的演员和观众。他们凝视这些故事；而一旦被命运选中，他们也将重复相似的故事。从这个意义上说，"报纸上所有惊世骇俗的头条，其实都是人间寻常事"[②]。

在软新闻出现之前，更古老和更常见的两类通俗文化载体是民间故事和文学。它们被用来延续文化、传递规则、制造欢愉。然而，一个社会只有在转型完全落定乃至时过境迁之后，才会在文学和艺术上留下一个相对清晰的时代背影，并最终在时间的淘沥下沉淀为经典。但新闻却每天发生，它所书写的就是社会变化具象于每一天的微型景观。它是人类生活的血肉，捕捉着清晨和日暮的天光荏苒，贯通着来路和去路的漫漫恒常。硬新闻攸关生存，价值却只在转瞬；那些诉诸人类普遍情感、表现人间俗常经历、叙述人性恒

① WEISSS P, VOGT V O. Art and religion [M]. New Haven: Yale University Press, 1921: 71-72.

② HUGHES H M. News and the human interest story [M]. Chicago: Greenwood Press, 1968: 291.

久悲喜的软新闻却更容易超越其新闻时刻，在反复的传播、改写、淘漉、循环中，积淀为跨越时间和空间的时代印记。

软新闻的定义

通俗报纸所提供的新闻大多数属于软新闻。至于什么是软新闻，新闻从业者们往往不屑于给出一个特定的标准，而视其为行业默认的一个概念。据卡斯顿·莱纳曼（Carsten Reinemann）等学者的考证，软新闻—硬新闻（soft news vs. hard news）这种对举式表述首先由美国记者提出并使用，用以将新闻分类，而后才从业界词语发展为一个学术术语[①]。记者们很少给软新闻以独立的、外延明确的定义，而往往通过与硬新闻对照的方式，划分出二者的范围。

相对于业界对概念的轻视，学界则长期处于争论之中，每隔几年便有学者专门撰文探讨新的分类法。目前，软新闻最常见的划分方式有两种：类型说和程度说。

类型说的核心是将话题类型视为软硬新闻的区分标准。例如，休斯罗列了常见的软新闻话题类型，包括：登月骗局类新闻（the moon hoax），指那些新鲜的、神秘的、令人好奇的事件；生活的讽刺（life's little ironies），如生活中的意外、误会、趣事、小事故等；动物的故事（animal stories）；命运的变化（changes of for-

---

① REINEMANN C，STANYER J，SCHERR S，et al. Hard and soft news：a review of concepts，operationalizations and key findings [J]. Journalism，2012，13（2）：221 – 239.

tune)，如飞来横祸、家道中落、至亲离散；失踪的孩子（the lost child)，指与孩子有关的一切意外；浪漫的冒险（romantic adventure)，指探险类、探秘类新闻，尤其是以第一人称叙述的冒险经历①。詹姆斯·柯兰（James Curran）等将主题为政治、公共管理、经济、科技等话题的新闻划分为硬新闻，将关于名人、民生、体育、娱乐等话题的新闻定义为软新闻②；帕梅拉·J. 休梅克（Pamela J. Shoemaker）和阿基巴·A. 科恩（Akiba A. Cohen）以话题时效性（timeliness）为指标：硬新闻是那些紧急的、需要被立刻报道否则就会过时的事件；软新闻则是基于非计划性事件（non-scheduled events）的新闻，记者或媒体对于它们的发表时间并无压力③。托马斯·E. 帕特森（Thomas E. Patterson）围绕话题设计了一整套区分指标，如：硬新闻主要关乎公共性话题，软新闻则主要涉及私人性话题；硬新闻具有重要性、时效性、偏离日常秩序的异常性，软新闻则受时效性约束较少，更偏向实用性、个案性；此外，软新闻的措辞也更加具有私人性和亲和力，而硬新闻的措辞则较多公式化和距离感④。

---

① HUGHES H M. News and the human interest story [M]. Chicago：Greenwood Press，1968：184 - 209.

② CURRAN J，SALOVAARA-MORING I，COEN S，et al. Crime，foreigners and hard news：a cross-national comparison of reporting and public perception [J]. Journalism，2010，11（1）：3 - 19.

③ SHOEMAKER P J，COHEN A A. News around the world：content，practitioners，and the public [M]. New York：Routledge，2006.

④ PATTERSON T E. Doing well and doing good：how soft news are shrinking the news audience and weakening democracy [M]. Cambridge：Harvard University Press，2000：3 - 4.

程度说则认为，软硬新闻的区分并不在于报道主题，而在于对不同主题的报道方式。例如，一则犯罪新闻如果被置于公共福祉的语境，如讨论某类案件的社会性成因、量刑结果对社会公正信念的影响等，便属于硬新闻；如果仅仅报道案件本身，致力于发掘嫌疑人和受害人的私人细节，则属于软新闻①。再如，对报纸的财经版而言，公司破产倒闭皆属寻常，记者只需客观报道，金融版的读者们也往往等闲视之；只有当经济事件涉及大众时，才从财经版进入头版，此时，记者才需要将报道软化，在人情视角下（the human angle）报道破产、倒闭、跳楼和哭泣。因此，软硬新闻不是由事件的内在属性而是由报纸定位和记者的视角决定的。即便对于总统大选这样的传统严肃新闻题材而言，如果新闻将报道重点放在竞选结果公布时胜利者的开怀和失败者的沮丧上，那也同样属于软新闻。概言之，任何一个话题都可以含有不同程度的软硬比例。程度说将硬新闻的报道方式视为基础标准，而将偏离这种形态的报道手法，如煽情性、私人性等都视为新闻的软化（soften 或 softening）。

承接程度说，莱纳曼等学者综合分析了1990年以来欧美学界所有关于软硬新闻的文献，提出软硬新闻的三个区分维度：话题维度（topic dimension）、焦点维度（focus dimension）和形式维度

① CURRAN J, IYENGAR S, BRINK L A, et al. Media system, public knowledge and democracy: a comparative study [J]. European journal of communication, 2009, 24 (1): 5 - 26.

(style dimension)①。其中，话题维度是指话题的政治性程度（political relevance），即新闻内容在多大程度上关涉那些影响社会运转的重要决策，在多大程度上关乎这些决策的准备、声明和施行，及其牵涉的一系列社会规则、目标、旨趣和行动。具体判断标准包括：新闻是否涉及不同立场或不同意见的争论，是否包含决策机构的权威信源，是否涵盖计划中或已施行的决定、规则、项目的内容，是否观照这些决策所影响到的个体或组织。

焦点维度包括两个子维度。第一个子维度是社会-个体相关程度（societal-individual relevance），是指新闻焦点在多大程度上强调事件的私人性或社会性。个人焦点的新闻着重关注事件的个体性、私人性的意义或影响，其着眼点是事件中的个体；社会焦点的新闻则着重关注事件的一般性、总体性意义或影响，其着眼点是整个社会。例如，对于出租车司机杀人事件，如果只关注嫌疑人和受害人的个人信息，以及事发过程的具体细节，则偏向于软新闻；如果以事件为切入点，探讨这一类事件的社会性语境和成因，则偏向于硬新闻。第二个子维度是主题-情节框架（thematic-episodic framing），是指新闻焦点在多大程度上强调事件的核心主题或零散片段。片段性框架聚焦作为个案的事件，例如，报道一个失业者的个体不幸；主题性框架则聚焦个案所代表的一类社会问题，例如，经济衰退大势下某一类或普遍失业者的困境。

---

① REINEMANN C，STANYER J，SCHERR S，et al. Hard and soft news：a review of concepts，operationalizations and key findings [J]. Journalism，2012，13（2）：221-239.

形式维度也包括两个子维度。一是非个人化-个人化报道（im-personal-personal reporting），是指报道形式在多大程度上明确引入了记者的个人视角，如印象、阐释、观点等。二是非情感化-情感化报道（unemotional-emotional reporting），是指报道形式在多大程度上采用言语、图片或视觉手段去唤起或放大读者的情绪。

这一整套划分标准所代表的理念是：软新闻和硬新闻不是两类新闻，而是一个连续性的新闻特征的两端。曾经，软硬新闻单凭话题类型这个单一维度就足以做出较为准确的划分；这种划分对应着截然不同的两个读者群体——精英和大众——对新闻内容泾渭分明的偏好。但20世纪以来，平民阶层的崛起和资本权力的扩张模糊了既有的阶层分野。启蒙所预设的理性、独立、被充分告知的理想公民群体尚遥不可期，教育的普及和商品经济的发展却将原先贫愚的底层拔擢为一个有资产而少权力的中间阶层。

这个阶层在经济上的流动性促使他们关心硬新闻，时时监测与个体命运休戚相关的环境变化；在政治上的从属性又令他们很难接触到那些与社会整体变革相连的核心信息，因而只能以象征性的方式，参与硬新闻中被软化的部分，比如政治人物的家事、环保运动中的明星、结构性不公下的个体得失……这个庞大新阶层的出现重新定义了新闻市场，不再将新闻产品简单划分为软话题和硬话题两种类型，而是将所有新闻产品重新依照其软硬程度渐进式排列。这个队列的一端是传统的、严肃的政治、经济和公共事务报道，另一端是传统的娱乐、丑闻和凶杀事件汇编；位于两个极端中间的则是不同软硬比例混合的新闻什锦。

软新闻的三种层级

广义上的软新闻既包括事实报道，也包括一些类别新闻（departmentalized news），如音乐、体育、杂录等。本书所述的软新闻专指事实报道类新闻，按其软化程度分为三种层级：一是世情新闻（human interest news），是指那些着重开掘和强调事件的个体性、人情味儿的新闻①，典型案例如《南方周末》的名篇《还原马加爵》。这类新闻基本上呈现了新闻事实，但重点着眼于刻画新闻人物，旨在通过文学笔法唤起读者的情感共鸣。二是煽情性报道（sensational reports），是指那些以激发读者的感官刺激和情感唤起为目的的新闻报道②。这类新闻往往呈现部分事实、经过拼接的事实、未经核实的线索以及记者的主观臆测；事实报道部分的功能服务于刺激读者生理或精神反应的需要。最极端的是小报化新闻（tabloized news），是指那些以捕风捉影或者干脆胡编滥造的内容、耸人听闻的标题、夸大其词的语言和移花接木的手法炮制出的"新闻"。凯瑟琳·兰比（Catharine Lumby）认为小报化新闻"难以置信地包罗"（implausibly inclusive），将生活化的节目、报纸上的咨询专栏、晚间脱口秀、观众自制视频、暗访新闻、八卦杂志等等汇

---

① HUGHES H M. News and the human interest story [M]. Chicago：Greenwood Press，1968：7-8.

② GRABE M E，ZHOU S，BARNETT B. Explicating sensationalism in television news：content and the bells and whistles of form [J]. Journal of broadcasting & electronic media，2001，45（4）：635-655.

成一种混杂的文化病（cultural malaise）①。

世情新闻

世情新闻是指那些报道非政治和公共事务的都市新闻，大概可以对应国内的"民生新闻"。它是一种较新的新闻类型，最早出现于 19 世纪中期，稍后才被命名。在出现之初，其内容和形式都是新闻行业的异类，因此长期不被主流新闻业接受；但在媒介市场上，它又是最受大众欢迎的新闻形式，支撑了商业新闻近百年的繁荣。它是最接近"八卦"原始意义的商业信息形态——它源自人性的根本欲望，抵达一个完整的人类个体，并且根植于人类社会那些反复盘桓、叩问和求索命运的母题。

人们对世情新闻的需求源自人性的欲望。都市广袤，行走其中，纵然人群熙攘，亦犹如置身荒野。身处北京、巴黎或纽约的打工人没有通达的人际关系纽带以获取关于其他北京人、巴黎人或纽约人的消息，便只能诉诸媒介。软新闻将城市缩地成寸，使得人们通过对城市里重大八卦掌故的熟稔，产生熟悉城市里每一个角落的错觉，从而生成对陌生城市的归属感。软新闻上其他人的不幸往往更容易招致围观，如少年失怙、中年失业、老年失孤、天骄陨落、豪门崩颓、江郎才尽……人们热衷于他者的不幸，此乃人之本能。从演化意义上说，负面信息对人类的重要性远远大于正面信息——例如，错过一片桃林的地理位置，人的损失最多不过是饿肚子；错

---

① LUMBY C. Bad girls: the media, sex and feminism in the 90s [M]. Sydney: Allen and Unwin, 1997.

过一个陷阱的警告，人却可能丧命。因此，人脑避害反应（aver-sive response）的速度高于趋利反应（appetitive response）。[①] 这种演化的本能绵延百万年，短暂而迅速的都市化进程并不足以改造这种本能。因此，同正面新闻相比，人们更热衷于负面八卦。

就其社会意义而言，负面八卦还源于自我确认的欲望。个体有自我夸耀的本能。如果一个人处处觉得不如别人，便会陷入绝望；而生命有自我保护的本能，倾向于赋予人生以意义。向下比较是获得身份优越感最便捷的手段。再潦倒的人也有幸灾乐祸的欲望，也有围观更不幸者的欲望，以及去谈论衣冠楚楚者之不堪的欲望。社会身份理论（the social identity theory）将这种欲望解释为人的本能：人们需要通过"他们"群体的劣势来确认"我们"群体的优势，从而获得优越感和安全感。[②]

人们对世情新闻的需求也源自生存法则。大多数世情新闻不是一种信息载体，而是一种道德载体；"不是关于传统的道德符码，而是一种活的道德，一种报纸的读者们每天都需要做出的个体判断"[③]，讲述的是个体和社会规制之间不断上演的冲突。当乡民从乡土社会进入都市，便同时开始了再社会化的过程。围观别人的故事是一种有效的替代性学习手段。他们在别人的悲欢中习得现代社会

---

① ANDREASSI J L. Psychophysiology：human behavior & physiological response [M] . Mahwah：Lawrence Erlbaum Associates Publishers，2007：33 - 34.

② TAJFEL H，TORNER J C. The social identity of intergroup behavior [J]. Psychology of intergroup relutions，1986（5）：7 - 24.

③ HUGHES H M. News and the human interest story [M]. Chicago：Greenwood Press，1968：284.

的规则，并且经由反复的谈论、再创作和二次传播将规则内化。软新闻偶尔涉及上层社会的一鳞半爪，却总是充斥着底层同命人的生死无常——没有一个平凡人能够登上软新闻版。它总是关乎命运的不寻常之处——偶尔是好的，多数是坏的，比如横死、自戕、骨肉分离、恶疾缠身、风尘辗转、一夜暴富、半生成空……这是每个人都可能抽中的命运。人们围观这些平凡人的故事，以了然生命的脆弱，以及社会法则的不可抗拒。人们因此学会约束欲望、接受秩序、收敛幻梦、屈服命运。大多数时候，人们还通过污名化这些不幸者的故事，来构建"守规则"的"我们"的群体认同。有趣的是，当面对不平凡的人物时，人们又热衷于"制造"其平凡之处，比如谈论其出身平凡、来路坎坷、道德不堪、容颜不再……从而把他们从英雄降格为凡人。

煽情主义

软新闻的困境在于它不可能仅限于对都市故事的忠实摹写。出于对售卖量的不断追求，世情故事不可避免地走向煽情主义（sensationalism）。美国新闻史学家埃默里父子在《新闻业与美国》一书中写道：

> 每当一批人被传统的传播机构长期忽视时，他们的需求最终会被经过设计的机构满足。每当此时，既有的读者群体总是嘲笑新的内容如何低级和感性。但这种嘲笑并非总是应然的。如同儿童总是从童话故事开始阅读，而后才进阶到严肃内容的学习一样，媒介机构首先接触到一个读者市场时，也会先从煽

情类的初级内容开始，因为这正是它们此前所忽略的。在通俗新闻的历史上，每当出现最值得关注的新发展时，这种模式都会一再出现。在 1620 年、1833 年、19 世纪 90 年代或 1920 年，对长期被忽略的新的公众的发现，都从煽情主义的风潮开始。①

煽情手法作为吸引读者的手段不唯软新闻独有。严肃新闻也可能有煽情性内容，但是其着眼点是新闻事件——它将一个事件视为一个或一类现实问题，旨在通过新闻报道引发公众关注，进而转化为公共参与和行动。软新闻的着眼点则是人——它将事件视为孤立的个体故事，旨在通过煽情手法调动读者兴趣，使其购买他人私事以取乐。软新闻讲述的故事并没有信息属性，只是一个个孤立事件，并不增加个体的系统性知识储备，而只是一种茶余饭后的消遣。软新闻亦不指向行动。它多以轶闻形式贩卖那些已经尘埃落定的故事，读者们除了围观之外，并不能——也无须——对事件做出任何行动上的回应。而那些情感上的回应多属于被动性的情感，如悲伤、感慨、唏嘘，而较少主动型的情感，如激动、愤怒，后者被认为会更多地指向行动②。

如果软新闻和硬新闻报道同样一件事，软新闻永远会突出冲突的、暴力的、催泪的片段，而忽略其所置身的复杂现实语境。大

---

① EMERY E, EMERY M. The press and America: an interpretive history of the mass media [M]. 4th ed. Englewood Cliffs: Prentice-Hall, 1978: 119.

② 陈颀，吴毅. 群体性事件的情感逻辑：以 DH 事件为核心案例及其延伸分析 [J]. 社会，2014，34（1）：75-103.

部分情况下，通俗报纸只选择性地报道那些有卖点的事件，比如性、暴力、财富。除了政治人物的花边新闻以外，通俗报纸上几乎不会出现任何政治、经济或外事信息。商业报纸将新闻视为完全的商品。当时的美国报人威尔·欧文（Will Irwin）这样表述：

> 我们是为了提供商品——新闻，或者在一定程度上，提供关于新闻的观点。我们会负责任地供应重要新闻。也就是说，我们不会撒谎、夸张或虚报，就如同我们不会用棉线替代亚麻线来生产廉价品一样。但是，我们只会给读者他们想要的东西，提高联邦（的公民水准这种）全面福祉不是我们的义务。如果我们发现人们喜欢谋杀新闻，那么，他们就会得到谋杀新闻。①

边缘人群的兴趣曾经被严肃报纸忽视，而后被商业报纸单维度地满足。后者无意承担教育或公共功能，而只是在软新闻这一"成熟"的"商品"门类下，不断制造出更受欢迎的产品类别——世情新闻、煽情新闻和小报。读者们买到了"真材实料"的商品，但永远不会"物超所值"。他们没有被提供给（在他们理解和接受范围内）更多元的选择——严肃报纸不屑于这么做，通俗报纸无意于这么做。

小报

软新闻煽情化的趋势又不可避免地走向小报化，即极端的夸

---

① HUGHES H M. News and the human interest story [M]. Chicago：Greenwood Press，1968：22.

张、刺激、低俗。从演化的角度来说，负面信息（犯罪、暴力、灾难）和不同寻常的形式（醒目的标题、突出的色彩）能够吸引更快、更高强度的注意力①②，因为异常性往往攸关生存，因此，对这类信息的关注乃是人之本能。当这种本能性的需求得到满足时，人便会感觉愉悦③。保罗·维特亨（Paul Vettehen）等将这种行为称为"感觉寻求"（sensation seeking）④，通俗地说就是"找刺激"。"找刺激"的需求在"最优水平唤起"（optimum level of arousal）的外部刺激下才能实现，低于这个水平的刺激令人们提不起兴趣，高于这个水平的信息则会导致厌恶性反应。前者譬如常规性、事实性、数据类的信息，其因庸常而导致人们不乐意主动关注；后者譬如过于血腥、恶心、低俗的场景，会因调动人们的避害反应而令人们有意回避不看⑤。而那些能够处于最优水平唤起区间的信息则因满足了人们"原始的演化需要"（primal evolutionary need）而成为长盛不衰的流行产品⑥。

---

① DAVIS H，MCLEOD S L. Why humans value sensational news：an evolutionary perspective [J]. Evolution and human behavior，2003，24（3）：208-216.

② SHOEMAKER P J. Hardwired for news：using biological and cultural evolution to explain the surveillance function [J]. Journal of communication，1996，46（3）：32-47.

③ DONOHEW L，PALMGREEN P，DUNCAN J. An activation model of information exposure [J]. Communications monographs，1980，47（4）：295-303.

④ VETTEHEN P，NUIJTEN K，BEENTJES J. News in an age of competition：the case of sensationalism in Dutch television news，1995—2001 [J]. Journal of broadcasting & electronic media，2005，49（3）：282-295.

⑤ 同③.

⑥ HARDY J. Read all about it：why we have an appetite for gossip [J]. NewScientist，2011，211（2822）：22-23.

　　然而，人们追求刺激，却又容易疲惫。由于生物个体无法承担长期的高刺激和高唤起带来的能量消耗，作为一种应对机制，人类演化出了脱敏机制（desensitization）①。这是一种在生理上、心理上和病理上都能明确观察到的反应机制，指人们对同等外界刺激的反应程度越来越低甚至趋近于无的一种自然反应行为。而如果要维持同等程度的反应，则需要不断加大刺激剂量。比如说，第一次看恐怖片时，人们会两股战战，几欲先走；但片子看多了以后，观众对同等水平的恐怖片已可以谈笑视之。如果要刺激观众做出原初的恐惧反应，就需要加大刺激剂量，在情节、氛围、舞美，甚至 3D 或 4D 表现手段方面进一步加码。

　　脱敏机制意味着诉诸情感唤起的煽情新闻和诉诸理性认知的严肃新闻在受众的心理作用机制上截然不同：当人们阅读一份正常报纸时，只会要求它质量稳定；而当人们阅读小报时，却要求它越来越刺激。因为人们阅读严肃新闻是出于理性和智识，阅读煽情性和小报化的新闻则是出于感性和本能。如果小报持续同等剂量和强度的新闻，读者们便会疲倦。为了维持读者规模，小报只能越来越暴力、低俗、色情。新起的小报也只有比既有的小报更甚，才能夺取新的注意力。而小报作为日报的出版周期又加剧了这种脱敏性反应：读者没有闲暇恢复到原初的低生理性阈值，小报便在对刺激剂量不断加码的裹挟中一路堕落。

　　这种煽情主义的风潮不仅停留在通俗新闻业，而且逐渐蔓延到

　　① ANDREASSI J L. Psychophysiology：human behaviors & physiological response [M]. Mahwah：Lawrence Erlbaum Associates Publishiers，2007：32 - 33.

严肃新闻机构。20 世纪 90 年代以来，小报化和煽情主义在欧美新闻业中呈明显上升趋势。1988 年到 1996 年间，美国三大电视网中国际新闻的比例下降了 42%；1990 年到 1995 年间，英国晚间新闻报道中国际新闻的比例从 43% 跌至 15%，体育和娱乐新闻的比例则从 8.5% 上升到 17%；不论是 BBC（British Broadcasting Corporation，英国广播公司）还是 ITN（Independent Television News，英国独立电视新闻公司），其新闻节目的所有关键指标，包括新闻的数量、单条时长、话题范围等，都呈现出细节、背景、政治要素越来越少，体育、娱乐和消费性要素越来越多的趋势①。这一趋势在大洋洲②和欧洲③也增势明显。

鲍勃·富兰克林（Bob Franklin）认为，煽情主义和小报化的兴盛受诸多结构性因素影响，如竞争日趋激烈的新闻市场、政府对跨媒体经营权管制的放松、印刷和播放技术的进步、新闻业的结构性调整等④。史蒂文·巴尼特（Steven Barnett）则认为，市场竞争不是新闻小报化的必然理由，因为竞争存在于任何时代。20 世纪 90 年代以来市场环境的四大变化是小报化盛行的诱因所在：第一，管制政策的放松成就了大量的市场化媒体，从而催生了一个蓬勃且高度竞争的商业媒体市场；第二，鉴于市场的开放和竞争的激烈，

① FRANKLIN B. Newszak and news media [M]. London: Edward Arnold, 1997.
② TURNER G. Tabloidization, journalism and the possibility of critique [J]. International journal of cultural studies, 1999, 2 (1): 59-76.
③ VETTEHEN P, NUIJTEN K, BEENTJES J. News in an age of competition: the case of sensationalism in Dutch television news, 1995—2001 [J]. Journal of broadcasting & electronic media, 2005, 49 (3): 282-295.
④ 同①。

媒体决策更加以消费者为导向，使得无论节目内容还是节目形态都迎合大众市场；第三，在前两个变化的基础上，广告商对媒体内容的影响力增大，广告主和公关公司成为新闻背后的规约人，进一步要求媒体内容迎合大众需求；第四，媒介技术发展对记者的新闻生产效率施予巨大压力，记者无法恪守传统的新闻准则，而只能在新闻质量上做出妥协①。新闻小报化对新闻业造成三大危害：第一，"劣币驱逐良币"的替代效应。小报化新闻挤占了原本用于严肃新闻的印刷版面和播放时间。第二，小报风格的泛化令严肃新闻贬值。严肃新闻虽数量变化不大，但风格却日益庸俗化（trite）、肤浅化（light）和低端化（downmarket），以迎合缺乏政治背景知识的大众，从而造成严肃新闻价值的降格。第三，严肃新闻被边缘化。即便严肃新闻的数量和风格保持不变，它们也在被新闻机构边缘化，逐渐从头条和黄金时段退入内页和非黄金时段②。

更多对小报新闻和煽情主义的评价集中在小报对公共利益的侵害上。例如，所谓的小报新闻价值包括"侵入性的、冒犯性的、准色情的、傲慢的、不准确的、淫秽的、无原则的"③，更多地关注公众兴趣（what will interest the public）而非公共利益（public interest）④。小报化和煽情主义都是"坏新闻"（bad journalism），它

---

① BARNETT S. Dumbing down or reaching out: is it tabloidisation wot done it? [J]. The political quarterly, 1998, 69（B）: 75 - 90.

② 同①.

③ STEPHENSON H, BROMLEY M. Sex, lies and democracy: the press and the public [M]. London: Longman, 2018: 1.

④ NICE L. Tabloidization and the teen market: are teenage magazine dumber than ever? [J]. Journalism studies, 2007, 8（1）: 117 - 136.

们拉低了新闻的行业标准，侵蚀了公共话语，威胁了民主体制①。

这诸般批评不无道理，却都以精英文化为标准。亨利克·欧内布林（Henrik Örnebring）和安娜·M. 约森（Anna M. Jönsson）指出，从诞生之初起，"小报"就是"大报"的对立面，"是一切大报的反面，小报从根本上就是坏的，没有'好'的小报，如果'好'那就不是小报"②。小报是"新闻业中的他者"（journalistic other），是一切错误示范的化身，是一切批评的靶子……只要对新闻的臧否依旧以这种二元标准为圭臬，世情新闻、煽情主义和小报都难逃污名。

然而，如果重新审视新闻业的行业准则就会发现，新闻业中的他者始终存在。一些现在被视为"好新闻"的行为或准则在诞生之初也被视为"小报化"的手段而备受批评。例如，面对面的新闻采访形式直到 19 世纪 60 年代才由美国记者发明，在欧洲新闻界被视为"新闻业中的他者"而广受批评。欧洲同行们认为，对新闻对象的采访要么流于谄媚，要么类似于间谍窥测，破坏了那种对现实抽丝剥茧的缜密性或者对时事一针见血的洞察力，失去了新闻的优雅性，甚至毁坏了新闻的职业性。向政治人物或权力阶层当面发问被认为是鲁莽而无礼的，侵犯了个体的隐私权。如今，在当时被视为"异类"的新闻采访已经是新闻业最基本和最核心的原则之一：通过采访获取当事人的观点是可靠且必要的新闻来源；对权力者的当

---

① ÖRNEBRING H, JÖNSSON A M. Tabloid journalism and the public sphere: a historical perspective on tabloid journalism [J]. Journalism studies, 2004, 5（3）: 283 - 295.

② 同①.

面询问更是新闻监督的重要体现；更重要的是，新闻采访这一形式对权力阶层的直接质询将批判性话语引入了新闻法则。类似的案例表明，新闻业是一个动态更新的过程：一些目前已成为主流标准的行为或准则在诞生之初也曾被视为"异类"；当它们被主流标准接受和吸纳之后，就成为主流标准的一部分，成为新事物或坏事物的对立面。只有"他者"是永恒存在的，只要人们使用"我者—他者""好—坏"这种二元框架，对他者的批评就将永恒存在。

第四章 | 名人与名人文化

　　名人现象由来已久，但名人只有在被媒介化之后，才从一种社会现象变成一种文化现象。

　　名人八卦是常人八卦自然发展的结果，比常人八卦负载更广泛的功能。人们借由名人的成就投射自己的幻梦，更借助名人的堕落来衬托自己作为普通人的确幸。

街头闾巷里的常人故事承担了八卦最原始的功能——规则习得、群体认同和娱乐休闲。在任何一个社群中，常人八卦的分布都并不均衡，总有八卦最中心、最边缘和最离经叛道的人物，如同社群在其他任何构面的分层样貌那般。最常被谈论的人就是群体中的名人。名人八卦是常人八卦自然发展的结果。由于知者甚众，名人八卦往往能够比常人八卦负载更广泛的功能。人们借由名人的成就投射自己的幻梦，更借助名人的堕落来衬托自己作为普通人的确幸。

名人的产生与变迁

名人（celebrity）一词脱胎于拉丁语中的 celeber 一词，意指拥挤的（crowded）、常露脸的（frequented）、受欢迎的（populous）。《拉丁语同义词手册》中将重要（clarus，指因对国家的卓越贡献而享有盛名）、等级（illustris，指因社会地位或美德而享有盛名）、高贵（nobilis，指因属于某个声名卓著的家族而享有盛名）作为名人的同义词[①]。在此基础上，克里斯·罗杰克（Chris Rojek）将名人划分为三类：血统型（ascribed），指由于血统或家族关系而获得关注的人，如皇室成员、星二代；成就型（achieved），指由于个人造诣或技艺而获得关注的人，如文学家、艺术家、体育健将；属性型（attributed），指由于媒体曝光而获得关注的人，如新闻主角、

---

① VON DOEDERLEIN. Doderlein's handbook of Latin synonyms [M]. Arnold, trans. Whitefish，MT：Kessinger Publishing LLC，1841.

真人秀明星①。这是目前名人研究中最常用的分类标准。

14 世纪，法语 célèbre 一词开始指代"享有名誉的情境"，侧重强调公共领域中的声名②。根据李·C. 赫尔姆勒（Lea C. Hellmueller）和尼娜·埃希巴赫（Nina Aeschbacher）的考证，celebrity 一词于 1612 年首次出现在英文世界，原指"庄严的仪式或庆典"③。19 世纪初，随着铜板刻印技术和印刷出版业的发展，个人肖像被广泛传播。随后，摄影术的发明和在新闻业的广泛应用带来了影像革命（graphic revolution），使得个体肖像能够低成本、大范围地传播。自此，英雄的功绩不再只停留于口口相传的史诗、文字叙述的故事、炭笔绘制的插画，而是与直接的、可辨识的、真实的人物影像相连，便于民众识别、记忆和传颂。至此，现代意义上的名人文化才真正出现④。至 19 世纪晚期，通俗新闻业兴起，具体的人物故事成为与抽象的严肃新闻并行的主流新闻题材，加速了个人形象的大规模传播。至此，"名人"一词开始与个体的"名誉"（fame）相连，标志着名人概念的私人化。20 世纪初，名人新闻正式成为一个新闻类别。那时候，名人新闻的主要对象是成功人士（true success），新闻聚焦于其私下表现而非左右公共事

---

① ROJEK C. Celebrity [M]. London：Reaktion Books，2001：57.

② DRAKE P，MIAH A. The cultural politics of celebrity [J]. Cultural politics，2010，6（1）：49 - 64.

③ HELLMUELLER L C，AESCHBACHER N. Media and celebrity：production and consumption of "well-knownness" [J]. Communication research trends，2010，29（4）：3 - 24.

④ 同②.

务的权力①。到 20 世纪 20 年代，美国社会的移民潮开辟了一个潜力巨大的市场。这一时期名人的主要构成也从生产主义的代表人物（商业、科学精英）转移到消费主义的代表人物（娱乐、体育明星）②。20 世纪 50 年代，电视的发明开启了名人视觉化的新时代，名人影像进入每个家庭的起居室，他们"因为被广泛熟知而出名"（known for his well-knownness）③。此时，名人展示出非凡的商业价值，不仅能够为产品代言促销，还能够反过来售卖"名人"这一产品本身④。

　　名人巨大的商业潜力令大众文化产业迅速开始了名人的资本化进程。好莱坞造星系统树立了长达半个世纪的名人资本化标杆。这一造星体系经历了从"造神"到"造人"的变化。早期的好莱坞明星是一种理想化的社会符号，是"神和君王——即天上和人间权威——在当代的化身"⑤。他们往往面容英俊美丽、举止高贵优雅、道德毫无瑕疵，"反映了美国社会的需求、动力和梦想"⑥。20 世纪

---

　　① PONCE DE LEON C L. Self-exposure: human-interest journalism and the emergence of celebrity in America, 1890—1940 [M]. Chapel Hill: University of North Carolina Press, 2002: 7.

　　② LOWENTHAL L. The triumph of mass idols [M] // Literature, popular culture, and society. Englewood Cliffs: Prentice-Hall, 1961: 113.

　　③ BOORSTIN D J. The image: a guide to psuedo-events in America [M]. New York: Harper Collins Publishers, 1961: 57.

　　④ GAMSON J. The assembly line of greatness: celebrity in twentieth [M]. New York: Harper Collins Publishers, 1961: 57.

　　⑤ ROJEK C. Celebrity [M]. London: Reaktion Books, 2001: 35.

　　⑥ WALKER A. Stardom: the Hollywood phenomenon [M]. New York: Stein and Day, 1970: 248.

六七十年代左右，好莱坞明星才向"普通化"转变，展示出（精心控制的）个人特质，成为邻家小妹、美国甜心、街头男孩或西部牛仔。

21世纪以来，消费主义的盛行和数字技术，尤其是移动数字技术的进步拓展了人们对名人的消费潜力和消费时间。由于需求大增，传统的政治、经济和文化名人供应短缺，大量普通人借由真人秀（Reality TV）或自媒体（We-media）崛起，网红、博主、达人等"流量名人"逐渐活跃。"名人从精英转移到普通人"，格雷姆·特纳（Graeme Turner）称之为名人制造的"民众化转向"（the demotic turn）[1]。对于"平民名人"而言，成就与声名的关系倒转：不是因为有成就才受关注，而是因为被关注而获得成就[2]。名人不再依赖于天赋、能力或贡献，而是与"眼球经济"挂钩。大众媒体精心制造名人的时代被颠覆了，观众们"选择"将自己的注意力投放给某个普通人，享受自己造神的满足感。

随着社会的世俗化进程，名人从一种精神荣誉（英雄、勇士、贵族）转化为一种世俗勋章（物质成功），继而成为一种"细枝末节的成功皆可被英雄化"[3]的大众消费品。对此，赫尔姆勒和埃希巴赫总结道：

① TURNER G. The mass production of celebrity："celetoids"，reality TV and the "demotic turn" [J]. International journal of cultural studies，2006，9（2）：153 - 165.

② BELL C E. American idolatry：celebrity，commodity，and reality television [D]. Boulder，CO：University of Colorado at Boulder，2009.

③ KLAPP O E. Hero worship in America [J]. American sociological review，1949，14（1）：53.

罗马人的名誉来自个体成就，基督徒的名誉来自精神力量，政治和宗教精英的名誉来自智慧。技术的发展将声名、公共荣誉与贵族血统、社会地位剥离，而成为一种大众可接触的商品。面子和声名的新的大众市场标示着名誉作为阶级区隔时代的终结。①

名人概念的三次转型

纵观历史，名人这一概念经历了三次变化：一是从集体主义到个人主义的变化。这一变化始于 19 世纪初，推动力量是造像术的发展和印刷媒体的兴盛。二是从英雄到明星的转变。这一变化始于 20 世纪初，推动力量是商业主义的发展和随后到来的声像技术的飞跃。两次变化都伴随着不同程度的名人媒介化——尤其是图像化——进程。三是名人从媒体宣传到媒体制造的变化。这一变化始于 21 世纪初，推动力量是互联网和自媒体技术的发展，由此带来名人消费规模的飞跃。传统领域的名人供不应求，媒体遂直接下场制造名人。三次技术飞跃引发了社会结构的重大变化，进而导致意识形态转型；而名人概念的转向不过是这种结构性变化的表象。

---

① HELLMUELLER L C，AESCHBACHER N. Media and celebrity: production and consumption of "well-knownness" [J]. Communication research trends，2010，29 (4): 3 - 24.

从集体到个体：社会价值观的转型

名人概念的第一次变化是从集体到个体的变化。

19 世纪之前，celebrity 专指仪式或庆典。此时，名誉与抽象的精神或一般性的集体行为相连。直到摄影术将功业与具体的、逼真的个体肖像相连，人才得以脱离集体身份获得可辨识性，名人崇拜才成为一种可能。

个体主义的盛行是现代社会的标志性印记之一，意味着从"我们-社会"（we-society）到"我-社会"（me-society）的变化[①]。这是一种个体的觉醒。现代化的过程与个人主义（individualization）的三个维度密切相关：抽离（disembedding），即与传统的、规制性的社会规则或履约体系剥离；觉醒（disenchantment），即对于实践性知识、信仰和指南而言，传统的安全性不再，换言之，现代化的过程意味着人遵循传统的经验指南不再能获得安全的生命体验；再整合（reintegration），即新型的社会履约体系接替旧的社会规则[②]。个体从集体中的脱离还意味着传统的社会组织——家庭、教会、学校——失去了对个体的约束、规训和控制，个体在日益多元化的选项前拥有了选择权，进而选择了自己的身份表达。换言之，现代化伴随着个体身份从"给予"到"选择"的转化[③]。人们的社

---

① BELL C E. American idolatry: celebrity, commodity, and reality television [D]. Boulder, CO: University of Colorado at Boulder, 2009.

② BECK U. Risk society, towards a new modernity [M]. London: Sage, 1992: 128.

③ BAUMAN Z. Liquid modernity [M]. Cambridge: Polity Press, 2000.

会身份不再由血统或阶级出身决定，而是依赖于个体行为和个体实践。与此同时，现代社会的价值观体现出从生存观（survivial value）到自我表达观（self-expression value）的转向。随着后工业时代物质生产的极大丰裕，以集体身份才能实现的生存需求不再迫切，对身份解放的需求日益高涨①。在面对多种多样的生活方式选择时，人们迫切需要一种选定和表达个体身份的指引。此时，那些在传统社会组织——家庭、教会、学校——之外享有辨识度的名人便成为最快捷的身份认同对象。换言之，名人崇拜是个人主义时代的产物，是人们通过选择自己的追随对象对集体主义身份发起的挑战，意味着个体脱离集体身份，赋予自我以新的身份标识。

黛娜·温斯顿（Deena Weinstein）和迈克尔·温斯顿（Michael Weinstein）在《名人崇拜作为弱宗教》一文中指出，名人崇拜是传统宗教信仰的替代品，满足了18世纪以来传统宗教信仰衰落后人们仍然存在的精神需求②。现代化历史进程的推进伴随着传统一神教——特别是基督教——信仰的日渐削弱和拜物信仰的兴起。技术、金钱、成功、消费品、性、美和权力……都可以成为崇拜的对象，现代文化的每一个细分领域都有其崇拜者和奉献者。而名人则是一种"人格"，可以唤起认同、爱和崇拜等多元而综合的心理过程。因此，名人对社会多样性的整合使其成为新多神教旨主义中唯一的统一之物。名人崇拜将现代人从拜物中拯救出来，重新

① INGLEHART R, WELZEL C. Modernization, cultural change and democracy [M]. New York: Cambridge University Press, 2005.

② WEINSTEIN D, WEINSTEIN M. Celebrity worship as weak religion [J]. Word and world, 2003, 23 (3): 294-302.

与西方的"上帝-人格神"传统相连。然而,与宗教崇拜不同,名人崇拜要廉价得多,也要轻易得多。人们信仰宗教尚需接受教规教义的约束,但信仰名人却只需打开报纸或电视就可以了。这种轻易可达的信仰使得名人崇拜成为集体主义失落之后个人主义价值观的避难所。艾瑞克·甘斯(Eric Gans)认为:人们崇拜名人,从而可以避免承认和钦佩自己身边的卓越人物①。通过将一个偶像置于同伴之上,他们拉平了自己在同伴面前的差距,从而缓解了个人主义价值观对个体心理的巨大压力。但在名人崇拜缓解了个人主义的困境之后,人们又不愿意退回到宗教崇拜的状态中,受集体戒律的约束。名人崇拜的吸引力恰恰来源于名人看似是一种"人格",是一种崇拜物,是"偶像",实际上是一种商品,而且是一种消耗品。没有像神一样永恒的名人,名人总是在名利场上来来去去;因此,名人崇拜不需要信众——即粉丝——忍耐、服从、忠诚,遵守统一的道德标准和行动法则。虽然有些明星看起来拥有不离不弃的粉丝群,但在十几年甚至更长的时间维度上,名人如琉璃易碎,粉丝如彩云易散。

如同黛娜·温斯顿和迈克尔·温斯顿所说的:

在缺乏信仰的情况下,大众无力直面任何挑战,从而战胜自己;相反,他们想要的是"无风险的冒险",也就是廉价的恩典。在名人所发挥的所有心理维护功能的背后,是崇拜者无意也无力将自己奉献给他们弱小自我之外的任何人或物。他们

① GANS E. Chronicles of love and resentment:more on celebrity [DB/OL]. (1997-10-25) [2002-08-11]. http://anthropoetics.ucla.edu/views/vw114/.

需要一个看似不属于自己、比自己优越的宗教对象，但实际上这只是能受其控制的一个自我的投射。①

概言之，人不愿意信神，因为宗教有戒律；人也不愿意挑战自己，因为俗世多困厄。所以，人们选择了名人崇拜。它肤浅，不需要刻苦修行，打开电视机就能获得；它能轻易满足奉献感，花钱打投就能布施；它永不灭失，一个偶像倒了，换一个就好——偶像来来去去，而名人则永远存在。如此，在个人主义思潮兴起和社会价值观转型的双重背景下，名人这一概念蜕去了集合化的"仪式或庆典"的含义，完成了从集体化到个体化的转型。

从英雄到明星：社会权威来源的转型

名人概念的第二次变化是从英雄到明星的变化。

在前现代文化中，声名总是与政治权力或英雄伟绩相连②。那时候，名人崇拜的对象是勇士、政治家、商业巨子等本身具有非凡成就的"英雄"。随着 20 世纪 20 年代美国移民潮和经济大繁荣的出现，人口爆炸、快速工业化和随之而来的城市化极大冲击了原有社会结构。理性公众被媒介公众（media publics）取代。后者因为共同的信息消费旨趣——而非共同的历史、地域和血缘——而聚合③。公众

---

① WEINSTEIN D, WEINSTEIN M. Celebrity worship as weak religion [J]. Word and world, 2003, 23 (3): 294 - 302.

② BRAUDY L. The frenzy of renown: fame and its history [M]. Oxford: Oxford University Press, 1997.

③ DRAKE P, MIAH A. The cultural politics of celebrity [J]. Cultural politics, 2010, 6 (1): 49 - 64.

组织方式的变革伴随着社会权威从贵族阶层到民主话语的转移。马克斯·韦伯（Max Weber）在论述权力的三种合法化来源时曾指出，社会对抗礼乐崩坏的方式之一便是造星，以寄托于那些具有非凡魅力和个人特质的独特个体。魅力和独特性是合法化的一种外显形式①。在精英政治时代，政治权威本身的魅力，如血统、勇武、智慧等往往赋予其合法性；而工业社会的世俗化特征与自然属性的权威体系背道而驰②。现代化本身就意味着基于自然力的英雄的退场。"独特性"这一概念遂成为一种介于精英政治（elitist meritocracy）和平等民主（egalitarian democracy）之间的框架③。

明星是"独特性"的理想载体。他们虽无英雄特质，但其高曝光性使其具有了"准魅力"（quasi-charisma），能够吸引公众的注意力。由此，"伟大"的主题由"英雄"降级为"明星品质"和"天赋"④。约瑟夫·坎贝尔（Joseph Campbell）详细辨析过英雄和名人的区别：英雄是利他主义文化的产物，牺牲自己以造福他人，英雄行为是为了救赎社会；名人则是因为出名而为人所熟知的人，人们既不要求名人是道德上的圣人，也不要求名人牺牲自己以全其声名⑤。丹尼尔·J. 布尔斯汀（Daniel J. Boorstin）因此指出，名

---

① WEBER M. Economy and society：an outline of interpretive sociology ［M］. Berkeley，CA：University of California press，1978.

② DRAKE P，MIAH A. The cultural politics of celebrity ［J］. Cultural politics，2010，6（1）：49－64.

③ GAMSON J. The assembly line of greatness：celebrity in twentieth-century A-merica ［J］. Critical studies in media communication，1992，9（1）：1－24.

④ 同③264.

⑤ CAMPBELL J. The power of myth ［M］. New York：Doubleday，1988.

人文化崛起的代价便是英雄价值的陨落①。

有学者认为，明星的崛起是平权主义对特权精英的替代②，标示着汉娜·阿伦特（Hannah Arendt）所描述的"前政治权威"（pre-political authority）——父母、长辈、教师——的没落。同传统的政治精英相比，明星的权威并不在于其卓越品质，而在于他们能够作为其他个体的参照系。他们是角色模范而非道德领袖③，通过个人魅力而非对生产资料的实际控制来体现权力。权力精英（政治家或官员）通过政治决策直接影响社会；名人则通过影响公众的关注或左右公众的情感而间接影响社会④。

弗兰克·福雷迪（Frank Furedi）不认为名人的出现是对既有权威结构的替代，而是将名人的权威视为既有权威的一种外包形式（outsourcing authority）。他指出，现代社会的主流文化以质疑一切正式权威为时尚。所有的权力机构和权力者——政治家、父母、教师、牧师、医生、托儿所工作人员——都因为持有权力而不断受到监督乃至质疑。这反映出现代社会权力观的迁移——从权威崇拜到权威"祛魅"（disenchantment），甚至于走入另一个极端，即权威的妖魔化（demonization）。因此，权力无法继续通过延续性和组

① BOORSTIN D J. The image: a guide to psuedo-events in America [M]. New York: Harper Collins Publishers, 1961: 57.

② FUREDI F. Celebrity culture [J]. Society, 2010, 47（6）: 493-497.

③ MENDELSON A L. On the function of the United States paparazzi: mosquito swarm or watchdogs of celebrity image control and power [J]. Visual studies, 2007, 22（2）: 169-183.

④ MILLS C W. The power elite [M]. New York: Oxford University Press, 1956.

织化的形式获得其公共合法性。① 实际权力的拥有者也越来越不愿意展现权力，而是通过权力的外包形式将权力转移给了顾问、专家、名人等，借这些"准魅力角色"（quasi-charismatic figures）示范社会准则，通过魅力而非权力来实现社会控制和治理②。

　　弗朗西斯科·阿尔贝隆尼（Francesco Alberoni）在《无权的精英：明星现象的理论和社会学研究》一文中进一步指出，在从传统社会到工业社会转型的过程中，明星之所以能够接替权力精英成为新的社会权威来源，并不是由于他们的地位重要；相反，明星群体之所以被选中，恰恰在于他们并没有真正的权力。他们是大众传播时代的新晋精英，是"社会所有成员都能够参与评价、表达爱慕和实施批评"③ 的对象，从而转移了公众对那些实际拥有权力的精英阶层——如政府官员、贵族、君主、宗教领袖和商业大亨——的评估、讨论和监督。由于名人并不真正掌握权力，其魅力的合法性也无须论证，更不会被实际权力保护或捍卫。一旦人们对某个名人失望，他就失去了作为角色模范的地位，从而逐渐过气、被抛弃乃至被唾弃；此时，大众只需要更换一个新的偶像即可。具体偶像的来来去去并不会动摇名人-大众之间的权力关系，也不会影响名人作为权力外包商的地位，因此也不会动摇真正的权力秩序。故此，

---

① FUREDI F. Celebrity culture [J]. Society，2010，47（6）：493-497.

② 同①.

③ FRANCESCO A. The powerless "elite"：theory and sociological research on the phenomenon of the stars [J] // MCQUAIL，DENIS. Sociology of mass communications. Annual review of sociology，1985（11）：93-111.

福雷迪特别强调："权力可以被削弱，但不会被摧毁"①。

从中介者到制造者：媒体角色的转型

名人现象由来已久，但名人只有在被媒介化（medialization）之后，才从一种社会现象变成一种文化现象。这也指向了名人概念的第三次变化。

各个时代都有声名卓著的人物，有的是流芳百世，有的是遗臭万年，有的是领一时风骚，有的仅在小圈子里出名。他们因血统或成就而受人瞩目，成为一定时间一定范围内众人目光之焦点，扮演领袖、模范或反面教材的角色。总体而言，他们是因为个体成就而获得关注，而不是因为被关注而获得成就，更不会把公众的关注作为个体成就。

在大众媒体时代早期，媒体勤奋而忠实地扮演二传手的角色，将其他文化所构建的社会身份，如政治家、商业大亨、体育健将、劳动模范等向大众推广。当时，媒体如同推广汽车、香烟、麦片一样推广名人，收取相对廉价的计件工资或计效工资，如根据广告的篇幅、时长或发行量支付的广告费，或根据新闻或软广告的社会影响等折抵的赞助费等。这一时期属于印刷媒体时代。尽管摄影术的发明推动了名人文化从集体主义到个体主义的转型，大众媒体也通过其巨大的社会覆盖力"制造"出了众多名人，如记者、漫画家、专栏作家、连载小说家等，但总体而言，这一时期名人的生产逻辑

---

① FUREDI F. Celebrity culture [J]. Society, 2010, 47 (6): 493-497.

没有改变，依旧是个体成就突出的人经过大众媒体的传播渠道而为更多人所知晓。大众媒体是其个体成就的二传手、放大机、加持器。

但图像媒介的诞生创造了全新的认识世界、体验世界、经历世界的方式。与印刷媒体不同，图像的目标"不是让我们了解一种情况，而是让我们参与到一个事件中"①。在一个"眼见为实"的文化里，媒体图像在不断重复中提供了稳定的意义和解释形式。影视行业的梦工厂开足马力，日夜不停地制造出漂浮在现实之上的巨大梦幻世界。如特写、定格、快进和蒙太奇剪辑等技术，都使得镜头里的人物似乎生活在一个超越现实的神祇世界里。他们面容俊美、智计百出、道德高尚、成就非凡。与此同时，他们又不是小说里赖个体想象而存在的虚幻人物——他们是真实的，血肉丰满、颦笑动人，住在加州洛杉矶、首尔汉南洞或北京朝阳区。这种现实和虚拟的混合令大众媒介拥有了类似"创世"的能力②。此时，名人才从一种社会现象变成一种文化现象，一种由大众媒体主导和推动的文化形态③。

在这种全新的名人文化中，名人形象不再是其身份和自我意识的真实反映，而是由技术和媒体所驱动的一种符合公众期待的媒介

① PENFOLD R. The star's image, victimization and celebrity culture [J]. Punishment & society, 2004, 6 (3): 289-302.

② TURNER G. Approaching celebrity studies [J]. Celebrity studies, 2010, 1 (1): 11-20.

③ TURNER G. Convergence and divergence: the international experience of digital television [M] // BENNETT J, STRANGE N. Television as digital media. Durham, NC: Duke University Press, 2011: 31-51.

化建构①，是名人、经纪公司（包括经纪人、公关宣传、代理人）、媒体和观众四方协商的产物。名人的经纪人等与媒体协商，获得曝光量；媒体与名人互相加持，包装出具有竞争力的名人形象以争夺受众的注意力资源；观众则通过媒体消遣名人，实现放松休闲、饭后谈资或身份认同等一系列目的②。大众媒体从社会身份的中介人变为生产者，成为"信息、传统、道德规训的首要提供者……不仅如此，媒体还成为社会本身最重要的说书人（storyteller）"③。

媒体在社会文化中的角色转变是社会结构调整的产物。20 世纪 90 年代以前，人们通常将媒体视为中介物，是平台、渠道或宣传工具，其行为服务于其他权力机构——主要是国家，有时是资本——的利益。当时文化研究的主流是透过媒体活动考察其背后的利益关系和权力机制：大众媒体是意识形态国家机器的工具，是实现利益的手段而不是目的，服务于更基础性的政治和经济权力。然而，随着媒体产业的迅速崛起，媒体在社会结构中的角色发生了剧烈变化：公共广播电视被私人媒体机构乃至跨国媒体集团代替；媒体巨头不再受某一政权的完全节制，媒体商业组织的首要任务也不再是服务国家，以及在此基础上衍生出来的构建共同体身份，而是

---

① OLDS J. Under the covers: a content analysis of sensationalism in the New Zealand Woman's Weekly [D]. Unpublished honours dissertation AUT University, Auckland, 2012.

② VAN DEN BULCK H, CLAESSENS N, BELS A. "By working she means tweeting": online celebrity gossip media and audience readings of celebrity Twitter behaviour [J]. Celebrity studies, 2014, 5 (4): 514 - 517.

③ HJARVARD S. The mediatization of religion: a theory of the media as agents of religious change [J]. Northern Lights, 2008, 6 (1): 9 - 26.

以声称"服务国家"为手段实现商业扩张，最终服务于组织自身的资本权力[1]。当迪士尼之类的媒介巨头垄断全球传媒市场时，资本的天然属性便会要求在全球范围内优化资源配置；此时，它们自身的利益诉求不能总是与自己所在国的国家利益保持一致。媒体巨头——在更广泛的意义上说，是媒体巨头所在的跨国利益集团——便有可能通过各种方式，如游说政治权力、修订规则和创造领袖等，输出自己的利益诉求。此时，原本各国基于国家利益而建立和培育的意识形态产业走向了政治权力无法完全控制的方向：媒体活动产生了新的主业，即，服务于媒体组织自身的资本利益，而其意识形态结果则降级为媒体产业的副产品[2]。

相应地，大众媒体不再是其他社会机构的附庸，而是自身建立起了完整的商业运作体系；媒体也不再仅具有依托于既有社会结构的意识形态功能，而成为一个"有着自身利益和权力运作方式的装置"[3]；与此同时，由于媒体产业的核心产品是意识形态产品，它比一般的现代工业，如加工业、制造业、运输业、医药业等，具有更强的统摄性、通用性和交换率。如此，媒体权力也不再是纯然的商业权力，而是具有"准国家权力"（quasi-state power）性质的"元资本"（meta-capital）[4]。

---

① TURNER G. The mass production of celebrity："celetoids"，reality TV and the "demotic turn" [J]. International journal of cultural studies，2006，9（2）：153-165.

② 同①.

③ 同①.

④ BOURDIEU P，WACQUANT L. Introduction to reflexive sociology [M]. Chicago：University of Chicago Press，1992：114-115.

所谓"元资本"，是指"能够对其他权力行使权力"，并且其权力行使方式超过了其他类型的权力交换率的一种权力。布尔迪厄界定的唯一一种元资本就是国家权力①。尼克·库尔德利（Nick Couldry）援引此定义，将媒体权力的运作方式与国家权力相类比，认为当前的媒体权力也是一种能够对其他权力行使权力的元资本，是谓"媒体元资本"（media meta-capital）②。媒体资本重新定义了文化和意识形态的构成方式。它选择、推动和鼓吹那些对媒体资本扩张具有积极意义的文化思潮，如激进主义、个人主义、自由主义和私有化，忽略、贬抑、丑化和压制那些损害媒体资本扩张但可能有益于整体社会结构的意识形态，如保守主义、集体主义、公共福利制度和社会主义。它不仅在媒体产业的王国中呼啸来去，而且将主打的意识形态产品向其他行业以一种不对等的方式交换乃至强制交换。意识形态——而不是一部影片、一个明星、一种新的节目形态——是媒体工业的核心产品。

名人研究的两大路径

尽管名人作为一种社会现象由来已久，但名人研究（celebrity studies）的历史却并不长远。法兰克福学派和文化研究学派均有对名人现象的零散评述。直到 1979 年，英国电影理论家理查德·戴

---

① BOURDIEU P, WACQUANT L. Introduction to reflexive sociology [M]. Chicago：University of Chicago Press，1992：114 - 115.

② COULDRY N. Media meta-capital：extending the range of Bourdieu's field theory [J]. Theory and society，2003，32（5 - 6）：653 - 677.

尔（Richard Dyer）出版了《明星》一书，该书成为近代第一本系统性的名人研究著作。目前，名人研究主要由欧洲和大洋洲的少数学者从事，如英国学者克里斯·罗杰克、澳大利亚学者大卫·马歇尔（David Marshall）和格雷姆·特纳等，但并未受到主流研究的重视。特纳认为，这在很大程度上是由于传统的文化研究和媒介研究拒绝承认名人文化的重要性[1]。名人、名人文化或名人新闻都被认为是琐碎而低俗的，不足以成为学术研究的对象。学界的傲慢罔顾了名人文化已经改变了现代生活这一事实。菲利普·德雷克（Philip Drake）和安迪·米娅（Andy Miah）呼吁道："无处不在的名人文化现象意味着名人已经成为日常生活的一部分，并且深深地嵌入当代媒体的日常功能之中。名人文化以复杂的方式影响着我们的身份感和归属感，影响我们与世界、与他人乃至与我们自己的相处方式。"[2]

名人最广为人知的定义是一个循环定义："名人是指那些因为被广泛熟知而出名的人。"[3] 根据这一定义，名人其实不限于特定的职业类型。福雷迪认为，名人不仅是一个名词，还是一个形容词，指个体能够获取他人关注的能力[4]，所以有明星厨师、明星作家、明星美食家、明星健身达人等等。一言以蔽之，任何领域的成功都

① TURNER G. Ordinary people and the media: the demotic turn [M]. London: Sage Publications，2010: 4.

② DRAKE P, MIAH A. The cultural politics of celebrity [J]. Cultural politics, 2010，6（1）: 49-64.

③ BOORSTIN D J. The image: a guide to psuedo-events in America [M]. New York: Harper Collins Publishers，1961: 57.

④ FUREDI F. Celebrity culture [J]. Society，2010，47（6）: 493-497.

会通往"名人"状态。

　　鉴于名人的多重性，不同学者对名人文化的定义也各有侧重。有学者将名人文化循环定义为"以声名为中心的文化"（a culture in which fame is central）①，有人强调名人文化的商业和资本属性，视其为"名人贩售产品，同时将自己作为产品贩售的文化"②。有的学者以类比法定义名人文化，将其类比为宗教，粉丝对偶像的崇拜有如宗教崇拜③；有的学者讨论名人逻辑对包括政治领域在内的其他社会领域的殖民④。奥利维尔·德里森（Olivier Driessens）参照库尔德利对媒介文化（media culture）的定义，将名人文化（celebrity culture）界定为一种"以名人为主要意义来源的意义构建活动的集合"⑤。它不仅关乎名人本身，还包括生产名人的整个产业、围绕名人的各种周边商品、附着于名人的不同意义，以及观众对名人的反应等一系列关系。

　　迄今为止，名人研究形成了两种主要路径：名人商品说（celebrity as commodity）和名人平台说（celebrity as platform）。前者强调名人本身，认为名人既是资本的售卖物又是售卖员，"既是消费的对象又是消费的工具，他们通过为商品背书来鼓励和确证消

---

　　① VAN DEN BULCK，TAMBUYZER S. De celebritysupermarkt ［The celebrity supermarket］［M］. Berchem：EPO，2008：14.

　　② ROJEK C. Celebrity ［M］. London：Reaktion Books，2001：14.

　　③ 同②16.

　　④ GAMSON J. Claims to fame：celebrity in contemporary America ［M］. Berkeley：University of California Press，1994.

　　⑤ DRIESSENS O. Theorizing celebrity cultures：thickenings of media cultures and the role of cultural（working）memory ［J］. Communications，2014，39（2）：109-127.

費主义文化，哪怕他们自身也是消费主义的产物"①；后者则侧重名人与受众的关系，强调名人在塑造受众的社会感知、文化身份认同以及创造共享的道德话题方面的功能。

名人商品说

名人商品说由马歇尔在 20 世纪 90 年代末期正式提出，认为显著的名人商品化只是一个指标，标示着资本主义将所有个体商品化的这种日趋广泛的权力。名人是现代西方文化两大主导性意识形态的载体：个人主义（individualism）与市场资本主义（market capitalism）。并且这两种意识形态话语超越了流行文化的范畴，体现出向其他领域的迁移乃至殖民。②

对名人商品说的浅层理解是指名人本身代表了一种消费主义的价值观。他们可以带动时装、化妆品、汽车、珠宝的售卖，可以改变八卦杂志、电影和唱片的销售模式。所有关于明星的形象构建都很少描摹他们工作的枯燥，而致力于凸显他们在财富方面的成功和随心所欲。这不是仅仅为了制造明星高于普通人的幻象，而是为了推广一种消费观念："一个人的满足不是在工作中得到的，而是在工作之外，即消费和休闲中得到的。"③ 如此，明星就成了一种推广和加强消费概念的工具。

① CASHMORE E. Celebrity culture [M]. London：Routledge，2006：269.

② MARSHALL P D. Celebrity and power：fame in contemporary culture [M]. Minneapolis：University of Minnesta Press，1997.

③ 德科尔多瓦. 论明星 [J]. 叶周，译. 世界电影，1995（3）：86-103.

进一步来说，名人本身就是一种商品。名人是为了满足人们对"人类伟大"的幻想而被精心制造的"人形拟态事件"（human pseudo-event）①。这一拟态事件在过去由宗教和政治制造，如今则由无孔不入的资本力量把持。无论是早期的"完人型"名人，还是后期为了差异化定位而制造的"个性化"明星，都有目的地迎合了大众或小众对理想"自我"的想象。他们是无以复加的"超级个体"②，是"光环加身的另一个我"③。当人们由于工业社会的劳动分工而被切割为不同的身份，如雇员、家长、消费者、甲方……之时，明星却成为一个完整的人的代表，一个对割裂性自我的补偿角色。他们通过表演各种生活方式，扮演各种角色，以一己之身替代普通人实现了在工业社会中已经不可企及的那种完整的社会劳动，并相对不受约束地、自由地表达自我。④如同人们消费奢侈品，从而自己似乎也变得高贵一样，人们通过消费名人这种商品，从而"间接地过上了一种我们没有权利过的生活，奢侈、放纵、四海为家、狂欢、性爱、成就"⑤。

名人所代表和贩售的是市场资本主义的意识形态⑥。名人形象

---

① BOORSTIN D J. The image: a guide to psuedo-events in America [M]. New York: Harper Collins Publishers, 1961: 49.

② MORIN E. The spirit of the times: an essay on mass culture [M]. Paris, FR: Grasset, 1972: 148.

③ GORIN V, DUBIED A. Desirable people: identifying social values through celebrity news [J]. Media Culture & Society, 2011, 33 (4): 599 - 618.

④ 同①83.

⑤ 杜鲁瓦. 虚伪者的狂欢节 [M]. 逸尘, 边芹, 译. 北京: 时事出版社, 1998: 203.

⑥ HALL S. Encoding/decoding [M] //HALL S, LOWE D, WILLIS P. Culture, media, language: working papers in cultural studies. London: Hutchinson, 1980: 128 - 138.

从来都不是反主流的，而是通过重复、再生产和对异质价值的调适或模糊夯实既有的社会结构和主流意识形态①。他们是人人仰望的理想化样板，往往容貌出众又才华横溢，通过不懈奋斗实现社会价值和经济收入的双重成功；他们又是触手可及的社会道德模范，践行服务社会、回归家庭和奉献爱等标准化价值观。常见的名人形象总是围绕勤奋、执着、爱、梦想等话题，传达奢侈、消费、成功等他们被设定要推广的价值观。例如，家庭主题褒扬严肃的恋爱和婚姻关系，而贬抑分手、离婚和出轨；育儿主题强调赋予新生的喜悦和抚育生命的神圣；职业生涯这一主题则高扬"奋斗才会实现梦想"，而非强调名人的幸运和偶然②。作为文化工业的产物，名人文化本质上是保守的，甚至是极端保守的，致力于维持既有的社会不平等③，而不是以任何方式改良或革命。

与其他工业产品相比，名人是市场资本主义的理想中介体，因为名人同时存在于公共和私人场域，是平凡和非凡的统一体④，能够同时满足多个细分人群的认同需求，从而实现利润最大化。早期的名人是"完人型"名人，主要是万里挑一的俊男靓女，实现人们对"造梦"的需求；等到这一大众市场饱和之后，媒体产业会继续推出"细分型"名人，如硬汉、小生、青衣、花旦、街头男孩、邻

① GORIN V，DUBIED A. Desirable people：identifying social values through celebrity news [J]. Media Culture & Society，2011，33（4）：599-618.

② 同①.

③ DUBIED A，HANITZSCH T. Studying celebrity news [J]. Journalism，2014，15（2）：137-143.

④ DRAKE P，MIAH A. The cultural politics of celebrity [J]. Cultural politics，2010，6（1）：49-64.

家小妹等；主流细分市场饱和之后，便需要更细化的产品分类，如假小子、坏女孩、霸总和浪子。对于名人这一商品而言，声名与美德是分离的。在"声名经济学"（economy of fame）中，能够迎合粉丝/消费者的某些品质——如真性情、叛逆、粗俗——可能与传统意义上的美德背道而驰；但这种分离并不是一个多么严重的问题，"粉丝选择将声名与美德分离，如此名人得以更加丰富和多元，最终还是粉丝从中受益"①。然而，无论怎样"离经叛道"，名人产品都始终代表着主流价值观——他可以是"坏小子"式的叛逆，但不能是反社会式的疯狂。他们与"完人型"名人在功能上是一致的，即，通过多元而差异化的（名人）产品结构保持稳定的受众份额，以抵消文化产品固有的风险和不确定性②。因此，无论媒介产品在形式上如何叛逆、挑战和颠覆，如特立独行的名人、摇滚乐、说唱音乐、脱口秀，只要它还需要并鼓动观众付出金钱，就不可避免且只能顺应市场资本主义的主流意识形态。现代文化工业精心制造的名人形象就是商业资本主义逻辑的背书人，通过将特定价值观自然化而将社会宰制合理化③。

名人平台说

名人平台说在承认名人商品说的前提下，提供了对名人和名人

① COWEN T. What price fame？ ［M］. Cambridge：Harvard University Press，2000：36.

② DRAKE P，MIAH A. The cultural politics of celebrity ［J］. Cultural politics，2010，6（1）：49-64.

③ MARSHALL P D. Celebrity and power：fame in contemporary culture ［M］. Minneapolis：University of Minnesota Press，1997：43.

文化的替代性解读。戴尔和马歇尔等学者都提及了名人平台说的核心观点，强调名人为公众提供了一个讨论社会规范、道德伦理、价值观的平台①②③。名人平台说的主要观点与八卦的积极功能（见第一章第二节"八卦的功能"）一脉相承，包括信息交换和传递、社会规范习得、社会行为规约、群体边界强化和娱乐功能等。

"明星是人们叙述、协商和阐释集体经验并建立道德边界的符号。"④ 名人通过充当普通人的谈资，提供了一个共同的知识基础，从而构建起一个凝聚受众的"知道社区"（knowable community）⑤。人们得以就共同知悉的话题开展交流，交换他们对现实的不确定性和焦虑感，分享对道德规范和价值观的具体化和操作化认知，乃至延展至更广泛的政治和公共事务。这种讨论促使观众积极参与公开议题，尽管这类问题在精英人群看来过于私人、琐碎乃至无聊，但依旧提供了一个凝聚名人新闻主要受众群体——那些通常被排斥在严肃公共事务之外的女性、弱势群体、低政治参与度人群——的契机。通过对共同话题的讨论，观众得以形成集体认知和共享的身份表达；这些问题的讨论结果在绝大多数情况下是既有社会规范、道

---

① DYER R. Heavenly bodies: film stars and society [M]. London: British Film Institute, 1986.

② DYER R. Stars [M]. London: British Film Institute, 1998: 203.

③ MARSHALL P D. The celebrity culture reader [M]. London: Routledge, 2006.

④ BREESE E. Meaning, celebrity, and the underage pregnancy of Jamie Lynn Spears [J]. Cultural sociology, 2010, 4 (3): 337 - 355.

⑤ MCDONNELL A M. Gossiping in public: participation, deliberation, and the celebrity tabloid [J/OL]. International Communication Association. (2011 - 05 - 26) [2014 - 11 - 26]. http: //citation. allacademic. com/meta/p483579 _ index. html.

德观和价值观的再生产，夯实却鲜少挑战既有霸权①。

同名人商品说中对名人的神化和理想化不同，作为公众讨论载体的名人往往以"普通人"的形象出现。他们有平常人的喜怒哀乐、柴米油盐，有普通人面临的道德困境和红尘俗事，从而更容易取得观众的身份认同。娱乐杂志的核心并非"他们"名人，而是"我们"读者②；其要义不在于将名人"他者化"，而在于将名人"我者化"，在于使读者通过对名人的八卦实现对自我的观照和投射。正如戴尔所说："明星的重要恰在于其典型性或曰代表性。"③作为"普通人"的名人的八卦如同一面镜子，使读者可以反观自照自己的人生诸事。

在更抽象的意义上，名人是凝聚身份认同和文化共识的载体。伊曼纽·莱维（Emanuel Levy）调查了1938—1984年间电影明星的身份背景，发现电影明星总体来说出身寒微、受教育程度不高，却可能获得巨大的社会声誉和财富，从而成为"美国梦"的有力象征。与其他行业不同，影视明星的财富不是靠剥削大多数人的劳动获得的；相反，正因为他们并不掌握社会权力，且大多数出身于普通家庭，他们的成就很容易被归于民主的胜利④。因此，每当少数

① VAN DEN BULCK H, CLAESSENS N. Guess who Tiger is having sex with now?: Celebrity sex and the framing of the moral high ground [J]. Celebrity Studies, 2013, 4 (1): 46 - 57.

② MCDONNELL A M. Gossiping in public: participation, deliberation, and the celebrity tabloid [J/OL]. International Communication Association. (2011 - 05 - 26) [2014 - 11 - 26]. http://citation.allacademic.com/meta/p483579_index.html.

③ DYER R. Stars [M]. London: British Film Institute, 1998: 47.

④ LEVY E. The democratic elite: America's movie stars [J]. Qualitative Sociology, 1989, 12 (1): 29 - 54.

族裔、穷小子或普通女孩成为大明星时,他们的故事就会被广为传颂。在这些关于阶层跃升的故事中,无不贯穿着现代社会的主流价值观,如梦想至上、个人奋斗、自由竞争最终带来的巨大声名。平民出身的明星们打通了平民阶层和精英阶层的通道,是调和民粹主义意识形态和精英主义实践之间内在冲突的理想载体。

然而,这种"一举成名"的神话掩盖了影视行业的结构性不平等,使得普通人对影视行业的认知为少数明星的光环所遮蔽。实际上,影视行业的收入高度不均衡,头部明星日进斗金,普通演员或者群演却处于临时就业和失业的交替状态,其收入甚至不及居民平均收入。这种巨大的收入分层不仅打破了影视行业高收入的神话,而且表明,这个神话是建立在少数演员的收入之上的,表明影视行业"是一种有着劳动差别的行业"①。这个巨大的收入分层没有被归结为行业制度的不平等,相反,却被归咎于普通演员本人的不够努力、不够漂亮或者不够"有运气"。这种看似合理化的陈述实际上掩盖了影视行业的底层逻辑,即,影视行业在根本上并不是一个机会平等的自由竞技场,而是具有内生性分层结构的金字塔。在任何历史时期,明星都是演员中的少数人。这个行业看似依赖明星的个人奋斗而非权力赋予,但莱维尖锐地指出:"如果明星制度不论政治、经济和文化现实如何风云变幻都能屹立不倒,那这个现象背后必然有强大的权力群体支持;且明星能够实现对该群体至关重要的某些功能。"②

---

① 麦克唐纳. 重新认识明星现象 [J]. 李二仕,译. 世界电影,2001 (4):44-66.

② LEVY E. The democratic elite:America's movie stars [J]. Qualitative Sociology,1989,12 (1):29-54.

第五章

明星：影视明星、选秀明星和网红

本章论述了现代名人中最具大众影响力的类型——明星——的产生。

明星乃至整个影视工业都不是孤立存在的，而是 20 世纪早期高速扩张的大众传播业的一部分。明星也绝非由影视行业单枪匹马打造，而是整个大众传播产业，乃至整个工业社会各个部门集体参与的结果。

当传统意义上的明星、名人难以满足受众需求时，"平民名人"就作为一种快消的"平替"而诞生了。

　　明星制并不是在电影业诞生之初就与之共生的东西。现代电影工业在没有明星制的情况下顺利度过了诞生的头十年，直到整个大众文化产业和电影工业的运作方式发生变化，明星制才作为一个新的"制度"被创造出来①。

　　虽然人们往往将电视明星与电影明星并称为"影视明星"，但二者在商业逻辑和意识形态功能方面有较大区别。电影是梦工厂，电影明星就是普通人的幻梦；而电视明星往往都是"接地气儿"的，同"美人如花隔云端"的电影明星不同，电视明星是触手可及的。

　　影视行业培养明星成本高昂，迫切需要一种传统名人的廉价替代品。"平民名人"由此诞生，主要包括真人秀明星和"网红"两个类别。

电影明星

电影明星制度的起源

　　美国明星制度的起源一般都会追溯到"比沃格拉夫女郎"（the Biograph Girl）的故事。1910 年前后，尽管演员逐渐受到观众关注，但制片商却对演员的真实姓名严格保密，如此，剧团就无须向成名演员支付高薪②。观众无法知道他们喜欢的演员的真实姓名，于

---

　　①　巴特勒. 明星学研究的演绎与方法 [J]. 朱与墨，李二仕，译. 电影艺术，2011 (1)：109 - 116.

　　②　德科尔多瓦. 明星制的起源 [J]. 肖模，译. 世界电影，1995 (2)：60 - 80.

是就自己给喜欢的演员取名。比如，他们给"比沃格拉夫电影公司"（Biograph Studios）的女演员弗洛伦丝·劳伦斯（Florence Law-rence）取名叫"比沃格拉夫女郎"，并给电影公司和媒体写信，要求看"比沃格拉夫女郎"出演的影片。这样，"观众的好奇"就成了明星制诞生的动力①。

1910 年，独立电影公司（Independent Motion Picture Company）总经理卡尔·莱默尔（Carl Laemmle）挖走了弗洛伦丝·劳伦斯。但他并没有立刻宣布这一消息，而是登报宣布其突遭车祸死亡，由此引发影迷强烈关注。几天后，莱默尔又在《电影世界》发布广告，刊登出劳伦斯的照片，反驳其死亡的消息，同时宣布她所主演的一部独立电影公司的电影即将发行。这是电影史上首次利用表演者的名字和形象进行电影宣传的事件。这个故事在好莱坞的各类历史书中被反复提及，弗洛伦丝·劳伦斯也被认为是第一个电影明星②。

本杰明·汉普顿（Benjamin Hampton）在 1931 年出版的《美国电影业史》一书中论证道，观众的渴望催生了明星制：

> 电影观众对名人的几近疯狂的欢迎，对于银幕世界里的所有个体和集团来说都是一种令人震惊的意外。谁也没有预见到这种现象，谁也没有对随之而发生的结果有过任何程度的准备。电影界的明星制实际上是观众建立的。在其整个建立过程

① 德科尔多瓦.明星制的起源［J］.肖模，译.世界电影，1995（2）：60 - 80.
② 尽管大部分电影史将弗洛伦丝·劳伦斯视为第一位电影明星，但这一结论不无争议。例如，汉普顿在 1931 年出版的《美国电影业史》一书中，把和劳伦斯同属比沃格拉夫电影公司的玛丽·璧克馥称为"第一位明星"，并把她的成名归于独立电影公司。

中，观众是完完全全的、不容置疑的主宰。[①]

这番论述揭示了明星制的大众文化机制，也从诞生根源上确立了电影业的民主基础。此后，不论是电影明星的起伏，还是电影业的兴衰，都被包裹进"民主"这张漂亮的玻璃糖纸中。

然而，不论是劳伦斯的故事还是汉普顿的观点，都在 20 世纪 80 年代后遭到部分学者的质疑。简尼特·斯泰格（Janet Staiger）在《看见明星》一文中反驳了"莱默尔制造明星劳伦斯"的神话。他认为，明星制的诞生不是某一个营销天才或某一个公司的神来之笔，也不是"一个处于劣势的独立制片商对抗气势凌人的电影专利公司垄断的个案"，而是一个渐进式的产业发展过程。据斯泰格考证，早在 1909 年，爱迪生公司就在商报中宣传了塞西尔·斯普纳小姐与皮拉尔·莫兰小姐的登场。就在莱默尔制造噱头的两个月前，即 1910 年 1 月，爱迪生公司就发行了供剧院门厅展出的演员海报；4 月，维太格拉夫公司（Vitagraph Studios）也推出了海报，宣传演员弗洛伦丝·特纳（Florence Turner），其规模堪比对劳伦斯的宣传。1911 年，爱迪生公司首创把电影演员的名字列入主创名单的字幕中，并且在更换胶片的空档利用幻灯片向观众兜售自己的演员。经过上述渐进式的过程，明星制最终确立起来。[②] 因此，理查德·德科尔多瓦（Richard DeCordova）在《明星制的起源》一文中总结道："把明星制的诸种决定因素归结为某一个人或某一

---

① 德科尔多瓦. 明星制的起源 [J]. 肖模，译. 世界电影，1995（2）：60-80.
② 斯泰格. 看见明星 [J]. 丝绒灯罩，1983//辛格勒，王翔宇. 明星学研究的路径图. 电影艺术，2015（3）：103-114.

家公司的首创精神是错误的。明星不是由某个具有伟大预见的非凡
人物空想出来的。以这样的设想为据的史论必然会无视在某一特定
时期里导致明星制成为可能的各种条件的复杂性。"①

　　这些复杂性的条件包括什么呢？或者说，为什么"观众的要求"
不能完全解释明星制出现的全部或主要原因呢？德科尔多瓦指出：

　　　　伍兹与汉普顿（其他史学家则在较小程度上）都把观众的
　　要求视为明星制的基本决定因素。他们从未提出过的问题是：
　　"观众的要求从何而来?""要求"成了一种与一切社会性决定
　　因素无关的独立生成力量。这些史学家们把明星制的成因归于
　　它，便完全抹杀了在某种程度上促成观众对电影明星的要求的
　　社会实践。②

　　1907 年以前，当人们谈论电影时，无人谈论演员。早期电影
业的宣传卖点在于技术、情节而非演员。在技术层面，人们的谈论
总是聚焦在摄影机器上，比如"谈论摄影机器的魔力和它们再现真
实的能力"③。报刊报道的重点也是摄影机器的技术性。那时候，电
影演员的名字根本没必要出现在银幕上，就如同汽车出厂时福特公
司无须把汽车装配工的名字列出来一样。在故事情节层面，早期电
影往往在五到十分钟的时间里以默片形式呈现一个现实片段或一则
短小故事。人们能够在电影院看见真实影像，或者吊着一颗心猜测

---

　　① 德科尔多瓦. 明星制的起源 [J]. 肖模，译. 世界电影，1995 (2)：60 - 80.
　　② 同①.
　　③ 德科尔多瓦. 美国明星制度探源 [J]. 宋琦，桑重，译. 世界电影，1990 (6)：
94 - 106.

消防员能否救下处于危险中的小孩，这本身就足够令人惊叹了。演员本身并不会引起观众的注意，甚至字幕上也不会打出演员的名字。

那时候，人们也意识不到电影是一项"表演"的艺术，其中包含演员的"劳动"。最早期的电影如"工厂大门""婴儿喝汤""火车进站"等都是对现实的直接记录。1907 年，美国电影中剧情片的比例仅为 17%。当时很多新闻报道都表明，人们分不清现实和"拍电影"的区别，意识不到电影是"演电影的人"——包括编剧、导演、摄像、演员等——集体劳动的产物。德科尔多瓦在《美国明星制度探源》一文中举了两个例子：一是一个剧组拍摄一场抢银行的戏，沿街"逃跑"的"强盗"被沿途店主持枪逼停；二是剧组拍摄一场溺水戏，不明真相的群众跳进湖里搭救"溺水者"，甚至连演员也忘记了自己是在表演，也奋勇跳进湖里搭救。这两个例子生动地表明，早期观众并没有"演员"的概念，自然不会诞生了解演员的"好奇"①。

与此同时，电影演员也没有公开名字的诉求。作为一项新生事物，电影演员在当时远没有舞台剧演员光鲜。早期很多电影演员都是职业舞台剧演员，他们晚上在剧场演出，白天在片场挣钱。对他们来说，电影角色不过是"幕布上的一个幻影"，电影演员是一项不光彩的职业②，因而，他们也不愿意将自己的名字打在海报和屏

---

① 德科尔多瓦. 美国明星制度探源 [J]. 宋琦，桑重，译. 世界电影，1990（6）：94-106.
② 同①.

幕上广而告之。

1908年，美国电影中剧情片的比例飙升至66%，电影作为一种"表演"形式逐渐为观众所接受；电影杂志也开始讨论电影中"人的劳动"，后者涉及诸多领域，如制片商、导演、摄影师、编剧等，自然也包括演员。人们"终于意识到表演者是独立于电影本身的叙事之外而存在的"，开始逐渐谈论和品评表演。从谈论机器到谈论表演，这"对电影的制度化具有奠基作用……并最终使人的劳动成为著书立说的新话题"[1]。这是明星制出现的第一个前提条件。只有"人的劳动"被承认，演员才有可能作为一种"新的产品个性化的形式"与日益合理化的电影生产系统相协调[2]。

电影名人是这一时期产品个性化倾向的主要产物。电影名人是指那些能够被观众叫出名字的人，包括他们的角色名、真名或观众起的绰号。德科尔多瓦认为，电影名人在1909年就已经出现了，包括此前电影公司专门炒作的"比沃格拉夫女郎"劳伦斯，也包括那些成名的舞台剧演员。这些演员在"跨界"演出电影时，电影公司会大力宣传他们的名字。例如，1912年著名戏剧演员莎拉·伯恩哈特（Sarah Bernhardt）出现在法国电影《茶花女》中，电影宣传的重点就聚焦于演员和表演而不是技术[3]。

当电影名人的名人效应凸显，能够吸引观众、保障票房时，明

① 德科尔多瓦.美国明星制度探源［J］.宋琦，桑重，译.世界电影，1990（6）：94-106.
② 同①.
③ 巴特勒.明星学研究的演绎与方法［J］.朱与墨，李二仕，译.电影艺术，2011（1）：109-116.

星作为电影业的一种产品形式就被固定下来了。还需要说明的是，明星乃至整个电影工业都不是孤立存在的，而是整个 20 世纪早期高速扩张的大众传播业的一部分。明星也绝非由电影业单枪匹马打造，而是整个大众传播产业，乃至整个工业社会各个部门集体参与的结果：产业化发展带来了数量更大的产业工人，工人剩余工资可支配水平的提高带来了巨大的消费市场，工人运动的发展又为工人提供了充裕的休闲时间来观影、讨论明星和购买杂志；商业报纸的蓬勃催生了巨大的通俗报业和小报产业，每天的版面都急需精彩的个人故事，而名人无疑是持续、稳定且庞大的八卦来源；高度发达的细分媒体，如行业报、影迷杂志、妇女杂志等培育了更多的读者，并提供了精准的观众细分平台供人们谈论和分享明星[1]；尤其是专业电影杂志逐渐从报道摄像机、摄像技术、电影故事梗概转向报道演员银幕内外的生活状态[2]，这对于演员从无名之辈到家喻户晓的转变起到了关键作用；此外，发达的铁路和邮政产业鼓励影迷们寄发信件和照片[3]，这成为电影名人知名程度的直接指标，再辅以配合影片上映的海报、唱片和杂志广告……那些最迷人的、最受欢迎的面孔从电影名人中脱颖而出，成为"明星"。

到 1914 年第一次世界大战之时，明星的存在和影响力已经足以用来区隔电影。人们会因为喜爱某个明星而去贡献票房，制片公司借由商业利润认识到明星的地位，甚至将明星看作"比制片厂标

---

[1]　德科尔多瓦. 明星制的起源 [J]. 肖模，译. 世界电影，1995 (2)：60 - 80.

[2]　巴特勒. 明星学研究的演绎与方法 [J]. 朱与墨，李二仕，译. 电影艺术，2011 (1)：109 - 116.

[3]　同①.

志更有影响力的产品辨识要素而加以推广使用"[①]。自 1915 年起，电影明星的形象定位从单纯的演艺事业转移到其总体形象[②]；自 20 世纪 20 年代起，好莱坞工作室就通过发行专门制作的明星杂志来控制明星形象，使其成为"工作室自有并运营的商品"（studio owned-and-operated commodities）[③]。随着明星作为电影特别身份和标志的建立，以及明星作为经济商品的地位的出现，明星制最终确立下来[④]。

电影明星经济学

明星作为对冲风险的手段

为什么那些同样依赖人的能力和天赋的职业，比如银行经理人、股票经纪人、大学教授、记者甚至作家，都没有形成像电影业一样规模化、制度化的明星效应？为什么明星制会成为电影工业的基本体制？这就涉及电影工业的运作方式。

同食品、药品、日用品等不同，电影等娱乐产品不是必需品。当人们购买面包、感冒药或者洗发水时，人们并不期待它是时时更新的——实际上，它们能保持质量稳定就足够令人满意了。但娱乐

① 巴特勒. 明星学研究的演绎与方法 [J]. 朱与墨，李二仕，译. 电影艺术，2011（1）：109 - 116.

② DECORDOVA R. The emergence of the star system in America [M] //GLED-HILL C ed. In stardom：industry of desire. London：Routledge，1991：17 - 29.

③ GAMSON J. The assembly line of greatness：celebrity in twentieth-century A-merica [J]. Critical studies in media communication，1992，9 (1)：1 - 24.

④ 同①.

产品不是。虽然有人喜欢温习老电影，但总的来说，观众花钱买票不是为了看老掉牙的段子。因此，电影产业必须不断提供独特的、新鲜的产品来刺激人们的购买欲望。每部电影都是独特的。它必须包含一系列不同于其他电影产品的特征，如类型、情节、剧本、导演、摄影、演员、拍摄地、服化道、音乐等等①。然而这种创造性又同时伴随不确定性。一方面，观众喜欢看新鲜的东西；另一方面，观众又厌恶不确定性。同日用品行业可以提供试用装不同，在电影看完之前，观众无法确定自己为之付费的东西是什么。此时，电影的制作方和消费者在理查德·凯夫斯（Richard Caves）所描述的"对称的无知"的情况下相遇：消费者不能确知他们会得到什么，生产者也无法完全确定消费者会喜欢什么②。

与此同时，电影业又是一项高投资、高风险的产业。无论预算是几百万还是几个亿，电影长片的资本回笼周期都相对缓慢。当高额投资遇上不确定的市场时，电影业便需要一种保障来对冲风险。明星、类型片和系列片便是这种保障。这里的明星包括知名导演、知名编剧和知名演员……"任何创下观众积极反应纪录的银幕元素都获得了符号化定价"③。尤其是知名演员，他们的身体就是一个具备相似性和连贯性的符号，会触发观众对过往观影体验的愉悦回忆，从而转化成对下一部电影的积极预期④。类型片和系列片也是如此。当某部电影主打"西部片"或"爱情片"时，并不是为了给

---

① 麦克唐纳. 好莱坞明星制［M］. 王平，译. 北京：世界图书出版公司，2015：12.
② 同①11.
③ 同①10.
④ 同①11-12.

影片贴个标签方便存档，而是为了触发观众的过往观影体验，减少观众对影片的不确定性。现代的电影类型片往往喜欢"杂交"，比如爱情悬疑片、古装破案片、喜剧动作片……这些奇怪的组合也不是为了多几个标签存档，而是为了同时吸引不同类型片的观众，从而扩大观众基数。系列片更是抵消不确定性的票房保障，这就是为什么即使系列片从第一部到第八部越拍越烂，电影公司还是持续投资，因为票房陈述的是相反的事实——不管新出的系列片多烂，它总会同时吸引住"看看这是啥"的新观众和"看看还能怎么烂"的老观众，这种市场风险比同等投资规模的新片低多了。

基于票房号召力的明星等级指数

在电影经济学的视角下，明星是一种具有抵押价值的符号货币，可以用于电影市场中的交换流通。一方面，明星以其过往的市场表现交换观众们真金白银的票钱；当其主演或参演的电影质量持续不佳时，观众就会不再愿意为他的电影买单，他在市场上的抵押估值就会降低，直观显示为"咖位"的降低；另一方面，明星凭借观众支持度标识自身"咖位"，并以此与制片商交换自己真金白银的酬劳。对于一部电影而言，除了明星之外的生产材料、工艺和流程都是固定的；明星本身的价值是一种符号价值。在这个符号化的商业体系中，最终决定明星地位的是明星的票房号召力。

20世纪90年代，好莱坞记者詹姆斯·厄尔默（James Ulmer）在其供职的杂志《好莱坞报道》上开设了一档名叫"明星权势指数"的常规栏目，对电影演员进行排名。排名的唯一依据是票房号召力，即不管项目中其他因素如何，仅凭演员或导演个人的名字就能够为电影吸引到的全部融资的比例。这就是著名的厄尔默指数（Ulmer Indicator）。厄尔默通过这个专栏的持续观察，提出了与简尼特·赫申森（Janet Hirshenson）和简·詹金斯（Jane Jenkins）类似的明星等级结构：超一线明星是指那些"能够保证预售的人，无论剧本、演员表、制片人或者导演如何，仅凭他们的名字就能确保首映周强劲的票房表现"。与此相比，一线明星"不会自动引发预售，但只要导演和预算合适、电影与该明星过去的作品一致，他们就是有把握的赌注。就像优质一线明星，他们实际上能保证所拍电影碟片的发行"。二线明星有时候可以引起预售，但是其他因素——剧本类型、导演、合作明星和预算——相比之下更加重要。他们的名字有时可以保证免费和付费电视、有线电视和影碟的区域销售。三线明星是仅靠他们的名字几乎不能引发预先销售的演员，然而，如果有合适的合作演员、导演和预算，他们就偶尔可以促进辅助市场的区域销售。普通演员则是指那些不会引发预先销售、对票房也没有实质影响的表演从业者。因此，在定义好莱坞明星制时，经济价值居于中心地位，明星群体代表着卖座演员中的高级精英[①]。

这种赤裸裸的，以挣钱能力排列一个行业的从业者等级的制度，无情地击碎了电影业宣称的艺术性或梦想感。厄尔默曾经说道：

有些人询问，为什么电影业如此着迷于测量及量化演员，到处询问"票房号召力""融资能力"和"全球畅销力"。那些

---

① 麦克唐纳. 好莱坞明星制 [M]. 王平，译. 北京：世界图书出版公司，2015：13-19.

庸俗算计的管理层难道没有其他在乎的"能力"吗，比如说，表演能力？他们难道不能放松一下，然后认识到这才是艺术家真正"能力"所关乎的事情？不，他们不能。好莱坞就不是那么运作的。①

明星制下的电影业运作模式

明星制的出现改变了电影业的商业运作模式。此前，电影业盈利的主要模式是卖电影票：其产品是影片，收入是票房，利润是票房与成本之差；"影片"这一产品的制作、发行和放映的链条完整而清晰。但明星制培养出一种"围绕着作为商品的明星打转的特殊消费者，即通常所谓的影迷"②。由于影迷在乎的不是演员的银幕角色，而是演员本身，而单独某一部电影只能展现某个演员的某些侧面而非全部，因此，观众便需要不断地观看该演员的不同作品，以"集邮"的形式完成他们对演员本人的拼贴和想象，于是，电影变成一种需要持续消费的产品。由于明星不仅是银幕上的影像，还是一个现实的人，因此观众需要养成消费电影衍生品的习惯，如购买电影杂志、八卦报纸或辟有娱乐版的一般报纸，从而获得明星在银幕之外的种种信息。由于明星具有凡人的一面，也需要衣食住行，因此观众需要养成消费明星周边产品的习惯，通过购买明星代言或使用的产品，获得接近明星乃至"成为"明星的机会，由此，明星成为一种销售手段，可以推销香水、时装、食用油和其他任何东西③。

---

① 麦克唐纳. 好莱坞明星制 [M]. 王平，译. 北京：世界图书出版公司，2015：37.
② 德科尔多瓦. 论明星 [J]. 叶周，译. 世界电影，1995 (3)：86-103.
③ 同②.

明星也改变了电影业的制作方式。由于明星能够保证预售，是重要的商业资本，因此，围绕明星所有权的争夺也经历了从 20 世纪二三十年代好莱坞大制片厂制度下的固定长期合同，到 50 年代好莱坞工作室体系瓦解后的片约制合同①。作为产品的明星并不是自然人，而是"一种个体化的公司实体，有着可辨识的品牌并依赖受众的忠诚度"②；他/她的脸就是商标（logo）③。围绕着"作为产品的明星"逐渐形成了一系列衍生行业，包括化妆师、发型师、服装设计师、营养专家、健身教练、表演老师、舞蹈老师、形体老师、摄影师、宣传专员、娱乐记者、随笔专栏作家等等。如今，明星制造业通过高度流程化的生产线来制造、组装和贩售"名人"。这一生产线由高度发达且有机

明星制的出现改变了电影业的商业运作模式。明星制培养出一种"围绕着作为商品的明星打转的特殊消费者，即通常所谓的影迷"。作为产品的明星并不是自然人，而是"一种个体化的公司实体，有着可辨识的品牌并依赖受众的忠诚度"；他/她的脸就是商标（logo）。明星不仅存在于角色中，还存在于采访、八卦杂志、宣传活动、狗仔照片中，存在于整个传媒产业的互文体系里。

---

① 片约制合同是指对明星的雇用以拍摄单部影片为期限。

② MARSHALL P D. Celebrity and power: fame in contemporary culture [M]. Minneapolis: University of Minnesota Press, 1997: 83.

③ MITROFF I, BENNIS W. The unreality industry [M]. Secaucus: Carol Pub Group, 1989.

组织的专业门类构成，包括公关公司、经纪公司、娱乐记者，以及明星的包装、训练、管理、代理和营销机构等，是一个完整的商业化组织①。

此时，电影反过来成了制造明星的诸多工具之一。电影作为一个载体，为明星开发出一个供观众发表议论的话题，但仅仅演电影可能造就一个好演员，却绝不能造就明星。因为电影是生产周期较长的产品，一个演员一年有三部左右的影片已经很高产了。但这个曝光频率远远不足以支撑明星的名气转化为商业收益，于是，电影业创造出其他周边活动，如海报发布会、单曲发布会、招商发布会、观众见面会、生日会、歌友会、媒体采访、微博空降、直播间连线等方式，通过各种方法加强明星与观众的互动。这既满足了观众对明星的好奇心，也使得明星不至于淡出人们的视野而被遗忘，从而强化明星形象。但这些正式的活动还不够多，于是他们的私人生活，如吃饭、逛街、健身、带娃出行、度假……也成为狗仔新闻的内容而被贩卖，由此最大化其商业价值。

这就是明星和演员的不同。演员存在于角色中，而明星不仅存在于角色中，还存在于采访、八卦杂志、宣传活动、狗仔照片中，存在于整个传媒产业的互文体系里②。

作为产品的明星人设

明星制下的产品不是明星本身（person），而是明星形象（im

① GAMSON J. Claims to fame：celebrity in contemporary America ［M］. Berkeley：University of California Press，1994.

② 陈犀禾，徐文明. 连载一：明星研究（上）［J］. 当代电影，2008（1）：78-83.

age），用新近的词来描述，就是明星的"人设"即"个人设定"。这个词赤裸地揭示出明星作为一种人造物的本质。娱乐产业的发展形象地体现了明星形象作为商业产品的发展过程。

在娱乐业发展的早期，明星形象往往以满足最大规模、最普遍的消费者需求为目标。那时候推出的明星往往是能满足"最大公约数"审美的帅哥美女，如四大天王、琼瑶女郎等。这一时期的明星形象定位譬如初创产业，诉诸最普遍的市场需求，以满足最大规模的受众为目标。随着大众市场的饱和，下一代产品就开始主打多元性，如"中性风""女汉子""精致男孩"，从而开辟产品渠道，攻占细分市场①。随着细分市场的饱和，再下一代产品开始走定制化路线，由观众提出诉求，造星业"按需定制"。这种由"全民制作人"选出来的选秀明星譬如小众产品，覆盖长尾市场。

已经造出来的明星产品需要经营。然而，同食品、药品、日用品等不同，"明星形象"这一产品具有特殊性。如前所述，人们对日用品的要求是质量稳定，而明星们本来就是时尚

> 明星制下的产品不是明星本身，而是明星形象，也即明星的"人设"。娱乐产业的发展形象地体现了明星形象作为商业产品的发展过程。已经造出来的明星产品需要经营，其核心经营问题其实是如何持续实现产品再增值。

① 刘诣，汤国英. 生产、维持和崩塌：明星人设的三重逻辑［J］. 中国青年研究，2019（12）：80 - 86.

生活的象征，如果明星的形象一成不变，就会成为不能顺应时代的"过气明星"；如果明星只保持既有形象，那么也会受到竞品——即定位相似的明星——的威胁，导致粉丝"爬墙"；如果明星贸然转型而不成功，譬如推新品却不能保持品控，那么反而会导致市场流失，粉丝"脱粉"；如果出现更严重的问题，即观众发现明星私下形象与其包装形象存在矛盾，就会导致"人设崩塌"——虽然观众已经习惯了方便面的包装与实物不符，但显然明星并非快餐这种日用品。何况方便面产业也是经过廉价的倾销和艰苦的营销才说服观众接受"包装仅供参考"这一默认规则的——人设崩塌意味着明星形象这一产品的质量出现本质问题，不能保持稳定性、持续性和可预测性。这从根本上冲击了明星制诞生的原始基础——作为具有高度不确定性的电影业的一种稳定性的风险对冲保障。这是最严重的产品问题，会导致该产品的全面溃败乃至退市。观众会以大规模"脱粉"乃至"粉转黑""脱粉回踩"回应之。

因此，明星形象的核心经营问题其实是产品再增值的问题。它是如此困难，以至于像斯琴高娃一样的影坛长青树还能列举一二，但像刘德华一样的明星长青树却寥寥无几。

电视明星

由于经常在电视上露脸而享有名声的人可以分为两类：一是电视剧演员（television actors），他们通常与电影明星并称，被纳入"影视明星"的范畴；二是电视名人（TV personalities），如主持人、播音员、脱口秀主持人、真人秀选手①等。尽管有时候人们将这两类人统称为电视明星，但其获取声名的路径并不相同。詹姆斯·贝内特（James Bennett）认为，明星一般用来指因其在某一领域的成就而出名的人，如影视明星、体育明星、歌星；具体到影视明星，则是指那些因为"扮演角色"而成名的人；名人则是指因为自己的个性而被熟知的人，他们因为"扮演自己"（play themselves）而成名②。本节的讨论主要针对电视明星，在少部分情况下会涉及电视名人，尽管二者在有些方面有着共享的名人逻辑。

将电视明星单列一节，是因为虽然他们往往与电影明星并称为"影视明星"，但二者在商业逻辑和意识形态功能方面有较大区别。尽管都是在屏幕上扮演虚构性角色，但电视明星和电影明星的产品设置——或曰"卖点"——区别甚大。电影是梦工厂，电影明星就是普通人的幻梦，他们面容英俊，遭遇离奇，"横跨神圣与世俗、想象与真实、审美与魔力"③。但电视却是放置在客厅里的生活用品，电视剧往往上演鸡毛蒜皮、柴米油盐、家长里短。最受欢迎的电视明星往往是"接地气儿"的，能演绎出普通人的爱恨情仇，带着观众在他们熟悉的烟火人间里，感同身受地体验一把小情小爱小欢喜。因此，同"美人如花隔云端"的电影明星不同，电视明星是

---

①　LANGER J. Television's "personality system" [J]. Media，Culture & Society，1981，3（4）：351-365.

②　BENNETT J. Television personalities：stardom and the small screen [M]. New York：Routledge，2011：2.

③　MORIN E. The stars. [M]. R. Howard，trans. Minneapolis：University of Minnesota Press（Original work published 1957），2005：84.

触手可及的。亲密性（intimacy）是电视明星的核心资产。

亲密性的生产逻辑

电视明星的亲密性是由构成电视产业的运作模式决定的。首先，电视机这种技术装置的特点决定了电视明星的亲密性。对此，约翰·朗格（John Langer）对电视和电影在技术装置方面的不同有过一段经典论述：电视机安放在客厅里，是人们生活环境的一部分；电影则在影院里放映，人们需要离开熟悉的日常环境，进入一个陌生的公共环境。看电视是一项随时都能发生的生活行为，电视机被固定在家里的某个位置，随开随看；看电影则是一场隆重的仪式，人们需要事先查看排片安排、选择座位、约好同伴、空出时间，才能获得进入影院的资格，一旦决定看电影，则一天或半天的日程都围绕电影安排，何时出发、何时吃饭、看电影前后安排什么活动等，都需要提前计划妥当。电视是连续的，打开电视机总是有节目，尤其是连续剧或者系列剧，每天在固定时间总会与观众见面，哪怕你错过了这一个节目，也总会有另一个节目存在；电影则是断续的，人们断开日常生活，只为与电影在指定的地方相遇。电视是听候召唤的，人们可以通过选择电视机的大小、摆放位置、频道、音量等设置电视机在家庭中的显示度、语境、内容和存在感；而电影则不受观影人的控制，相反，观众受电影的召唤而来，在一片黑暗里仰望巨大的银幕。① "电影银幕上的图像在观众前方盘旋，

_____

① LANGER J. Television's "personality system" [J]. Media, Culture & Society, 1981, 3 (4): 351 - 365.

以不可忽视的力量将自己强加于观众的视野。它不受观众的控制或改变，是'遥远的、不可接近的和令人着迷的既定存在'。"[①]同样，电视演员是听候召唤的，他们似乎就待在电视"盒子"里，只要观众按下遥控，就会日复一日、周复一周、年复一年地出现；电影明星则是观众的召唤者，他们每年只出现在两三部电影里，召唤观众离开自己的日常生活，聚集在黑暗和静默的空间里，奉上眼泪或欢愉。在两次出场之间，观众想更多地了解和接近电影明星，只能通过额外的付出，如买杂志、追采访、收集周边……电视设备的上述技术特性就决定了电视明星和电影明星的差别。

其次，电视叙事的特点决定了电视明星的亲密性。电视叙事具有重复性和稳定性。电视倾向于重复性生产，如系列剧、脱口秀、综艺、新闻等电视节目，虽然内容每天更新，框架却保持稳定。电视新闻节目每天在固定时间播送，节目设置的模块、报道角度、出镜记者、主持人，乃至镜头景别都是固定的，只在具体内容上每日更新；综艺节目的常驻嘉宾、节目规则和游戏设置都是固定的，只是飞行嘉宾、地点和具体任务略有变化；系列剧的某一季一旦启动，则每天都在固定时段播出结构类似的单元……观众就在这种周期性的重复中确立起与电视人物的亲密关系。

电视叙事又是稳定的。出于戏剧现实主义的要求，戏剧人物需要有成长和变化。连续剧的戏剧情节尚有"人物弧光"可言，系列剧的"叙事中不允许发生任何事情彻底改变或复杂化人物或情况。

---

① HEATH S, SKIRROW G. Television: a world in action [J]. Screen, 1977, 18 (2): 7-60.

来自'外部'的事件被允许进入'情境'，但这些事件必须被处理，然后被驱逐，以便人物保持一致和稳定"①。比如，《武林外传》中某一集白展堂有了桃花运，从而产生了戏剧冲突；但这个冲突在这一集里必须被处理掉；下一集开始后，人物又退回到初始状态；尽管这一集的经历在后来会作为一个情节被提及，但不会对人物性格产生任何影响。"事件的出现、发展和解决完全是在一个独立的情节中进行的，再也没有浮出水面。……电视戏剧的世界在变，但电视人物却保持不变：一旦是某个角色，就永远是这个角色。"② 每一集中人物因为情节设计可能会有不同的遭遇，但"从来没有以牺牲重复的周期为代价"③。对于电视角色而言，人们期待他在不同的故事中保持可靠的、可辨识的人格，这样人们就能期待"刘星这个逗逼这集又要搞什么怪"或者"曾小贤这个舔狗这集又要出什么丑"。这种稳定的叙事创造了"电视情节的永恒性"④，从而维持观众的持续性认同。

最后，电视剧的发行和放映模式也增强了电视明星的亲密感。尽管电影也会在一段时间内密集排片，但毕竟档期有限，不可能无限次加映。电视剧则可以通过重播反复实现对观众时间的占有。《西游记》《红楼梦》重播逾三十年，《还珠格格》与内地暑期档并行二十年，《新白娘子传奇》《亮剑》《士兵突击》《甄嬛传》《武林

① EATON M. Television situation comedy [J]. Screen, 1978, 19 (4): 61-90.
② LANGER J. Television's "personality system" [J]. Media, Culture & Society, 1981, 3 (4): 351-365.
③ 同②.
④ 同①.

外传》《家有儿女》《爱情公寓》……在无数个电视台的无数时间碎片里重叠，从而"将电视明星冻结在时间中"①。这种无休止的播放使得演员永无休止地出现在观众的客厅里，如同一个爱串门的老朋友。重复放映增加了演员和观众的亲密度，从而不断增加电视公司的边际收益。但对演员来说，这将他们本人与角色绑定起来，从而阻碍了个人职业生涯的发展。就演员和角色的关系而言，电影演员离自己更近，电视演员离角色更近。人们往往容易记住电影明星的名字，记住其艺术成就或绝美容颜，但不会将其角色等同于电影演员本身。电影演员拥有独立的名字和独特的个性，他们从一部电影到另一部电影，从一个角色到另一个角色的演绎很少受到市场阻碍。但电视明星由于日复一日地出现，很容易被"定型"，尤其是对于长篇系列剧或者长期重播剧而言，那些拥有广泛国民度的电视明星往往被冻结在自己的角色中。他们新近演绎的角色在观众眼中总会带着经典角色的残余印象，从而难以获得更广阔的职业生涯②。最典型的例子是《武林外传》白展堂的扮演者沙溢，他在这部情景喜剧之前戏路宽广，但因《武林外传》一举成名之后的二十年，无论演绎什么角色，观众都会在评论区和弹幕里将新角色与"白展堂"相对比。

尽管经典角色限制了演员转型，但电视明星因此名利双收，这看起来也不错。然而，并非所有电视明星都能在被角色限制的同时

---

　　① LEPPERT A. Friends forever: sitcom celebrity and its afterlives [J]. Television & new media, 2018, 19 (8): 741 - 757.

　　② LANGER J. Television's "personality system" [J]. Media, Culture & Society, 1981, 3 (4): 351 - 365.

还能从角色中获利。与电影明星相比，人们更容易记住电视明星所扮演的角色而非其本人。比如，《家有儿女》中的夏东海、《爱情公寓》里的关谷神奇、《还珠格格》里的柳青和柳红、《亮剑》里的赵政委……对于这些电视明星而言，他们的角色家喻户晓，但其本人却未必能超越角色获得更多价值。人们记住的不是表演者的名字，而是剧中反复出现的角色的名字。与电视剧打造的超级明星相比，普通的电视明星才是真正被冻结在时间里的人。

为什么电视业不像电影业一样运作明星呢？为什么电视业不将电视明星多元化运作，以发挥超级明星效应，而要放任他们被限制在角色里呢？答案是，电影业和电视业生产的是定位不同的文化产品。电影是限量款奢侈品。电影明星一般一年也就两三部电影。他们稀有的现身往往伴随浩大的仪式，如新闻发布会、宣传预热、大片发行、高端影展、行业密集造势和全民观影狂潮，营造出一种高蹈于日常生活的景象。电影明星的银幕形象往往不会重复，除非是系列片，否则，电影明星的每一个角色都是独特的。电影业不断生产新鲜的故事，而电影明星是这种必然不确定性中的确定性因素，他以自身的人格而不是特定的角色吸引规模固定的拥趸。电视则是日用品。电视剧每天或者每周固定上演，这种日常性决定了电视业的关键是保证产品的稳定性，如同洗发水或面包的稳定品质一样。长期播放或不断重播的电视剧保证了明星角色的长久流传[①]，电视公司只要制作《生活大爆炸》或《爱情公寓》的新一季节目，就能

---

① LEPPERT A. Friends forever: sitcom celebrity and its afterlives [J]. Television & new media, 2018, 19 (8): 741-757.

预测稳定的市场份额。此外，电视业的另一个核心特点是边际成本无限趋近于零。电影向网站、碟片、电视等渠道下沉的过程尚需要支付渠道成本，但合同期内的电视作品所占据的唯一成本就是所在时段的机会成本。这种机会成本有时候还是负成本，即，如果这个时段不用电视剧填充，电视台就需要专门购买和制作节目，且新节目的收视率不一定比得上老作品。因此，在电视经济学中，值钱的是角色；在电影经济学中，值钱的是明星。

亲密性的销售逻辑

以上部分回答了电视业何以生产"亲密感"这种产品，接下来的问题是：为什么"亲密感"这种产品有销路？为什么以亲密感为核心资产的电视明星能够被顺利售出？观众在拥有电影明星之后又为电视明星付费，是在购买什么？

人们或许会说，电视明星成为电影明星之外的一种新的明星类别是由于电视这种新媒介的缘故。前文所述电视在技术装置、叙事手段、发行放映模式方面的种种特性，造就了"亲密感"作为电视明星核心资产这一结果。这个回答混淆了产品功能和产品价值——电视的种种特性生产出了电视明星这一主打亲密性功能的产品，但产品生产出来后不一定卖得出去。因此，我们需要发问的是：为什么观众会为电视明星的亲密性付费？这一回答还错置了电视业发展中明星与产业模式之间的因果关系。电视业不是一诞生就发展完全的，目前的技术装置、叙事手段、发行放映模式都是在确立了"亲密感"作为电视业主打产品之后，才围绕这一产品功能慢慢形成的；如果电视业早期不以亲密感作为主打产品，其产业模式就会变成另外的样子。因此，我们的问题是，为什么电视业会确信这种亲密性产品能够使观众付费，即获得交换价值。

埃德加·莫兰（Edgar Morin）认为，如同大部分工业产品一样，明星的平凡化是一种技术和艺术发展的必然结果①。20 世纪 30 年代以前，好莱坞电影的主题是英雄和爱情；30 年代以后，好莱坞电影开始"寻求现实主义转向"。这种转向来自两个方面的驱动：一是摄像技术的发展和创新，如彩色影片、高清镜头、现场收声等技术的引入，使得明星不再是"接受了人工修饰和幻想状态的面孔"②，而是有血有肉、有皱纹、有雀斑的人；二是电影主题逐渐偏向社会主题，在西部片、强盗片、恐怖片、歌舞片和战争片等几大固定主题之外，增加了黑帮片、喜剧片、爱情片等更偏向普通人生活的内容类型，明星所扮演的角色也从神、英雄、吸血鬼、公主、绅士、小丑等戏剧化的人物转向更加贴近现实生活的人物，如农场主、家庭教师、记者、孤女等。更贴近现实的主题令情节发展的推动因素不再是神秘力量、机会或巧合，而只能是人物的内心驱动；更贴近日常身份的角色设置也令人们对电影明星不再崇敬如神祇，而是与之共情。如此，更真实的技术呈现、心理活动和类型题材使得电影明星逐渐从"人们理想行为方式的体现，如神和女神、

---

① MORIN E. The spirit of the times: an essay on mass culture [M]. Paris, FR: Grasset, 1972: 148.

② 戴尔. 神圣的肉体：电影明星和社会 [J]. 米静，译. 电影艺术，2009 (6): 93 - 99.

英雄、榜样，转变为人们典型行为方式的体现，即，可认同的人物"①，即外表上更加平常，心理上更加可信，形象上更加类似于人而不是神。20 世纪 30 年代也是电影业明星制正式确立的初期，围绕电影明星的周边产业迅速崛起。人们不再仅仅通过电影银幕仰望其容颜，而是通过粉丝杂志、明星报道、人物传记、娱乐新闻乃至八卦丑闻来了解电影明星。随着其私生活越来越无所遁形，电影明星也逐渐从银幕之神变成凡间之人。

但这是危险的。对电影明星的亲密感严重侵蚀了明星系统的神圣地位。如果放任电影明星"堕入凡间"，电影业作为梦工厂的基础逻辑就会被撼动，电影明星这一"平凡和不平凡结合"②的商品就要重新定位、包装、降级甚至下架。为了保证主打产品的地位，同时满足消费市场的新需求，电视明星就被作为电影明星的副线产品而推出了。电视明星是普通的、日常的、平凡的和亲密的。他们承接了电影明

随着电影业明星制的确立，人们通过粉丝杂志、明星报道、人物传记、娱乐新闻乃至八卦丑闻来了解电影明星。随着其私生活越来越无所遁形，电影明星也逐渐从银幕之神变成凡间之人。对电影明星的亲密感严重侵蚀了明星系统的神圣地位。如果放任电影明星"堕入凡间"，电影业作为梦工厂的基础逻辑就会被撼动。为了保证主打产品，同时满足消费市场的新需求，电视明星就被作为电影明星的副线产品而推出了。

---

① DYER R. Stars［M］. London：British Film Institute，1998：24 - 25.

② 同①.

星需要外包的一部分经济、政治和意识形态的功能，成为明星和凡人、神坛和凡间的过渡。

正如朗格在《电视的名人系统》一文中所论述的：

> 电影明星系统在壮观的、不可触及的、想象的领域中运行，呈现出"超越生活"的电影宇宙，而电视名人系统则是"生活的平面"。电影明星系统总是通过坚持"不同寻常"而与观众拉开距离，电视名人系统则直接致力于构建和强调亲密性和即时性。电影明星永远不能确定何时出现，电视名人则总是有迹可循、按时出现。电影明星总是在扮演"凡人"，而他们的表演恰恰凸显了他们的明星身份；电视名人则在"扮演"自己。电影明星总是被当作某种理想或原型而被思考、被敬仰、被渴望，甚至被公然模仿，但他们仍顽固地傲立在熟悉和日常领域之外；电视名人则以区别于电影明星的代表性、典型性及"平凡的意愿"而被接受、被日常化，以及被人们纳入熟悉化的生命体验。[1]

亲密性的社会功能

首先，人们在论述电视新闻的功能时，通常认为电视新闻促进了更广泛的公共参与，设置了公共讨论的议程和公共对话的平台。但以娱乐功能为主的电视明星提供的却是相反的功能：电视这项技术装置本身就是一种家庭的甚至私人的媒介。它鼓励个体体验，消

---

[1]　LANGER J. Television's "personality system" [J]. Media, Culture & Society, 1981, 3 (4)：351 - 365.

弭公共体验；它带来的是个人在起居室里与电视人物同悲喜的孤独反应，而不是如电影一般在公共空间里的集体经历。著名的"准社会关系"（the para-social relationship）效应的常见对象往往是电视人物或电视明星——人们更容易和电视明星建立如友如邻的亲密关系，却很难和电影明星相依相偎。这种对虚拟社会关系的依附将人从现实的公共生活中剥离出来，成为分散的、原子的、孤立的个体。

其次，电视的叙事手段将人与社会结构剥离开。电影叙事是围绕故事展开的，电视叙事则是围绕人物展开的。当人们谈论电影时，多聚焦于电影的故事情节；而当人们谈论电视时，谈论的往往是人物个性。在电视剧的世界里，一切情节设计都是为了人物服务的。没有什么比一个具有"国民度"的电视明星更能保证开机率。朗格因此指出，围绕人物来构建电视的叙事手段——

> 会使人们认为，世界是通过作为自由个体的个人行为来构建的，而不是通过阶级、机构和利益集团之间的复杂关系构建的。这种人物中心性鼓励了一种沉迷于动机和感觉的个体心理学视角；在这种视角下，政治和社会生活的真实类别也被不断地转化为心理学术语。人类行动的位置和结构从公共领域转移到了私人领域。①

这种个人化的意识形态迎合了后工业时代的个人主义思潮。观众在长期的电视叙事中逐渐习惯以个人为中心建构世界、阐释现

---

① LANGER J. Television's "personality system" [J]. Media，Culture & Society，1981，3（4）：351-365.

象、实施行为，而不再去考虑个人之外的社会结构情境。

人与社会结构的剥离不仅表现为人与整体社会情境的剥离，还表现为人与其所在社会阶层的分离。电视明星如电影明星一样，也因不同的产品定位被分为不同的细分类型，进而吸引不同的观众。由此，观众的划分不再依赖于其既有的社会性特征，而是取决于其所依附的明星。尤其是对于社会属性尚不完善的年轻人来说，他们不是根据自己的社会身份寻找同伴，而是将聚集在同一个明星麾下的陌生人视为"姐妹""家人"。粉丝与非粉丝、美剧迷与韩剧迷、CP粉与唯粉……"阶级的统一性被图腾的依附性分割开来。统一和区分人们的不是他们在社会和政治结构中的地位，而是他们对特定电视人物的图腾忠诚"①。图腾式的依恋消解了基于教育、收入、地域、性别等的结构性差异，将观众打散为悬浮于现实社会结构之外的原子化"个体"。这种新的图腾式崇拜使人们重新退回部落时代，以个体身份获得信息、管理情绪、结识同侪、坚定信仰。工业革命以来，尤其是工人运动以来，人通过建立和附着于社会组织而获得的联合、支援和反抗的权力也因此被消解。个体除了依附明星——或其他个体化信仰——之外，无可托赖，无可凭依。

最后，电视的放映方式营造了社会平权的假象。一方面，电视的放映方式拉近了观众之间的社会距离，使得社会分层表面上不复存在。电视明星是每一个观众都熟悉的邻居，因此，所有的观众也都成了同一个社区的居民。大家谈论共同的话题，持有相似的主

---

① LANGER J. Television's "personality system" [J]. Media, Culture & Society, 1981, 3 (4): 351-365.

张。地不分南北、人不分老幼、家不论贫富，人人都为甄嬛的命运提心吊胆，因刘星的鬼马捧腹大笑，也在《小别离》《小欢喜》《小团圆》里经历同样一地鸡毛的烦琐日常。现实生活中的社会阶层分化被电视抹平了。千万富翁、失业中年、单身妈妈、农民工……不同阶层的观众打开电视机，看到的是同样的明星。他们亲和、平易近人而毫不势利，只要你打开电视机，电视明星就会为所有观众奉上一般无二的表演；每个人都是前排观众，无须与歌星、影星隔着与票价成反比的现实距离；所有人在同声一笑或者恸声一哭中成为"姐妹"和"家人"。通过缩减观众之间的社会距离，电视创造了一种"伪礼俗社会"（pseudo-gemeinschaft）①。

与此同时，电视也减少了观众与电视名人之间的社会距离，似乎权力等级不复存在。过去，普通人只能在特定场合通过规定手续，才能在公共集会、重大活动或竞选路演等场合看到总统、州长或议员，只有高级官员才能当面聆听首相或总理的讲话；但现在人人打开电视机，都可以看到首相、大亨、大明星们像串门的朋友一样出现在自家客厅，与我们围炉夜话，供我们观赏取乐，给我们送上节日祝福，甚至在我们面前崩溃痛哭……我们打开电视机，他们应召而来。这形成了一种错觉，即：

> 有权有势的人实际上是在寻求我们观众的注意——他们通过电视来到我们身边，和蔼可亲，平易近人，尽管实际上我们依旧生活在自己的"生活平面"里。……通过亲密关系在表面

---

① LANGER J. Television's "personality system" [J]. Media, Culture & Society, 1981, 3 (4): 351-365.

上减少社会距离，电视名人系统的运作掩盖了有权者和无权者之间的差距，确保权力、阶级、声望和利益的真正统一体可以继续保持相对完整和不被检视。①

真人秀明星

真人秀节目的历史

真人秀节目（reality programming 或 reality television）是借助轻型视频设备记录个人或群体真实生活的节目类型。它起源于20世纪60年代末期的美国，并且在半个世纪的发展中创造出类型繁多的节目形式，改变了电视业乃至整个大众文化形态。

通常认为，美国是真人秀节目的起源地。最主要和最直接的原因是激烈竞争的市场要求创新节目形态。如前所述，影视剧产业投资大、周期长、回款慢、市场不确定，因此，电视公司迫切需要开发一种成本低廉的节目形式。在电视剧产业的诸多成本中，人工成本巨大，且很难削减，其中的重头支出就是演员和编剧成本。因此，不需要知名演员和编剧团队的真人秀节目就成了理想的节目形态。

20世纪60年代起，美国就出现了真人秀节目，如《美国运动健将》（*The American Sportsman*，1965）、《美国家庭》（*An American*

① LANGER J. Television's "personality system" [J]. Media，Culture & Society，1981，3（4）：351-365.

Family，1973）等，都是直接记录和展示非专业演员没有经过编排的故事①。但真正刺激真人秀节目风靡的则是 1988 年美国编剧大罢工事件。

1988 年，美国编剧协会与影视剧制作人联盟（the Alliance of Motion Picture & Television Producers）谈判失败，该协会随即开始了持续 22 周的罢工。罢工从 1988 年 3 月持续到 8 月，导致娱乐业直接经济损失达 5 亿美元，实际损失超 10 亿美元。电视台的损失首当其冲。据统计，各个电视台因罢工损失了 9% 的观众，并导致多部热门电视剧暂时或永久停播。影响最大就是日播剧，如《蓝色月光侦探社》（Moonlighting）、《洛城法网》（L. A. Law）、《三十而立》（Thirtysomething）、《欢乐酒店》（Cheers）等等②。

由于编剧罢工，电视台急需推出不需要剧本的节目。当时，福克斯（FOX）刚刚开设电视频道，后来被称为"真人秀电视教父"的约翰·兰利（John Langley）将一卷警察现场搜捕毒贩的录像带拿到了福克斯电视台。这种无剧本的电视创意包含暴力、犯罪、冲突等常见卖点，无需演员和编剧，且素材源源不绝。整个节目只需要手持摄像机就能拍完，后期经过较少剪辑就能直接上映。这几乎是理想的节目形态，在投资成本、拍摄周期、上映时间、市场预期等方面都完美弥补了电视剧的缺点，因此被迅速推向市场。美国第

---

① HARGRAVES H. "For the first time in ____ history…": microcelebrity and/as historicity in reality TV competitions [J]. Celebrity studies，2018，9（4）：503-518.

② ZHANG Y. 美国编剧协会历史背景 [EB/OL]. (2007-11-03) [2022-02-15]. http://blog. sina. com. cn/s/blog_703b3dbc0100m161. html.

一个警匪真人秀《警察》（*COPS*）就此诞生①。这种真实的犯罪、枪战、抓捕甚至死亡极大地刺激了收视率。《警察》第 1 季于 1989 年开播，此后风靡 31 年，直到 2020 年因"黑命贵"（Black Lives Matter）事件而停播，累计播出 36 季 1 000 多集②。20 世纪 60 年代到 90 年代是真人秀节目的第一个发展时期，亨特·哈格雷夫斯（Hunter Hargraves）将其命名为原始纪实主义（the primitive documentarianism）时期③，代表节目有《一个家庭的故事》（*Story of a Family*，1960）、《美国家庭》（*An American Family*，1973）、《警察》（*Cops*，1989）、《救援 911》（*Rescue 911*，1989）等。这类节目的特点是以较少的剪辑记录有戏剧冲突的真实故事，如家庭成员冲突、警察抓捕罪犯、医生抢救病人、警医联动等。这一时期节目的参与者主要是素人，节目被编排、策划的比重较低，节目组有时候还带着摄像机和麦克风满大街游荡，试图撞上警察紧急出警或者跟踪警察的日常巡逻，以期抓拍到刺激的犯罪现场。这种节目的衍生形态是整蛊类节目。即，节目组将不知情的观众引入预先设置的异常场景中，以隐蔽摄像机记录观众反应并做成合辑。

① REDDEN G. Is reality TV neoliberal? [J]. Television & new media, 2018, 19 (5)：399-414.

② 2013 年，福克斯电视台在播出第 25 季后停播该节目，并由新的警察类真人秀《直击追捕现场》（*Live PD*）接档；同年，《警察》在维亚康姆集团旗下的斯派克电视台（Spike TV）续播 5 季；2018 年，斯派克电视台更名为派拉蒙电视网（Paramount Network），《警察》节目继续播映。2020 年，因为"黑命贵"事件后全美对警察暴力执法的集体声讨，派拉蒙公司宣布永久停播《警察》。该节目第 36 季由此成为终章。

③ HARGRAVES H. "For the first time in ____ history…"：microcelebrity and/as historicity in reality TV competitions [J]. Celebrity studies, 2018, 9 (4)：503-518.

　　世纪之交是真人秀节目的爆发时期，同步出现了两种主流真人秀：一是竞答类真人秀（quiz shows），如《谁想成为百万富翁》（*Who Wants to Be a Millionaire*，1999）、　《三星智力快车》（2000）、《开心辞典》（2000）、《非常 6＋1》（2003）等。这类节目以一个或几个素人为主角，令其按规则回答问题并赢取奖励；二是竞争类真人秀（competition shows），以诞生于欧洲的《幸存者》（*Survivor*，2000）和《老大哥》（*Big Brother*，2000）为代表，都是一组素人在指定情境内按照规则通过淘汰制争取唯一冠军的节目类型。2005 年前后，另外两类新型真人秀出现：一是达人秀（talent contests），以 2002 年《美国偶像》（*American Idol*）为开端，歌唱、舞蹈、综合唱作、体育、表演、喜剧、配音、导演、服装设计、偶像团体等各种类型的达人秀层出不穷。这类节目的特点是以海选为起点，在特定规则下通过竞争决出唯一胜利者。二是改造类真人秀（makeover shows），包括个人改造和空间改造两类，如美国的《美丽起义》（*The Swan*，2004）、《年轻十岁》（*10 Years Younger*，2005）、《交换空间》（*Trading Spaces*，2000），国内的《交换空间》（2005）、《变形计》（2006）等。这类节目的特点是通过对人或物的升级改造，展示变化、更新、进步。

　　真人秀节目是一种以娱乐性为唯一诉求的节目。它综合了以往各种电视节目的经典元素，呈现出独特的节目风格。2010 年以来的真人秀更是如此，它综合了电视剧的情节设置、戏剧冲突和经典母题，系列剧的人设规则、单元模块和悬念迭起的上集回顾与下集预告，纪录片的纪实主义风格、镜头语言和现场拍摄手段，综艺节目的情景游戏、常驻和飞行嘉宾的阵容设计、作为规则宣布者的主持人，以及传统戏剧的人物独白和情感瞬间……众多元素的混杂旨在最大化地覆盖多元观众。不论哪种节目类型的喜好者，总能在真人秀中找到熟悉的配方和新鲜的体验。

真人秀明星的经济学

平民名人产品

随着有线电视、网络电视和互联网技术的发展，媒体容量无限扩增，迫切需要海量的内容产品；与此同时，移动技术的发展将原本并不属于影视行业的碎片化时间也转化为市场需求。随着需求的增长，传统的政治和文化机构培养的名人已经不足以满足市场需求，因此需要增加名人产品的供给。但传统名人成长周期较长，且成本高昂，因此，影视行业迫切需要一种传统名人的廉价替代品①。"平民名人"（ordinary celebrity）由此诞生，主要包括真人秀明星（reality television stars）和"网红"（celetoid）②两个类别，也被统称为微名人（micro-celebrity）③。特纳将这一转变称为名人文化的"民众化转向"④。

---

① SCHIERL T. Ökonomie der Prominenz：Celebrity sells. Zur medialen Produktion und Reproduktion von Prominenz [M] // Prominenz in den Medien. Zur Genese und Verwertung von Prominenten in Sport，Wirtschaft，und Kultur. Koeln：Halem Verlag，2007：98-121.

② ROJEK C. Celebrity [M]. London：Reaktion Books，2001.

③ MARWICK A，BOYD D. To see and be seen：celebrity practice on Twitter [J]. Convergence，2011，17（2）：139-158.

④ TURNER G. The mass production of celebrity："celetoids"，reality TV and the "demotic turn" [J]. International journal of cultural studies，2006，9（2）：153-165.

以真人秀明星为代表的平民名人有三个特点：

第一，普通性。所谓普通性，是指真人秀明星不需要具有传统明星那样过人的天赋、技艺或成就。对传统名人而言，"表演普通性"（performing ordinariness）是手段，服务于形象营销之目的；但对平民名人而言，"表演普通性"本身就是目的，因为"强调参赛者的平凡性有助于故意模糊参赛者和观众之间的关系，由此可能唤起观众自己对成功和成为明星的渴望（或幻想）"①。真人秀节目的类型众多，纪实类、问答类、竞技类、改造类、选秀类……不一而足。参赛者们有的是绝地求生的荒野勇士，有的是身怀绝技的天赋歌姬，有的是形容委顿的无家可归者，有的是运气爆棚的幸运儿……在这些看似五花八门的人物形象背后，能够获得最大关注的参赛者总是那些能够使观众产生共情的人，从而令观众认为选手经历的事件也有可能发生在自己身上。成功的真人秀明星总是那些能被大众或小众用来完成自我投射的人，仿佛"他"就是被镜头光顾的另一个"我"，在节目里完成挑战、展现自己、摘取荣耀。我们一样平凡。"我"和"他"所不同的只是被选中的幸运，以及再逼自己一把的努力。

第二，相似性。由于平民名人的普通性，他们难以将自己与其他平民名人区分开。他们得以成名的唯一原因就是其曝光率。真人秀明星永远都只是几类人设，因为流水线化的真人秀节目倾向于批量复制那些容易识别且有市场的人物类型；网络主播业也是一人成

① HOLMES S. "reality goes pop!": reality TV, popular music, and narratives of stardom in pop idol [J]. Television & new media, 2004, 5 (2): 147-172.

名，千人模仿，试图通过复制已经成功的个人营销模式来瓜分市场；由于市场的高度同化，卖惨和审丑这类传统明星产业几乎不会涉及的形象定位也成为微名人的常规人设之一。

第三，短暂性。由于真人秀明星的普通性，他们往往没有卓越的天赋或成就，因此很难在娱乐业长久立足；由于其高度相似性，因此很容易被相互替代。如前所述，正是由于供求失衡，平民名人才作为传统名人的替代品出现，他们在本质上并不是耐用品而是快消品，是名人产业的"配饰"（accessories）①，仅有无足轻重的装饰作用。这种可替代的名人产品在制造工艺上就包含了"计划性过气"（planned obsolescence）②。如果真人秀明星和网红像老牌明星一样长青，就会占据新网红的市场空间，从而不利于整个微名人市场的快速迭代和快速流通。因此，微

随着有线电视、网络电视和互联网技术的发展，媒体容量无限扩增，迫切需要海量的内容产品；与此同时，移动技术的发展将原本并不属于影视行业的碎片化时间也转化为市场需求。随着需求的增长，传统意义上的名人已经不足以满足市场需求，一种传统名人的廉价替代品——"平民名人"由此诞生。平民名人具有普通性、相似性、短暂性三个特性。

① MARWICK A，BOYD D. To see and be seen：celebrity practice on Twitter ［J］. Convergence，2011，17（2）：139-158.

② TURNER G，BONNER F，MARSHALL P D. Fame games：the production of celebrity in Australia ［M］. Cambridge：Cambridge University Press，2000.

名人总是速生速死的。普通的、相似的微名人被文化资本市场反复地生产、消费和抛弃。需要特别指出的是，由于"互联网是有记忆的"，微名人在短暂的曝光后即便退出名人市场，其现实身份的一部分却也被永远地留在了网络中。往后余生，其任何私事都会被冠以"前××"之名随时曝光、品评、观赏。短暂的成名和变现，以及长久地被消遣，他从此成为一个可供永远谈论的符号，而无法收回自己的形象、身份和过往。这就是微名人的代价。

真人秀经济

真人秀节目产生的直接驱动因素是行业对压缩成本的渴望。它们的演员都是素人，因此无须支付明星或专业演员那样的巨额酬金；没有剧本（或者不需要紧密编排的剧本），因此无须（或只需少许）支付编剧的用工成本；没有专门的场地要求，现实场景即可满足拍摄，因此无须支付勘景布景、灯光舞美、服化道等材料和人工成本；它们周期短、排片灵活、回款快、能够根据市场反馈迅速调整节目设置，是高效而经济的新型节目运作形式。更重要的是，真人秀节目打破了电影巨头和电视公司对明星制造权的垄断。它们自己造星，且以低廉的成本运作真人秀明星，由此廉价地填补频道的非黄金时段，或者将其售予其他平台获利，从而打造出影、视、歌明星之外的新型名人产品。

媒体行业吸纳素人的免费劳动以盈利并不是真人秀节目的原创模式。印刷媒体中的"读者来信""编读往来"等栏目都是利用素人的无偿劳动获取内容的早期形式①；影视行业的早期实践其实也是一种素人实践，如本章开头"电影明星制度的起源"中所提到的，早期电影业并没有明星制，剧院并不愿意公开演员的名字，以防止知名演员索取高薪。这就是通过去明星化的方式控制影视产业的人工成本。后来，由于观众对明星的喜爱，他们给演员取昵称、贡献票房，使制片商看到明星的价值，才推动了明星制的确立。虽然这只是好莱坞明星制度之所以出现的几种主流解释之一，但这揭示了一个事实，即，明星制度并不是电影业发展之初的原始设计。在电影业巨头的早期策划里，他们并不预备推出知名演员，而是致力于打造知名品牌，进而以公司品牌整体运作的形式获得品牌溢价。如果按照这个模式运行，电影业就会像汽车或日化品牌那样，由派拉蒙、迪士尼、阿里影业等电影公司主导而不是以明星的等级预测票房。这种模式显然更有利于电影业的统筹规划和成本控制。

但是，由于明星制的出现，囿于成本压力，电影公司不得不走向由少量明星和大量素人构成的混合用工模式。在这个系统中，明星位于金字塔顶端。他们数量少、酬劳高、出现频次低，但同时具有巨大的市场价值，能保证巨额票房收入，并代表了影视行业的核心意识形态。角色演员（character actors）是金字塔的中下层，他们数量大，性价比高，并且能够以比明星低得多的工资被反复使用。八成以上的演员都是"小演员"（bit players），他们位于演员金字塔的底层，数量极大、酬劳极低、劳动关系不稳定，他们的名

---

① ROSS A. Reality television and the political economy of amateurism［M］// OUEL-LETTE L. A companion to reality television. Malden：Wiley-Blackwell，2014：29 - 39.

字永远出现在快速滚动或被自动跳过的片尾演职员表里，"他们能否被电影公司反复使用往往取决于他们是否愿意在现行工资标准以下和现有劳动规则之外工作"①。这种混合用工模式才是影视行业的真实状况：在保证头部明星为普通人造梦的同时，以低廉的工资控制和管理廉价劳动力。影视行业长期夸饰头部明星的高收入神话，却将极度不平等的行业规则掩盖在明星神话之下。

真人秀行业在此基础上更进一步，完全抛弃明星演员，从而摆脱了其附带的高酬劳、低灵活度和完善但复杂的社会保障体系。它以成名的可能性为诱饵，引诱素人"自愿"付出廉价劳动甚至免费劳动，以此进一步压缩成本，提高利润。可以说，真人秀代表了电影业的另一条道路，即 20 世纪 20 年代好莱坞电影业在明星制确立之前原本规划的那条道路——运营公司品牌而非个人品牌。现代真人秀节目组牢牢掌握着节目运营模式的版权，而参赛者不过是可替换的劳动力。由此，节目组可以像运作公司一样不断规范流程、压缩成本、运作素人。节目模式可以在时间上季复一季地重复使用，在空间上全球化售卖和复制，而不像系列电影或电视剧一样，受某个明星是否参演的影响。

平民劳工

真人秀明星之所以成名之后依然可以被廉价使用，恰恰在于其平凡性。影视歌星是因为自己的才能和成就而出名的人，真人秀明星只是因为自己被节目组选中而成名。真人秀节目的核心资产是节

---

① CLARK D. Negotiating Hollywood: the cultural politics of actors' labor [M]. Minneapolis: University of Minnesota Press, 1995.

目品牌而非个人特质。正因为如此，真人秀演员在制作公司面前并无议价权。他们的平凡性和因之而来的可替换性令他们成为影视行业的廉价乃至免费劳工。

　　真人秀明星往往被表述为非专业性的（unprofessional）。这一定义的参照物是影视戏剧中的演员。由于电视剧是一项虚构的艺术，所以，演员的表演（acting）被视为一项专业活动；真人秀节目则是"真实"的，因此，参赛者的参与（participating）并无技术含量。"参赛者的参与几乎没有价值，直到他们被节目组合成有凝聚力的故事情节。"① 因此，真人秀参赛者的劳动只能被免费或低价收购，且没有议价空间。与此形成鲜明对比的是影视歌星参加真人秀的巨额酬劳。这是一个极具讽刺性的对比场景：当普通人参与真人秀时，他们被描述为获得了改变命运的"机会"；而当名人参加真人秀时，则被描述为一种"工作"。这种不同的文字编码方式赤裸裸地构建出同工不同酬的阶层差异②，但讽刺的是，真人秀主打的营销符号恰恰是平等——或者说，以机会平等的表象掩盖结果不平等的现实。顺便说一句，影视明星参加真人秀可以被视为旧产品的品牌重塑（rebranding）。所以，正当红的一线明星譬如正风光大卖的产品，很少参加真人秀，三四线或过气明星则比较热衷于通

---

　　① RUEHLICKE A. Everything old is new again: reality television celebrity, the Hollywood studio system, and the battle for control of one's image [J]. Celebrity studies, 2022，13（1）：39-55.

　　② ANDREJEVIC M. Realizing exploitation [M] // KRAIDY M M, SENDER K. The politics of reality television: global perspectives. Abingdon: Routledge, 2011: 18-30.

过真人秀节目"翻红"或"转型"。

　　真人秀演员真是普通且可替换的吗？贝内特论述电视名人的一个观点可以借来一用。他指出，"电视技能"（televisual skill）是一项被低估的技能。那些看似没有专业技能却能成名的人所拥有的就是这项技能。这个技能最突出的特点就是熟悉感，或曰"观众缘"，即令观众感到熟悉和喜欢的能力①。他们不像电影明星那样"美人如花隔云端"，而是犹如"家人闲坐，灯火可亲"。恰恰是他们的日常性和平凡性令观众与之共情、听其言说、纳其观点，以及接受其带货。而真人秀节目倾向于贬低这种技能的价值，从而无须为此付费。

　　如前文所述，真人秀明星的普通性和相似性导致了其短暂性。他们的职业生涯十分短暂，往往只有数年或一季。由于他们依赖节目而成名，在其成名前或成名后，制作公司往往会与其签订极其不平等的合约，拥有对他们演艺事业的垄断性经营权。由于选秀明星数量巨大，年年都有，所以无须是耐用品；他们必须快速迭代，才能为下一季选秀明星腾出市场。因此，制作公司以消耗品的逻辑来运营真人秀明星。公司往往不重视真人秀明星的长远规划，也很少在其身上投入长期资本。最典型的策略是利用其巅峰人气，通过演唱会、商业代言、商业演出、综艺节目、直播带货等形式快速刺激粉丝激情消费，在其人气衰落之前最大限度地变现。这种经营方式很难维持固有的市场规模。随着路人和粉丝的热情消散，真人秀明星逐渐过气，失去商业价值。他们或者被签约公司冷藏；或者转向

---

① BENNETT J. Television personalities：stardom and the small screen［M］. New York：Routledge，2011：225.

二三级市场,比如小品牌代言、三四线城市商演等;或者再次通过真人秀节目回炉,实现产品的再定位;或者结束合同,自生自灭。新一年度的选秀会打造出定位类似的新选秀明星,以相似的商业模式再次运作。只有那些能够打破选秀明星人气周期的少数幸运儿才有可能逐渐摆脱"选秀明星"的标签,成为"艺人"。然而,由于选秀明星的成名之路以"真实自我"为卖点,他们几乎没有任何额外的职业发展空间[①]。他们必须高度依赖制作公司,维护自己既有人设的统一性,否则就会因为"翻车"而遭遇市场反噬。

为什么真人秀明星不能摆脱制作公司,独立运作自己呢?因为他不具有自己形象的所有权。影视明星对自己的私人形象有所有权,他们签署的经纪合同或演艺合同所运营的只是他们个人形象的一部分;与此同时,他们还可以把个人形象的另外一部分交给其他的公司。所以,影视明星有可能将经纪约、唱片约、商务约、影视约签在不同的公司,而他们本人依旧有保留其私人形象的权利。但真人秀参赛者仅仅是"真人秀明星"这一"产品"的"原材料",节目组或制作公司才是"真人秀明星"的创造者。显然,"原材料"俯拾皆是,制作公司独此一家,后者才是"真人秀明星"这一产品的产权拥有者[②]。如此,选秀明星无法掌握自己形象的所有权,只

① HELLMUELLER L C, AESCHBACHER N. Media and celebrity: production and consumption of "well-knownnes" [J]. Communication research trends, 2010, 29 (4): 3 - 35.

② RUEHLICKE A. Everything old is new again: reality television celebrity, the Hollywood studio system, and the battle for control of one's image [J]. Celebrity studies, 2022, 13 (1): 39 - 55.

能听任制作公司将其投入快速迭代的秀场商业之中。

　　为什么真人秀选手遭遇如此不公却毫不抵抗呢？这就要提到真人秀产业的胡萝卜和大棒。正是由于真人秀明星的短暂性，他们很难形成工人组织和工人同盟①。这与创意文化产业的性质有关。一方面，该行业以自由、灵活、个性为特征。这些后工业时代的工作制度在减少了对就业者的时间要求和规范控制的同时，也削减了福利保障的正式性和系统性。在灵活的用工制度下，工人很难形成如工会一样的组织来主张工人权益。另一方面，这种用工制度又反过来促进了工人的不稳定性和流动性。因此，真人秀明星、网红、主播等新兴文化创意工种都难以通过正式制度主张自己的权利。

　　但很少有人能意识到这一点。相反，大多数真人秀选手会认为自己是"孤独的逐梦人"，即，他们为了自己的梦想自愿选择这条不平等的道路。真人秀节目之所以能将参赛者作为免费或廉价劳工使用，在于它将一种集合的产业模式修饰为分散的、单独的、个体的逐梦故事。大众传播业具有的社会影响力资源就是悬在前方的胡萝卜，被允诺给所有的竞争者。由此，竞争者在节目中付出的劳动就转化为了选手之间的自愿竞争，最终的胜者谱写了现代社会中的"成功神话"——一种"越努力越幸运"的幻象，一种"尽管有社会分层，但任何人都可以超越他们既有等级的幻象"②。然而，这不过是一种新自由主义的幻梦，一种以个人成名为幌子的劳动剥削。

---

　　①　RUEHLICKE A. Everything old is new again：reality television celebrity，the Hollywood studio system，and the battle for control of one's image [J]. Celebrity studies，2022，13（1）：39-55.

　　②　DYER R. Stars [M]. London：British Film Institute，1998.

真人秀节目的新自由主义逻辑

所谓新自由主义，广义上是指将竞争性市场逻辑延伸和应用到各个生活领域的现象①。在新自由主义的视域下，各类社会主体——个人、家庭、组织——都是竞争性的企业主体（competitive entrepreneurial subjectivity）的变体，遵循市场竞争原则运作。同高扬"美国梦"的好莱坞影视产业相比，看似轻松、真实、自我的真人秀具有更强大的意识形态塑造能力。它是一种与新自由主义逻辑高度一致的节目形态，将选手塑造成为自己的命运奋斗的个人，在节目组指定的规则下自由竞争。但真人秀节目的实际运作却缺乏市场经济的制度规范性：它的规则随意、监管缺失、福利保障系统阙如，且不以公平为规则——参赛者无法获得与实际劳动相匹配的公平报酬，而是赢家通吃、愿赌服输②。大卫·格拉齐安（David Grazian）因此指出：

> 真人秀节目描述了人们在新自由主义的后福利社会中，如何按照新的公民身份来驾驭各种生活挑战。他们被呈现为自己生活的作者、自己命运的主人。而命运是自己的能力、选择和努力的结果，由自己内部的、心理的力量而不是社会力量决定。这种叙事把成功描述为实至名归，把失败刻画为咎由自

① BIRCH K. Neoliberalism：the whys and wherefores…and future directions [J]. Sociology compass，2015，9（7）：571-584.

② REDDEN G. Is reality TV neoliberal? [J]. Television & new media，2018，19（5）：399-414.

取，把个体的每一次尝试都构建出戏剧性效果，并以此为那种与减少社会支持的期望相一致的福利私有化方式背书。[①]

真人秀节目里没有社会，每个人都是独立的。参赛者独自面对命运——其实就是节目组——的挑战，靠个人力量获得胜利。那些为胜利者欢呼的观众无一不自我代入胜利者的角色，顺从和高彰了这种"成王败寇"的丛林法则。在这里，英雄不问来处，那些导致参赛者知识、经验、技能、天赋差异的社会性因素在镜头前消失不见，似乎每个人都在平等的起点上；在这里，败者不问去处，失败者最后的镜头都是黯然离场，他们付出的全部劳动也无所报偿。在真人秀里没有反垄断机制来挑战节目组或评委的无上权威，也没有社会福利来为弱者兜底。真人秀呼应了新自由主义的浪潮，把一切问题个体化，不去探讨也无意挑战个体表现背后的社会结构性因素。而人们可能意识不到，持续近五十年的真人秀文化在意识形态方面的真正影响在于培养了人们对新自由主义价值观的接受：人们将一切成败归于自身，既无心怜悯掉队的弱者，也无意追问制度的责任。

改造类真人秀

盖·雷登（Guy Redden）在《真人秀节目是新自由主义吗？》[②]一文中剖析了三种真人秀节目中的新自由主义逻辑。

第一种是改造类真人秀，通常以专家为主角，在个人外貌、着

---

① GRAZIAN D. Neoliberalism and the realities of reality television [J]. Contexts, 2010, 9 (2): 68 - 71.

② REDDEN G. Is reality TV neoliberal? [J]. Television & new media, 2018, 19 (5): 399 - 414.

装、家庭装饰、居住环境乃至生活观念等方面提供方法指导，使普通人通过"改造"变得更符合主流标准。通过改造，参赛者改变的不仅仅是身材、容貌、家居环境，甚至延伸到生活方式和生活观念，乃至撬动命运。改造类节目只有一个成功标准，即中产阶级的主流标准——姣好的容貌、适中的体态、得体的着装、平和的性格、舒适的家居环境、积极向上的生活态度。这种一元化的标准与自由、多元的现代化理念并不相容。在改造类真人秀节目中，臃肿的身材、不修边幅的穿着、太素或太浓的妆容、过时的家居、脏乱的环境等等都是不可原谅的。被改造者需要顺从前述标准"脱胎换骨"，才能获得观众支持。在所有的回访单元里，观众一旦发现被改造者退回原状，就会出离愤怒。

观众的不宽容暴露了一种强制性的标准，即，人只有符合主流价值观才能获得基本的、有尊严的生活。为了实现这种生活，人无所倚仗，必须强制自己以唯一的标准为准绳努力奋斗。那些顺从这些标准、接受改造的人就是努力生活的另一个"我"，值得被奖赏；而那些不能按照规范的社会标准完成自我优化的人，比如减肥失败的人、房子重新变成垃圾场的人、不够努力的人，以及无论如何努力都不能晋级的人，都只能怪自己——不是怪自己出身不好、不是怪自己没有过往的生活阅历，而是怪自己没能激活自己的意志。在这里，意志是成败唯一的决定因素。个人既往的知识积累、技术能力、人生经验等都是个体的附加属性而不是社会结构性不平等的产物。个人命运的改变完全是个体内部驱动的结果，他们"只需要提高他们驾驭任何生活的能力，而不需要旨在实现生活条件平等的社会支持的援助"①。

但工业革命以来基于平等主义的现代社会目标并非如此。现代社会并没有——也不应该——听凭个体独自与命运搏斗。社会福利体系为公民提供兜底性保障，从而确保公民生存权。所有人都享有这些权利，而不是只有精英、中产或者接受中产阶级标准改造的人才能获得社会福利。而观众们之所以如此不宽容，是因为新自由主义将企业竞争的规则加诸个人生活。人们不能在社会保障体系中获得足够的安全感，只能将个人作为一个"自我品牌"来运营，像处于竞争中的企业一样，不断积累自己的价值，而不能躺平或放弃。如同雷登所说，改造类真人秀节目中的事实是，"改变是一种强制性的、普遍化的要求。人们应该以个人企业的方式提高自己的价值，从而以个人项目的形式实现美好生活"②。

而通往这种改变的唯一手段就是消费主义，可以"被解读为在市场化的社会中，人们通过消费改变命运的一种直观的文本投射"③。通过在时装、整容手术、家装等方面的选择性消费，人们逐渐实现自我优化。这种优化的结果是自我完成的而不是社会福利体系兜底的，从而反过来强化了在新自由主义逻辑下福利保障责任私有化的理念。

① VANDER S C, KLINE K. Neoliberal exploitation in reality television: youth, health and the spectacle of celebrity "concern" [J]. Journal of youth studies, 2013, 16 (5): 565-578.

② REDDEN G. Is reality TV neoliberal? [J]. Television & new media, 2018, 19 (5): 399-414.

③ REDDEN G. Makeover morality and consumer culture [M] // HELLER D. Makeover television: realities remodelled. London: IB Tauris, 2007: 150-164.

竞争类真人秀

第二种是竞争类真人秀，包括游戏竞技类（game docs）和纪实真人秀类（docusoaps）两种，分别以《老大哥》和《幸存者》为代表。这类节目都以一组素人为主角，令其在指定情境内按照规则通过淘汰制争取唯一的冠军。这类节目的看点是人的竞争，而巨大的人气、巨额的奖金和随之而来的全新生活几乎只有冠军独享。

竞争类真人秀节目更直观地体现了新自由主义的意识形态。在这里，没有固定的社会关系，也没有温情脉脉的伦理法则。参赛者在这一期里是队友，下一期就可能是敌人，究竟是竞争还是合作，全凭规则安排。而规则往往是极端的。它将选手置于连现实生活中的企业主体都不可能遭遇的极限状态下——在现实生活中，不会有哪个企业一天或一周拿不出一个作品就立刻出局，没有谈判、延期、融资或参与下一轮招投标的余地。真人秀把人从社会保障体系中剥离出来，要求他们像企业一样竞争；但节目的规则设置又比企业主体面对的现实规则更恶劣、更随意、更极端。

库尔德利认为，《老大哥》中参赛者的任务就是在不稳定的新自由主义条件下工作，而节目就是对这一工作情况的戏剧性呈现①。参赛者服从节目的任何规则，哪怕是独断的要求、不合理的议程、随意添加和更改的任务，"在制度的不灵活性面前表现出最大的个

---

① COULDRY N. Reality TV, or the secret theater of neoliberalism [J]. The review of education, pedagogy, and cultural studies, 2008, 30 (1): 3-13.

人灵活性，并丝毫不要求工作保障或公平的劳动回报"①。竞技类真人秀的这种节目规则是自由主义市场经济"市场至上"原则的翻版，它要求工人不断自我激励、自我负责、灵活反应、信守承诺、投入无限激情以满足雇主的要求，但同时又并不遵守市场经济对雇主的管制和互惠义务的要求。在每一场竞争的最后，制作公司都会立刻宣布某位成员出局却无须为其支付任何劳动补偿。

面对这种比新自由主义经济下企业主体的竞争更残酷的生存规则，参赛者几乎毫无议价权。他们在摄像机和观众的注视下 24 小时不间断地表演，"被迫在一个充满不安全和风险的不可预测的环境中，为每一项任务付出最大努力，以赢得一切或输掉一切"②。唯有竞争是永恒的，唯有一个人战胜另一个人是永恒的，唯有个人主义的奋斗准则是永恒的。人们观看这样的节目，不觉得有什么不对劲；观众如同上帝一般无情地裁定出局者，也不觉得有什么不对劲。节目组的规则是参赛者和裁判员共同认可的规则，它如此深入人心，以至于无人对规则做出任何诘问、质疑或反抗。

达人秀

第三种是达人秀，其特点是通过无门槛海选，在特定规则下选拔出某种才艺类别的唯一胜利者，其中，观众的选择往往占据较大比例。选拔类节目本身历史悠久，如以遴选专业歌手为目的的"青歌赛"，选美节目"香港小姐""亚洲小姐"或"世界小姐"，甚至

---

① REDDEN G. Is reality TV neoliberal? [J]. Television & new media，2018，19（5）：399－414.

② 同①.

从普通人中选拔歌手的"星光大道",都是前达人秀时期的选秀形式。"青歌赛"这类选秀以"才艺"为主要内容,以专业评委的判断为主要依据,常见步骤是选手展示才艺、专业或知识水平问答、评委点评、宣布晋级或淘汰;达人秀则以"秀"为主,即,才艺展示被嵌入能产生戏剧效果的个人故事中,观众的喜好甚至是比评委的专业判断更重要的依据,围绕选手的故事线贯穿始终。

达人秀节目的突出特点是以海选为起点。那些简易的、粗糙的、人头攒动的海选现场将达人秀的起点植入实实在在的真实世界,那些通过初试的选手也顺理成章地成为"平凡的我"的投射;数个月的赛程后,最终的决赛舞台灯光璀璨、万众瞩目,大牌明星助唱,大牌公司签约,将达人秀的终点投向如梦如幻的想象世界。而从起点到终点之间的唯一通路,就是选手对梦想的永不放弃。

同竞争类真人秀节目一样,达人秀节目也直观地体现了新自由主义的意识形态。选手们在指定规则内永无止息地努力。他们的劳动被演艺公司置换为巨额利润,却并不被定义为工作,而是个人为改变命运而自愿付出的辛劳。他们并不认为这条路上的重重阻碍是节目组的人为设置,而将其视为有限资源竞争体制下的必然规则。他们被要求自己为自己的命运负责,但他们的命运并不由自己掌握——节目的规则随意、观众的喜爱无常。这样,"新自由主义的学习者和工人不能质疑那些在他们身上产生的公平性期待和关于他们命运的决策,他们能质疑的唯有自己的表现、质量和承诺"①。他们在任何合

---

① WINDLE J. "Anyone can make it, but there can only be one winner": modelling neoliberal learning and work on reality television [J]. Critical studies in education, 2010, 51 (3): 251-263.

理或无理的赛制下永无止息地努力，笃信努力能够改变命运，因为唯有努力是他们可以掌握之物。然而，他们的努力又无法累积为个人资本。在现实生活中，人或企业都能够凭借以往表现积累信誉和资源，但达人秀参赛者的成败永远取决于最后一次表演。在任何一期节目中的表现欠佳都有可能导致直接出局。这种当场宣布的裁员在现实生活中是不可能存在的，因为还有公司内部的人事关系牵制、系统的法律保障和离职补偿作为最后屏障。

但在达人秀节目中，选手和观众都无条件地接受了这种赛制，并不觉得有什么不对劲。这意味着达人秀节目成功地灌输了一种新的平等主义——一种机会的平等主义，选手们不再去要求过程的平等、公平与正义。他们参与节目，接受节目的游戏机制，此后陷入无尽的自我剥削而丝毫不去质疑机制的不平等，从而消解了反抗的可能。胜利者的风光无限加剧了这种新自由主义的神话，而遮蔽了"赢家通吃"规则背后无数"输家"的一无所获；而失败者也被灌输了另一种意义上的公平，"自我培养、学习经验和获胜的机会被包装为劳动的内在补偿。在这种话术下，赢家通吃显得顺理成章，而其他人则应该对这个正式的机会心怀感激"①。事实上也的确如此。在所有淘汰者的退场感言里，他们无一例外地都会提到"经历""成长""感恩"，提到自己在过程中的收获，提到自己获得的出镜机会，而丝毫不认为自己的劳动应该得到补偿。所有人对这种隐藏的剥削视而不见。这类节目传递给年轻人的信息是，"一个人

---

① REDDEN G. Is reality TV neoliberal？[J]. Television & new media，2018，19（5）：399 - 414.

必须自己承担这样的工作，才能换取机会——一个能够获得非凡回报的机会"①。工人运动为平等的劳动权和社会保障权奋斗了上百年，在真人秀节目中一夜回到学徒制（snapprenticeship）②③。

选秀类真人秀是以往真人秀节目元素的集大成者：它有改造类真人秀"脱胎换骨"的个人故事，选手从海选到决赛舞台，从默默无闻到天下皆知的过程，也伴随着个人外表和业务能力方面肉眼可见的蜕变，最终在决赛中书写"丑小鸭变天鹅"的成人童话；它有竞技类真人秀的沉浸式人际竞赛，选手们或单打独斗，或强强联手，或优劣互补，或合纵连横，最终角逐出特定规则下的幸存者；它有纪实观察类真人秀的"全记录"模式，全方位 24 小时工作的摄像机、选手面对镜头的心灵剖白、外部观察员或评委的交叉评价等，最终塑造出丰满的人物形象④。人们在观摩这类节目时，似幻似真，一时用虚构戏剧的理想标准评判现实人物，一时又将节目的竞争伦理植入现实生活。真人秀节目自诞生至今历半个世纪，风靡二十载，其最大的意义或许不在于一种新的节目形态、一批民间达人新星、一种新的影视行业运作模式，而是它所创造的混合真实和虚构、进而以虚构塑造真实的能力。

回望真人秀节目，它起源于电视业为应对编剧大罢工的危机而

① REDDEN G. Is reality TV neoliberal? [J]. Television & new media，2018，19（5）：399 - 414.

② MIROWSKI P. Never let a serious crisis go to waste：how neoliberalism survived the financial meltdown [M]. London：Verso Books，2013.

③ 同①.

④ 同①.

做出的创新和反击①。这使得真人秀节目在最初就形成了一种无须为参赛者提供稳定劳资关系的行业成例。参赛者是自愿参与节目的个体，与制作公司签订保密协议，交付个人形象的制作、展示和所有权；他们单枪匹马而来，形单影只而去，彼此之间无法形成稳定的工人联盟，对其工作条件和工作保障开展集体谈判②。他们在"一夜成名"的炽烈炫光里，放弃了对劳动权利的合理追索和捍卫，接受了新自由主义对个体劳动的殖民，将公民个体作为企业化个体（enterprising individuals），"把生活乃至家庭作为一种企业来运作，通过精密计算的行为和投资将其本身的价值提升并变现"③。

新自由主义原本为了反对国家资本主义和反抗集体主义而诞生，满载着个人解放和自我激励的美好承诺，但毫不提及这种"自由主义"本身如何天然地服膺于已经建立的资本权力秩序。它允诺了一个梦幻般的愿景，即，在去集体主义和国家资本主义的自由市场上，不再有集体对个体的压制和约束，却回避了在这种"我命由我不由天"的自由神话的背面，不是集体主义的破裂，而是公平神话的破产。它以机会平等的表象为那些生存机会日益逼仄的个体描绘了"越努力越幸运"的成功之路，但避而不谈这条路上如荆棘遍布的阶级、性别和权力差异，而这种差异恰恰是自由主义所不能解

---

① GRAZIAN D. Neoliberalism and the realities of reality television [J]. Contexts, 2010, 9 (2): 68-71.

② REDDEN G. Is reality TV neoliberal? [J]. Television & new media, 2018, 19 (5): 399-414.

③ ROSE N. Powers of freedom: reframing political thought [M]. Cambridge: Cambridge University Press, 1999.

决的。人们要在这条路上披荆斩棘，除了将"自己的劳动贱卖为资本愿意支付的价格"[1] 之外毫无他法。而真人秀节目赤裸裸地展示了这一切，并潜移默化地将其植入每个观众的脑海。雷登因此指出，真人秀节目更大的贡献在于"以一种与精英主义和民粹主义都不同的方式，提供了促使人们接受新自由主义的道德导向"[2]。

网红

网红，顾名思义，是指网络上的红人，或者依赖网络而走红的人。爱丽丝·马维克（Alice Marwick）和丹娜·博伊德（Danah boyd）将其命名为"微名人"[3]；特蕾莎·M. 森福特（Theresa M. Senft）将其定义为在网络上通过各种技术，如视频、博客、社交媒体等扩大个人影响力的人[4]。他们通常将朋友或社交媒体上的关注者作为粉丝基础，以成名为目的，通过各种相关技术运作粉丝，构建出易于被消费的个人形象。马维克将微名人定义为一种"自我展示的技巧，在这种技巧中，人们把自己看作一个可以被他人消费的公众人物；他们利用策略性的亲密技巧吸引追随者，并把

① REDDEN G. Is reality TV neoliberal? [J]. Television & new media，2018，19 (5)：399-414.

② 同①.

③ MARWICK A，BOYD D. To see and be seen：celebrity practice on Twitter [J]. Convergence，2011，17 (2)：139-158.

④ SENFT T M. Camgirls：celebrity and community in the age of social networks [M]. New York：Peter Lang，2008.

他们的受众看作粉丝"①。

网红有三个主要特点。一是领域狭窄。普拉蒙·K. 纳亚尔（Pramod K. Nayar）将其描述为"一种每个领域都存在的现象"，即在商业、体育、娱乐、文化、政治、医学、法律、美妆、健身、家居、旅行、直播等细分领域都会存在的一种影响力只限于小圈子的名人——尽管他们偶尔也会越界成为主流名人②。二是时间短暂。他们是安迪·沃霍尔（Andy Warhol）等人所说的"15 分钟名人"③，在网络空间中速生速死，更新换代极快。三是非正式化。与影视歌星乃至真人秀名人不同，他们往往是普通人，以网络为主要阵地进行自我运作。由于他们没有传统造星机构的加持而只能依靠自己④，特纳因此称他们为"自制名人"（DIY celebrity）⑤，"使用个人网站、博客和社交媒体作为构建名声和交易的手段"⑥。

由于网红的泛化，马维克和博伊德指出，名人已经不再是一套内在的个人特征或外部的身份标签，而是一种有机的、不断变化的表演性实践（performative practice）。"网红可以被理解为一种精神

①　MARWICK A. You may know me from YouTube［M］//Marshall P D. A companion to celebrity. Chichester：John Wiley & Sons，2015：333 - 350.

②　NAYAR P K. Seeing stars：spectacle，society and celebrity culture［M］. New Delhi：SAGE Publications India.，2009：109 - 140.

③　WARHOL A，JANIS S，JANIS H G. Self-portrait［M］. Ann Arbor，MI：Art，Architecture and Engineering Library，1966.

④　MARWICK A，BOYD D. To see and be seen：celebrity practice on Twitter［J］. Convergence，2011，17（2）：139 - 158.

⑤　TURNER G. The mass production of celebrity："celetoids"，reality TV and the "demotic turn"［J］. International journal of cultural studies，2006，9（2）：153 - 165.

⑥　TURNER G. Understanding celebrity［M］. London：Sage，2013.

状态和一套行为实践，他们将观众视为粉丝，通过持续的粉丝管理来维持人气；通过精心的自我呈现以被他人消费。"① 而且，网红逻辑正在向平民和传统名人两个领域渗透。普通人学着采用网红策略获得关注，名人也在社交媒体上使用类似技巧维持人气。名人已经从遥远的、被遥望的精英成为日常生活的常见部件。马维克和博伊德因此认为，"'名人'已经成为一套流传的策略和做法，使得名声成为一个连续的状态，而不是泾渭分明的个人身份"②。在这种新的文化样态下，"名气是一种无处不在的主导文化现象，是一种元话语，以深刻和有意义的方式塑造社会和日常生活"③。

中国网红的发展历程

国内研究者通常认为，中国网红的发展历程分别经历了文字、图片和视频三个不同时代，平均每代间隔七年左右，其走红形式和群体特征均有显著不同④⑤⑥。杨江华在《从网络走红到网红经济：

---

① MARWICK A，BOYD D. To see and be seen：celebrity practice on Twitter [J]. Convergence，2011，17（2）：139 - 158.

② MARWICK A，BOYD D. I tweet honestly，I tweet passionately：Twitter users，context collapse，and the imagined audience [J]. New media and society，2011，13（1）：114 - 133.

③ HOLMES S，REDMOND S. Framing celebrity：new directions in celebrity culture [M]. London：Routledge，2012：27.

④ 敖鹏. 网红为什么这样红？：基于网红现象的解读和思考 [J]. 当代传播，2016（4）：40 - 44.

⑤ 杨庆国，陈敬良. 网络红人形象传播及其符号互动模式研究 [J]. 中国青年研究，2012（7）：91 - 94，90.

⑥ 张孝荣，等. 2016 年中国网红元年报 [EB/OL]. （2016 - 04 - 22）[2022 - 02 - 15]. http：//www. thepaper. cn/newsDetail_ forward_ 1459526.

生成逻辑与演变过程》一文中清晰阐释了这三个阶段的时间、特征与代表人物。

第一代网红是始于网络文学的"红人"，以1995—2004年为界。这一时期恰逢中国互联网萌芽期，网络论坛是网民聚集地，诞生了中国最早的网络文学平台（如起点中文网、榕树下）和网络公共舆论空间（如新浪BBS、天涯论坛、猫扑论坛和各高校BBS等）；知名网络写手（如痞子蔡、安妮宝贝）和知名论坛ID（如十年砍柴、五岳散人）成为第一代网络红人。这一时期中国的网络接入主要集中在高校、科研院所和大城市，拨号上网和局域网是主流上网方式，知识阶层是第一代中国网民的核心，以高校学生和文字工作者为主。"网络虚拟社区的公共广场效应是第一代网络红人成名的关键。"① 论坛、网站、BBS等网络虚拟平台是围绕高质量内容建立的知识互动社区。在这些平台上，内容质量成为网络注意力分配的主要影响因素。"帖文的质量高低和参与回复的互动程度，又直接关乎一个人在网络虚拟社区中的身份等级和地位高低。"② 第一代网红多数是知识精英，被奉为"草根网络意见领袖"。他们的影响力主要体现在社会文化和公共事件方面，但其网络影响力"并不能直接在现实中得到经济兑现，而只能通过向传统行业的职业流动或成果转化来获益"③。

---

① 杨江华. 从网络走红到网红经济：生成逻辑与演变过程 [J]. 社会学评论，2018，6（5）：13-27.

② 同①.

③ 同①.

第二代网红是图文并茂时期的草根红人，以 2005—2011 年为界，以微博、博客和个性化社交平台为主要载体。与网站和论坛相比，微博、博客是真正意义上的个人化公共媒介平台，围绕个人而非内容展开互动，由此，"人们互动交往的链接纽带不再像 BBS 时期那样以话题或事件为主，而是通过身份建构和群体认同的生成机制，实现了跨时空社交关系的稳定化和制度化"[1]。这种转变催生了一种新的网络社交模式，即网络社群化交往。能够运作稳定粉丝关系的"人"取代了能够吸引网民参与的"内容"，成为网络注意力分配的关键。与此同时，随着网络基础设施建设的全面推开，中国网民数量稳步增长，从 2005 年的 1 亿增长到 2011 年的 5.1 亿；网民结构也发生较大变化，高中、中专等中等学历人群占 90.9％。更大的人口基数和更复杂的人口构成催生了对网红多元化的需求。这一时期的网络红人大多数出身平民，使得"草根"一词也随之流行；其风格各异，构成复杂，以芙蓉姐姐、凤姐、木子美、犀利哥、天仙妹妹等为代表，审丑、另类、恶搞、越位等传统名人中并不存在的亚类纷纷登场，观众大多因其"雷人"表现产生新奇感，进而关注、讨论、追捧。诞生于这一时期的"网红"一词也由此与低俗、夸张、炒作等负面印象绑定。由于这一时期"网红"的名人效应显著，他们往往能够将人气以广告、商业活动、代言等传统商业营销形式直接变现。与此同时，"广告包装、推手公司以及专业培训机构等网红产业链逐渐形成，网络走红从单纯的个体行为演变

---

① 杨江华. 从网络走红到网红经济：生成逻辑与演变过程［J］. 社会学评论，2018，6（5）：13-27.

为一种商业组织行为"①。

第三代网红是富媒体时代的职业化网红，以 2012 年为起点。在这一阶段，随着移动数字技术的发展，中国移动端网民人数首次超过 PC 端。这种跨越式的技术发展带动了社交媒体的进一步迭代升级，微信、公众号、视频直播等多元化社交平台层出不穷，社会生活开始全面网络化。其中，短视频产业的发展极大改变了人们获取信息的主要方式，网红也从文字时代、文字＋图片时代进入视频时代。有以美妆知识、才艺展示、情感陪伴为主的颜值感官类网红，有游戏产业的电竞技能类网红，有专注于细分内容、二手知识和技能培训的知识内容类网红，也有直播带货的销售类网红。这一时期的网红很少依靠"社交媒体注意力的偶然性聚焦"②，而是普遍需要资本的全面运作；网红品牌也成为一项金融资产，催生出新的网络经济运行模式③④。

---

①　杨江华. 从网络走红到网红经济：生成逻辑与演变过程［J］. 社会学评论，2018，6（5）：13－27.

②　同①.

③　据估算，我国 2016 年网络红人产业预估产值 580 亿元，远超过 2015 年国内电影总票房产值，规模相当于伊利公司 2015 年全年营业额；2015—2020 年间，从事网红经纪的 MCN 机构从 160 家井喷式增长至 28 000 家以上，2020 年网红经济的总规模（包括电商收入、在线打赏、知识付费、代言商演等）达约 3 400 亿元人民币. 刘育英. "网红经济"流行，报告预计 2016 年网红产业产值将近 580 亿元［EB/OL］.（2016－05－23）［2022－02－15］. https：//www. chinanews. com. cn/cj/2016/05－23/7880380. shtml.

④　中研网. 2022 国内网红经济市场规模现状与发展分析［EB/OL］.（2022－04－20）［2022－06－12］. https：//www. chinairn. com/hyzx/20220420/161041152. shtml.

网红的表演性劳动

网红所付出的是一种表演性劳动（performative labor）[1]。网红通过各种对产业规范高度迎合的个体展演，实现自我商品化[2]。这种表演性劳动包括三个核心维度：表演真实性、表演平凡性、表演亲密性。

表演真实性

电影明星贩卖的是梦幻感，电视明星贩卖的是亲密感，真人秀明星的核心资产是普通感，而网红的核心资产是真实感。网红是走下神坛的明星，代表了人们那些曾经触不可及的幻梦变得随叫随到。网红也贩卖普通人一夜暴富的神话，也主打邻家小妹一般的亲密，也营造"如你如我"一般的相似认同，但与其他几类明星的核心区别，则在于网络这种介质带来的真实感。

互联网自带去中心化、去权威化、去控制性的光环，营造出缺少组织控制、修饰、运作的幻象。直播时代的技术可供性尤其强化了这种感知。直播间是即时互动的，观众直接与主播交谈，而不是通过发布会、八卦杂志、公关或狗仔队获得二手消息；个体主播直面观众，而没有环绕左右的经纪人、造型师、助手和保镖团队；主播们以"你"来直呼观众，仿佛她/他只与你亲密交谈，应你的需

① ARCY J. The digital money shot：Twitter wars，the real housewives，and trans-media storytelling［J］. Celebrity studies，2018，9（4）：487 - 502.

② MARWICK A. You may know me from YouTube［M］//Marshall P D. A com-panion to celebrity. Chichester：John Wiley & Sons，2015：333 - 350.

求回答问题、表演才艺、反馈生活点滴、表达欢愉或悲泣……控制、策划和隐私这些被认为是传统明星制的核心机制的东西，在网络时代似乎都不复存在。

不仅技术可供性提供了人们对新媒体时代网络用户的真实性感知，网红产业的运作模式也不遗余力地强化这种感知。直播的地点往往极为隐私，大多数是卧室——尤其是女主播的闺房，其次是客厅、餐厅、私家车等传统意义上的私密空间，邀请观众进入放松、自在、无修饰的私人场景；直播的内容是生活化而非工作化的，如美妆、穿搭、烹饪、健身、旅行等等，分享使人成为自我而非成为社会人的点滴；直播往往极具仪式性，有固定的时间和地点（固定直播间）、极具标识度的个人标识（如开头语、保留曲目）、重复性的狂欢（如打投、PK、连线），从而营造出直接的、即时的、非结构化和非组织化的真实体验。互联网的先天基因、直播时代的技术特质和直播行业的运作模式无不催眠观众对网络技术的视而不见。人们倾向于看不到技术的中介性，放任自己沉迷于"互联网是中性的"自欺欺人；人们欣然接受了"平台"这一修辞，将其想象为钢筋混凝土搭建的平坦地块儿，而拒绝接受其商业公司的本质；人们了然给主播的每次打赏都有平台抽成，但心甘情愿地把主播和商业公司区分开，将其想象为被平台压榨的孤苦个体，而忽略其受平台训练、包装、推广，为平台盈利的组织身份。

正由于真实性是网红的核心资产，网红感知真实性的破灭也具有更强的反噬力。一旦网红被证明造假、人设崩塌、见光死，粉丝就会感到被背叛进而愤怒。因此，人们能够接受莱昂纳多的啤酒肚和不修边幅，但不能接受乔碧萝殿下"掉马"。因为，对于传统明星而言，人们接受了其明星形象和个人形象的分离，莱昂纳多的啤酒肚是人们"接近"明星的窥视之眼，观众因此获得的是明星也可以是凡人的喜悦；而网红的唯一产品就是"真实自我"，一旦这种感知真实的幻象被戳破，观众就如同买到假冒伪劣产品一样，必然感到被愚弄的愤怒。苏西·哈米斯（Susie Khamis）等学者指出，真实自我的货币化是一种悖论，因为真实和货币化是互斥的：如果某样东西被商业化，它就是不真实的；如果某样东西是真正真实的，它就无法被商业化①。

表演平凡性

视频网站兴起的早期确实造就了一批普通人成名的神话。小镇女孩、普通公务员、草根售货员因为勤奋努力和机缘巧合而成名，从而坐拥名声、财富和无尽荣光。但随着网红产业逐渐规模化，平凡性就转化为一种商品。实际上，从电影明星时代开始，平凡性就是一种核心要素。电影明星是"平凡和非凡的结合体"，人们挖掘明星成名前的凄凉往事、购买明星代言的产品、追逐明星作为常人生活的隐私，都是通过消费主义的手段靠近明星"凡人"的一面，从而借光其"神圣"的一面加诸己身。但网红产业却倾向于弱化其"非凡"属性，致力于通过"表演平凡性"，缩减观众与网红之间的距离。

设备的技术属性弱化了网络明星的"非凡性"。人们不再聚集

---

① KHAMIS S，ANG L，WELLING R. Self-branding，"micro-celebrity" and the rise of social media influencers [J]. Celebrity studies，2017，8（2）：191-208.

于电影院里，于黑暗中仰望屏幕上的电影明星；也不需要守着电视节目播出表，在特定时段打开电视机邂逅电视明星；网络主播随时在线，点开手机就可以让她/他又唱又跳。电影屏幕上的人物往往大于观众的一般体型，电视屏幕上的人物往往与观众等比，电脑或手机屏幕上的人物则远远小于观众——人们看着她/他，很难获得仰视感。

所有的网红故事也都在强调其普通性甚至草根性。大众已经十分熟悉辛巴、李佳琦们的奋斗往事，在这些故事里，他们像普通人一样辗转求生。正是由于他们如你如我，也吃过苦，也受过穷，因此会站在消费者的立场为观众砍价。大众也熟悉一众美妆、穿搭、健身博主的平凡往事，他们的素颜普通、穿搭黑历史不堪入目、减肥前的身材平平无奇，因此，他们的技巧、经验和推荐的产品更有说服力。他们和我们一样，所以他们代表我们①②。

正是由于这种平凡性的展演，网红将自己塑造为一种普通人只要努力就可以达到的成功样板。因此，人们更容易在"普通的"网红身上获得身份认同。然而，在所有这些技术和内容的粉饰背后，网红产业没有说出的秘密是：网红是一个团队，却伪装成一个普通人。她/他看似孤身一人在你耳边絮语，实际上却有一整个团队在美颜灯背后忙碌。他们流量之路渐生的过程无不需要机构的推送、

① WANG H Y. Exploring the factors of gastronomy blogs influencing readers' intention to taste [J]. International journal of hospitality management, 2011, 30: 503-514.
② WILLIAMS R, VAN DER WIELE T, VAN IWAARDEN J, et al. The importance of user-generated content: the case of hotels [J]. The TQM journal, 2010, 22 (2): 117-128.

引流、训练、包装。微名人"是一种有机的、不断变化的表演性实践",而"名人管理"则"是一个具有高度控制性和规范性的机构模式"①。这种名人机构运作将电脑或手机前的个体观众当作囊中之物,通过整个产业的精心策划,将表演出的"平凡性"作为商品反过来售予观众——而随着"平凡性"这个定位的商品日益饱和,一些不如"平凡性"亲民但依旧能够占据细分市场的异质性产品也出现了,比如炫富、炫美、炫技等"表演非凡性"。而对于主打"平凡性"的网红而言,所有的草根故事、平常布景、普通人的喜怒哀乐……都只是网红将自己包装为普通人的手段。普通人与网红唯一的联系,只是点赞、打赏或下单的经济联系。

表演亲密性

网红通过表演亲密性来吸引追随者。亲密性展演的方式繁多。显性的亲密性展演是指网红通过直接的形象运作策略营造亲密性,如呈现亲密场景(如卧室、客厅、餐厅)、亲密话题(如美妆、穿搭、烹饪、健身、旅行)、亲密视角(如前置摄像头、运动或晃动镜头、模糊镜头、"未经剪辑"的镜头)、亲密情感(如悲伤、哭泣、崩溃、不加控制地大笑)等。这些传统明星形象管理中不会呈现的内容恰恰是网红产品的主打特色。其中,情感的展演往往被视为一种情感劳动,而亲密情感的展演则将隐私和情感打包出售。网红需要坦白自己生活中最私密的细节,并且通过精心策划的情感展演将这种隐私的袒露戏剧化。比如,普通人在崩溃或哭泣的瞬间很

---

① MARWICK A,BOYD D. To see and be seen:celebrity practice on Twitter [J]. Convergence,2011,17(2):139-158.

少会辅以独白说明，但网红的情感袒露则如一出独幕剧，需要给哭泣配上剧情说明，有时候还辅以面容修饰和表情管理。引用杰奎琳·阿尔西（Jacquelyn Arcy）对真人秀演员情感劳动的评价：这个领域的"情感劳动并不要求明星真正感受到情感，而是要求他们能够令人信服地表演戏剧性的情感，以吸引观众注意力"[1]。

显性的亲密性展演还包括直接与粉丝互动，利用社交媒体的连接性，建立直接的"朋友"关系。创意劳动产业长期存在关系劳动的传统，如艺术家与赞助人之间的关系维护等。但网红却以一种有明确目的的、持续性的方式与其粉丝保持亲密关系，以最终确保经济支持[2][3]。例如，秀场主播通过加打赏者微信的方式维护关系[4]；带货主播通过在评论区抽奖直接派发礼物的形式建立实际经济联系；选秀网红通过录制视频的形式直接回应粉丝需求，以增强情感纽带；网红或新晋明星通过@粉丝（翻牌）的方式直接互动，以奖励追随者的忠实和激发粉丝群体的热情。这种在线的亲密展演跨越了传统明星严防死守的界限，以虚拟社交的形式建立起网络明星与粉丝个体之间的联系。这些被选中的粉丝有时候是表现突出的忠实拥趸，如大粉、站姐、绘画或修图高手等，而在大多数情况下是被

① ARCY J. The digital money shot: Twitter wars, the real housewives, and trans-media storytelling [J]. Celebrity studies, 2018, 9 (4): 487-502.

② BAYM N K. Playing to the Crowd [M]. New York: New York University Press, 2018.

③ CUNNINGHAM S, CRAIG D. Social media entertainment [M]. New York: New York University Press, 2019.

④ 董晨宇，叶蓁. 做主播：一项关系劳动的数码民族志 [J]. 国际新闻界，2021，43 (12): 6-28.

随机选中的幸运儿。后者的随机性又以一种中奖经济（lottery eco-
nomics）的概率逻辑缩减了每个人与可能的幸运——与偶像亲密接
触——之间的距离，从而强化了观众对网红的亲密性感知。然而，
有学者认为，社交媒体并没有改变明星和粉丝之间的权力结构[①]。
萨拉·托马斯（Sarah Thomas）认为，社交媒体只不过是名人文化
演化过程中的诸多媒介形式之一，其看似互动性的本质并没有改变
明星和粉丝之间的阶层差距[②]。对那些持非功利目的的社交媒体用
户而言，推特好友或微博粉丝无非是朋友或家人[③]；但对名人而言，
微博是他们面向粉丝的权力渠道，是他们与传统媒体争夺粉丝控制
权的平台。

　　隐性的亲密性展演则把社交媒体作为生产和传播明星文本的新
场所，通过开放"未经审查的一瞥"，使观众产生窥见"后台"的
幻觉，从而构建亲密感[④]。网红——包括网络时代的明星——会开
放社交网络的访问权限，方便粉丝通过"考古"，自行"发现"明
星的"真实自我"。那些在素人时代与普通人毫无二致的思想、言
语、行为同时实现了真实性、平凡性和私密性的多重展演。他们还
热衷于在社交媒体上公开互动，通过关注、取关、抱团等形式，披
露"真实自我"的社交网络。粉丝们则通过对一切蛛丝马迹的追

---

　　① THOMAS S. Celebrity in the "Twitterverse"：history，authenticity and the mul-
tiplicity of stardom situating the "newness" of Twitter [J]. Celebrity studies，2014，5
（3）：242 - 255.

　　② 同①.

　　③ MARWICK A，BOYD D. To see and be seen：celebrity practice on Twitter [J].
Convergence，2011，17（2）：139 - 158.

　　④ 同③.

踪、挖掘、拼凑，勾勒出一个"名人俱乐部"（celebrity club）的场景①。这些私人的亲密性关系原本有更隐秘和安全的维护途径，但网红和网络时代的明星们倾向于将这些亲密关系公开化，以此引流或变现。这些亲密关系由于是由粉丝亲自"考古"而不是被"喂料"所得，因此显得更加真实和亲密。

这种亲密性的展演将原本属于个体的私人领域公开化，将私密关系商品化。如同安妮·耶斯莱乌（Anne Jerslev）所说："私密真实自我的表演是社交媒体名人最有价值的商品之一。"② 网红与主流明星的重要区别之一就是他们与观众的关系：网红的受欢迎程度取决于与观众联系的亲密度③，主流明星则强调与观众的距离感④。人们并不期待影视明星事无巨细地公布自己的生活，却期待网红公开、及时、真实地回应公众的需求。网红让渡了自己作为自然人的隐私空间，"利用战略性的亲密关系来吸引追随者"⑤，因此，托比亚斯·劳恩（Tobias Raun）建议将网红视为"一种特定的亲密关系类型"，亲密性就是网红经济的货币⑥。

---

① PETERSEN A H. We're making our own paparazzi：Twitter and the construction of star authenticity [J/OL]. Flow-a critical forum on television and media culture，2009，9（14）[2022-02-15]. http：//flowtv. org/? p=3960.

② JERSLEV A. Media times in the time of the microcelebrity：celebrification and the YouTuber Zoella [J]. International journal of communication，2016，10：5233-5251.

③ SENFT T M. Camgirls：celebrity and community in the age of social networks [M]. New York：Peter Lang，2008：26.

④ 同②.

⑤ MARWICK A. You may know me from YouTube [M] //Marshall P D. A companion to celebrity. Chichester：John Wiley & Sons，2015：333.

⑥ RAUN T. Capitalizing intimacy：new subcultural forms of micro-celebrity strategies and affective labour on YouTube [J]. Convergence，2018，24（1）：99-113.

网红逻辑向名人领域的殖民

由于网红这种新的名人类型数量众多，声势浩大，他们逐渐改写了明星制的行业标准。时至今日，传统的主流名人也不得不借鉴乃至遵循网红的运作逻辑来展示自我、规约行为和维护关系。由此，社交媒体将名人"从与名声相关的个人品质转变为在社交媒体上流转的一种行为实践"①。

社交媒体对名人文化的改变主要体现在三个方面：一是名人的形象运作规则。传统的名人运营旨在在"平凡与不平凡"的名人形象上维持微妙的平衡，以此吸引最大限度的公共关注；网红逻辑则将小众明星的运作规范延伸为主流明星的运作规则。二是名人与受众的关系。传统媒体基本上都是单向传播系统，名人与观众之间尚保持一定距离②；社交媒体则拉近了名人、媒体、观众之间的虚拟距离③④，使得名人文化从高度控制的传播方式向无彩排的直接互

① MARWICK A，BOYD D. To see and be seen：celebrity practice on Twitter [J]. Convergence，2011，17（2）：139-158.

② DRAKE P，MIAH A. The cultural politics of celebrity [J]. Cultural politics，2010，6（1）：49-64.

③ MUNTEAN N，PETERSON A H. Celebrity Twitter：strategies of intrusion and disclosure in the age of technoculture [J/OL]. A journal of media and culture，2009，12（5）[2022-02-15]. http：//journal. media-culture. org. au/index. php/mcjournal/issue/view/disclose.

④ HELLMUELLER L C，AESCHBACHER N. Media and celebrity：production and consumption of "well-knownness" [J]. Communication research trends，2010，29（4）：3-34.

动转变①。三是名人与媒体的关系。在传统媒体时代，名人需要借助大众媒体与观众交流，大众媒体塑造的媒体形象直接关乎名人形象；如今，尽管名人同样是媒体构建的一部分，却可以绕过媒体直接发布信息，媒体反过来将明星微博作为信源，这在一定程度上带来了权力关系的转置。

名人形象管理：小众逻辑反转大众定位

网红逻辑对传统名人运作的第一个影响是改变了名人形象展示的内容。隐私披露成为明星形象的必要组成部分。在 19 世纪民权运动的进程中，个人肖像权、名誉权和隐私权作为个人权利被提出来，但随后出现的明星制就将明星的一部分隐私以制度化的形式交付出去，在八卦杂志和狗仔新闻中公开或隐秘地流传。网络明星的亲密性展演则进一步让渡个人隐私以置换注意力资本②。这种行业模式的发展逐步形成了一种公开和公认的行业规则，以至于公众认为名人理所应当让渡自己的私人生活，以作为他们娱乐功能的延伸③。为了迎合公众的期待，主流明星也需要表演出"网上预期的内幕真实性"④。除了少量的超级明星和老牌明星之外，大多数明星

① MARWICK A，BOYD D. I tweet honestly，I tweet passionately：Twitter users，context collapse，and the imagined audience ［J］. New media and society，2011，13 (1)：114 - 133.

② TSE T，LEUNG V，CHENG K，et al. A clown，a political messiah or an unching bag?：rethinking the performative identity construction of celebrity through social media ［J］. Global media and China，2018，3 (3)：141 - 157.

③ MILLER V. Understanding digital culture ［M］. London：SAGE Publications，2011.

④ MARWICK A. You may know me from YouTube ［M］//Marshall P D. A companion to celebrity. Chichester：John Wiley & Sons，2015：333 - 350.

开通了社交媒体。他们在正常的工作——拍戏、出专辑、演出——之外必须额外"营业"，即在正常工作之外付出额外劳动以取悦粉丝，从而维护热度与人气。

　　一方面是明星让渡隐私，延伸其娱乐性功能，另一方面则是明星退出公共领域，怯于承担社会责任功能。由于巨大的社会影响力和号召力，名人往往是社会议题得以转化为公共议题的主要推手。这也是大众媒体时代名人被普遍期待的社会功能之一。但网络明星是一种小众明星，是在特定人群中具有一定声名、出了特定圈子就没有人认识的人。这使得网络明星以迎合粉丝期待为生存策略，而不必在粉丝期待之外承担其他功能。网红逻辑向主流名人领域扩展的后果是，名人也逐渐怯于承担社会功能，而只以"独美""专注自家"为安全线。他们不再为公共议题发声，而只在安全的社会问题——如环保、慈善、由政府背书的形象代言——等方面蜻蜓点水地出现，或在自己的业务领域营造天赋、专业、勤奋、幽默等只与个人品质相关的个人形象。随着明星和公众权力的倒转，明星也无法承担观众反噬的后果，只能退守娱乐领域，专注于博人一笑的娱乐功能。

名人与受众：权力关系的倒转

　　社交媒体带来名人与受众的权力倒转，从而增加了名人-粉丝关系的复杂性。原先，受众是名人形象被动的接受者和延迟反馈者，需要经过娱乐媒体、八卦杂志或影视作品来获取名人信息，并通过粉丝来信、读者反馈或者票房表现实现延时反馈。但社交媒体的即时性改变了这一规则，粉丝可以直接通过发帖、评论、超话等方式向名人及经纪公司"隔空喊话"。这使得名人成为"在读者、粉丝和名人之间的持续互动过程中被构建和解释"的动态文本①。这种动态性在大众媒体时代业已存在，但在社交媒体时代却更为复杂，因为大部分社交媒体在语境坍缩（context collapse）的情态下运行。这一概念的提出者博伊德②认为，传统社交活动的社会语境是各自分开的，人们在不同的语境中根据不同的情景和对象呈现自己不同的身份面向（identity aspect）；由于社交语境的各自分立，个体能够有效地区隔不同的身份侧面而无身份冲突之虞。然而，社交媒体将各种交流对象（如上司、下属、新朋、故旧、家人、路人）融合于同一个语境中，这些交流对象原本所区隔的社交语境也因而坍缩为同一个语境，由此造成发布者身份管理的困难和多重身份的冲突。

大众媒体时代的明星运作多是向固定的粉丝群体展开；由于获

①　MARWICK A，BOYD D. To see and be seen：celebrity practice on Twitter [J]. Convergence，2011，17（2）：139-158.

②　丹娜·博伊德在其2002年麻省理工大学的硕士论文《多面身份/实体：数字世界中的印象管理》（FACETED ID/ENTITY：Managing representation in a digital world）中首先提出了"坍缩的语境"（collapsed contexts）这一概念，并将其理论基础追溯到欧文·戈夫曼（Erving Goffman）的自我呈现理论和约书亚·梅洛维茨（Joshua Meyrowitz）的著作《消失的地域》。在此后数年的文章中，她一直沿用此概念，直到2009年与爱丽丝·马维克（Alice Marwick）展开合作后，才开始使用"语境坍缩"这一用法。而稍早时候，堪萨斯州立大学文化人类学家迈克尔·韦斯奇（Michael Wesch）在2008年YouTube上的《YouTube的人类学引言》（An Anthropological Introduction to YouTube）的演讲中首次使用了"语境坍缩"这一用法，并于2009年发表的《YouTube与你：网络摄像头导致的语境探索如何影响自我感知体验》（YouTube and You：Experiences of Self-Awareness in the Context Collapse of the Recording Webcam）一文中详细论述了这一概念。本文按照学界目前的共识，认为丹娜·博伊德是"语境坍缩"这一概念的提出者。

取信息的机会成本，粉丝也很少花费大量时间获取其他明星的信息。但社交媒体带来的语境坍缩使得明星的粉丝们不再是小众和同质的，明星也不再面向友好的和狂热的粉丝散发魅力，而是随时随地面临来源复杂的监视和质疑。在社交媒体上，各种各样的观众各自孤立又共存于同一个语境之中，他们之中有路人、粉丝、黑子以及其他与明星亲近程度各异的群体①。他们原本被不同的语境区隔，如今却共置于与明星直接交流的语境中。一些原本小众的爱好和规则被大众的语境规则挤压。明星被迫迎合所有人和所有规则。为了让所有人满意，他们逐渐采取最安全的手段，成为一般无二的"标准人"，维持无可挑剔的体态、笑容和言论。

如果名人希望在这场倒转的权力游戏中夺回些微的主动权，便需要通过各种各样的策略对抗语境坍缩。最常见的策略是区隔观众，使其内部形成权力位差。如果某个粉丝被"翻牌"，即被名人专门点赞、转发或回复，这种虚拟的互动便成为该粉丝某种地位的标志，并会迅速在粉丝社区中传播；被"翻牌"的粉丝通常要么是"老粉"（意味着时间上的忠诚度），要么是做出特别事迹的粉丝（如送礼物、接机等，意味着行为上的重要度）。名人以对粉丝的公开致谢或专门提及来区分路人、粉丝和铁粉，即区隔出坍缩语境中的不同身份者，由此重建由于社交媒体的语境坍缩而被破坏的秩序。这种区隔的结果卓有成效：不同层级的粉丝回报以不同程度的支持。核心粉丝通常形成后援会等传统的线下组织，通过购买唱

① GRAY J. New audiences, new textualities: anti-fans and non-fans [J]. International journal of cultural studies, 2003, 6 (1): 64-81.

片、电影票和代言产品，刷票，接机等行为对名人做出实质性贡献。他们还会自发组织和制定群体规则，通过虚拟等级、奖励或惩罚（如禁言、黑名单、封号等）规约粉丝群体的行为。普通粉丝和路人因而处于被规约的地位，要么内化组织规则和身份认同，在粉丝的阶层中更上层楼，要么始终处于边缘地位，成为普通的路人粉或路人。

　　而社交媒体也赋予粉丝群体挑战名人权威的路径。"零距离"互动的社交媒体增加了信息控制的难度。社交媒体时代名人营销的核心并非权威性或真实性，而是一致性①。这种一致性包括时间和空间两个层面的要求。时间上的一致性是指明星形象在较长的时间跨度上保持稳定，其在素人时期、刚出道和成名之后的形象如能保持一致，则意味着保留了"真实性"这一网络明星的核心资产。如前所述，"真实性"是网红的核心要素而不是影视明星的核心资产，但网红逻辑向影视明星的延伸造成了一种强制性的道德压迫，使得影视明星必须从娘胎里就开始"圣化"，才能经得起粉丝、路人和黑子的一再"挖坟"。空间上的一致性是指明星形象在多个平台上保持连贯。过去，明星往往只在一个主要媒体上输出形象，而今，随着跨媒体文本的扩散，明星需要在多个媒体平台上创造连续性叙事，通过推文、花絮、独白、排练室、下班直拍等一系列多元文本，提供连贯、稳定和统一的人设输出。如果粉丝发现明星在不同

　　① VAN DEN BULCK H, CLAESSENS N, BELS A. "By working she means tweeting": online celebrity gossip media and audience readings of celebrity Twitter behaviour [J]. Celebrity studies, 2014, 5 (4): 514-517.

社交媒体上的形象有所冲突，就会造成"人设崩了"的后果。人们津津乐道于发现名人们自相矛盾的地方。他们既为"看穿"了名人的面具而欢欣鼓舞，又为发现这些不一致而倍感沮丧，因为这种发现本身意味着他们一直在受媒体和名人的愚弄①。

与批评家们的预设不同，观众们也在清醒地评估社交媒体上的名人。所谓"一入微博深似海，从此偶像是贱人"，社交媒体在赋予名人更大权力空间的同时，也将挑战权威的权力赋予了观众。在更本真的意义上，社交媒体更像是它在诞生之初所宣称的那样，是一个平台，一个供名人、媒体、密友和各种层级的粉丝协商的场域②。詹金斯指出，社交媒体更直观地体现了名人文化作为"参与性文化"的特点，观众主动而非被动地从媒体语境中提取信息，阐释意义，获得认同，创造出他们自己的文化产品③④。

名人与媒体：传统模式的延续

相对于新的名人-受众关系，名人-媒体关系的延续性大于颠覆性。社交媒体看起来的确提供了更真实、便捷、多元的方式连接名人和粉丝。有的名人热衷于在社交媒体展示自己的真实性、普通性、亲民性，有的名人则不会；有的明星热衷于模糊职业形

---

①　GAMSON J. Claims to fame：celebrity in contemporary America ［M］. Berkeley：University of California Press，1994.

②　MARWICK A，BOYD D. To see and be seen：celebrity practice on Twitter ［J］. Convergence，2011，17（2）：139－158.

③　JENKINS J. Convergence culture ［M］. New York：New York University Press，2006.

④　LESSIG L. Free culture：the nature and future of creativity ［M］. New York：Penguin，2004.

象和私人形象之间的界限，有的明星则倾向于强调这种差别；有的微博强调名人的商品属性，有的则着意淡化；有的微博刻意营造互动感，有的则倾向于面向大众的广而告之①。多种类型的明星以多种形式存在，拥有多种创造方式、形象管理技术、粉丝互动路径和文化权力形式，形成了不同类型的名人形象和名人-粉丝关系。

但作为一种尚且年轻的、新的名人营销平台，到目前为止，社交媒体上的大多数明星营销方式都在传统模式中有迹可循。通常所谓的"传统造星方式"是指经典的好莱坞工作室式的造星模式。尽管后者只不过是出现于 20 世纪 20 年代到 40 年代这一短暂区间内、以好莱坞工作室体制为代表的美国电影明星的制造模式，在整个名人历史中也仅是一种造星模式，但通常却被作为 21 世纪造星模式的比较对象②。社交媒体的造星模式在很大程度上延续和延伸了这一传统的造星模式。例如，传统的好莱坞明星是通过他们的消费物来定义的，人们根据名人"如何娱乐休闲、使用什么化妆品"来赋予其意义。直到 20 世纪 50 年代，明星信息还是被严格控制在休闲活动（生活、家庭、友人）、个人用品和职业新闻等范畴。而这三

① THOMAS S. Celebrity in the "Twitterverse": history, authenticity and the multiplicity of stardom situating the "newness" of Twitter [J]. Celebrity studies, 2014, 5 (3): 242 - 255.

② HELLMUELLER L C, AESCHBACHER N. Media and celebrity: production and consumption of "well-knownness" [J]. Communication research trends, 2010, 29 (4): 3 - 34.

类信息如今也是名人微博的主要内容①，尽管其具体分类可能更为丰富。又如，微博上经常会有名人与粉丝的实时互动，名人通过问答形式实时回应粉丝提问。这种看似"零距离"的亲密无间的行为，也不过是传统的新闻发布会的延伸，明星依然控制互动的时间、节奏以及要回答的问题。再如，社交媒体上有时会流行名人自曝素颜照，似乎展示了光彩照人的名人形象背后的真实。但这也并非社交媒体的颠覆性功能，而不过是惯用的主流造星手法，旨在传达"人人都可以是大明星"的理念，是经典的"化普通为神奇"的明星话语的一部分②。社交媒体能够提供的亲密感、联结感以及粉丝与名人直接对话的机会在传统媒体时代也都存在过，如回复粉丝来信、参加午夜电台的明星对话环节，或与电视节目中的幸运观众直接互动等③。

因此，托马斯认为，社交媒体只不过向受众展示了那些以往在经纪公司和媒体组织之间隐秘运作的造星手段，令传统的明星建构和呈现方式变得公开可见。很多所谓的"新的"明星营销形式都带有过去明星运作的痕迹。过分强调今昔对比，强调对立和二分法，便可能陷入一种"历史谬误"④。

---

① THOMAS S. Celebrity in the "Twitterverse"：history，authenticity and the multiplicity of stardom situating the "newness" of Twitter ［J］. Celebrity studies，2014，5 (3)：242-255.

② 同①.

③ 同①.

④ VAN DIJCK J. Users like you?：theorizing agency in user-generated content ［J］. Media，culture & society，2009，31 (1)：41-58.

网红逻辑向社会文化的殖民

快速的造星机制改变了名人的社会性建构方式。一篇博客、一段舞蹈乃至一个表情都可以使人一夜成名。与此同时，视频时代快速的名声变现机制又给成名带来了直接的经济动力。名声不一定家喻户晓，小范围的拥趸就足够转化为直接财富。任何稍有名气的人都可以通过直播带货、微博推广、在线打赏等方式直接变现。"人人皆可为明星"的现代神话促进了名人文化的"参与性转向"①，使得"名人"成为一种状态而非一种身份②。成名不再是高不可攀的神秘传说，而是人人都有机会参与的大型秀场。这催生了"一个公共自恋的新时代"。在这个时代里，"自我为了他人的凝视而展演，并通过这种凝视验证个体身份"③。这种新的身份验证逻辑扩展到普通人的生活之中。人们通过美颜、打卡、晒娃、秀恩爱等各种方式希求不同程度的"他人的凝视"。而当人们付出这一切劳动时，并不是为了获得金钱的回报，而只是为吸引他人注意的强迫性渴望所驱动。

社交媒体的介入还改变了公共领域的运作方式。在哈贝马斯的

---

① KJUS Y. Idolizing and monetizing the public: the production of celebrities and fans, representatives and citizens in reality TV [J]. International journal of communication, 2009, 3: 277-300.

② MARWICK A, BOYD D. To see and be seen: celebrity practice on Twitter [J]. Convergence, 2011, 17 (2): 139-158.

③ HOLMES S, REDMOND S. Framing celebrity: new directions in celebrity culture [M]. London: Routledge, 2012: 10.

设想里，公共领域的话题应该是那些关乎共同利益与福祉的公共事务，主要是政治和公共议题。但随着 20 世纪 30 年代明星文化的兴起，明星的个人故事也开始成为整个国家的"话题"。在广播时代之前，公共生活总是关乎遥不可及的、非私人化的公共事务；但到了广播和电视媒体时代，公共生活成了一个公众人物被迫在上面表演的舞台[①]。由此，以辩论为主导的理性的公共领域转变为以展演私人生活的亲密细节为主的情感的公共舞台，一个亲密性公共领域（intimate public sphere）诞生了[②]。亲密性公共领域围绕个人隐私而非公共事务展开，大众媒体充当了明星与观众之间以及观众与观众之间互动和对话的介质，"通过准互动的形式重塑公共领域"[③]。而社交媒体的出现则将亲密性公共领域的互动形式推进一步，催生了直接互动的亲密性公共领域。它继承了大众时代亲密性公共领域的私密性内容特征，同时构建出情感驱动的互动规则。

在内容上，它几乎不考虑个体承担公共事务的功能，而只津津乐道于私人故事。原先在大众传播时代，印刷媒体尚有版面限制，广播和电视媒体尚有时间限制。有限的媒体容量迫使编辑部行使把关职责，过滤那些极为琐碎、私密、无足轻重或者有悖道德的内容。而社交媒体时代的无限容量和无限关注产生了巨大的内容缺口，那些过去根本不会出现在大众媒体上的内容，如明星的某个表

① URRY J. Mobile sociology 1 [J]. The British journal of sociology，2000，51 (1)：185 – 203.

② 同①。

③ PENFOLD R. The star's image, victimization and celebrity culture [J]. Punishment & society，2004，6 (3)：289 – 302.

情、某种隐秘的私人关系、碎片化的个人言论，甚至家里的宠物等等，如今都成为热搜的常驻内容。"曾经，谈论公众人物的私人事务和私人习惯是相当可鄙的，现在这些内容却成为人们关注的焦点。父母身份、个人社交网络、亲友、家庭生活、社交、爱好和烹饪癖好等主题比比皆是。"① 这种运作逻辑向社会文化领域延伸的后果就是大众文化的个体化、琐碎化、私人化。社交媒体是围绕着个体逻辑运作的。人们在社交媒体上的绝大部分活动围绕个人生活进行。他们积极展示自己的私人生活，并以此作为置换他人注意力的手段。私人视角的叙事天然具有去情景化的特点。社交媒体上的发布很少将个人故事置于更广阔的社会政治背景中，而只展示当下的小确幸或小不幸。而这些个体的遭遇又往往为个体化的行动方案所解决。这种方案通常是消费主义的，比如购物、化妆、健身、改头换面，有时候也涉及社会关系的重塑，比如换工作、换伴侣、参加新的社会活动，却很少涉及社会对个体的整体性责任。换句话说，围绕私人事务的亲密性公共领域一再夯实的是另一种个人主义的意识形态导向。人们以消费他人的私人事务取乐，同时生产自己的私人故事娱人。那些在前社交媒体时代无法绕开的社会语境由此隐匿为"房间里的大象"。

　　在运作规则上，亲密性公共领域依赖情感接触而不是理性辩论来运作②。由于该领域内容的私密性，公开、平等、协商的公共理

---

　　①　LOWENTHAL L. The triumph of mass idols [M] //Literature, popular culture, and society. Englewood Cliffs: Prentice-Hall, 1961: 109 – 141.

　　②　BERLANT L. The female complaint: the unfinished business of sentimentality in American culture [M]. Durham: Duke University Press, 2008: viii.

性原则往往被亲密的、家庭化的、"帮亲不帮理"的情感规则取代。粉丝们往往不以是非对错来评判偶像，而是将狂热的情感注入图腾式的崇拜。事实、伦理、法度等公共事务的基本衡量原则被喜欢/不喜欢这种私人的情感冲动取代，后者成为衡量饭圈争议的新标准。在这个新标准下，粉丝阵营以敌友之分取代是非之别：相同阵营的是"姐妹""家人"，不同阵营的则是"对家"；人们不再执着于具体事件的是非对错，而是固守特定的身份标签，对峙在泾渭分明的界线前，动辄骂战、互撕、"屠广场"、"洗超话"。而饭圈逻辑向其他领域的渗透则将网红之外的公共领域也拖入了这种前现代的非理性之中。如今，即便传统的影视歌星也需要遵循网红逻辑来营业、吸粉、固粉；任何普通的公共话题都会迅速转为两派人士的争吵、对骂和人身攻击；公众不再致力于追求对话、协商和同情之理解，而致力于达成完全的证据压制、道德审判和社会性消灭。

第六章 | 娱乐新闻：公开贩售的名人八卦

八卦是人类在漫长的演化进程中保留下来的重要社会行为。人们热爱常人八卦，更钟情于名人八卦。

名人新闻在新闻业务和新闻学研究中鲜登大雅之堂。除了所谓的文化研究传统的傲慢以外，更重要的原因在于：名人新闻和传统新闻遵循两套生产逻辑，后者对前者既有延续，又有冲击。

八卦是人类在漫长的演化进程中保留下来的重要社会行为。人们热爱常人八卦，更钟情于名人八卦。不论是政治家、商业大亨、体育健将，还是媒体制造的影视歌星、真人秀明星和网红，他们由于为人所熟知而承担着主动或被动的社会功能——作为一种可资售卖的商品或者作为社会公共话题的平台。

名人八卦

如果返回八卦作为一种社会行为的本源，那么，名人八卦同常人八卦相比，在八卦的社会功能的各个维度上，都有相似却不同的表现。

第一，八卦具有强信息功能。在前工业社会中，由于人们多数生活在由密切人际关系构成的狭窄社会圈层中，普通个体的生死福祸、身世浮沉对其他个体具有重要意义，因为这关乎其他人的生活福祉——小到是否要参加洗礼或葬礼，大到是否要切割关系或争夺继承权；进入工业时代之后，由于社会关系的松散，普通人的八卦信息失去了强信息效力，蜕化为通俗报纸上的世情新闻，供人们茶余饭后谈论和分享。但名人不同。

如同第四章中所谈论的那样，随着名人从一种精神荣誉（英雄、勇士、贵族）转化为一种世俗成功（政治家、商业大亨），继而成为大众消费品（影视明星、体育明星、文化名人），名人蜕去了原先由于自身英雄特质而拥有的天然权力，成为传统权力在前台的代言人和外包商，通过克里斯玛式的角色示范效应而非权力精英的实际控制能力来施展权力。① 由于名人——不管是作为神秘的直接权力掌控者还是显眼的前台权力外包商——的权力属性，部分名人八卦具有强信息功能。在 19 世纪中期以前，社会权力集中于由少量精英阶层组成的松散联盟，政治的实际控制力来自那些"自身地位不依赖于政治地位的人"②。政治人物的花边新闻——比如私生子、情妇、虐奴等，都不足以动摇其权力根本。随着社会结构从公众群落（a community of publics）到大众社会（a mass society）的变化③，"由有财产者和受过教育的人组成的少数选民被全体选举权和不断加强的投票精选活动取代"，政治活动的主要形式不再仅限于公众群落通过代理人开展的政治辩论，而是拓宽至政治代理人通过大众媒体对民意的直接控制、管理、操纵和恐吓④。由于普通民众缺乏甄别严肃政治信息的能力⑤，政治精英便通过一系列便捷性的方式左右民众认知，最常见的方式便是通过塑造一个负责任的"常人"形象来调动民众对其政治能力的"移情"。这种"常人"形象的塑造不可避免地通过展示其私生活来实现，比如负责任的丈夫、有爱心的父亲和偶尔"可爱"的男人。当人们认为政治人物是关爱家庭、照顾宠物、忠诚于婚姻、偶尔犯迷糊但更真实的"我

① FUREDI F. Celebrity culture [J]. Society，2010，47（6）：493 - 497.

② MILLS C W. The power elite [M]. New York：Oxford University Press，1956：229.

③ 同②.

④ 同②264 - 265.

⑤ SMITH G R. Politicians and the news media：how elite attacks influences perceptions of media bias [J]. The international journal of press/politics，2010，15（2）：319 - 343.

们"中的一员时，他们往往因为"喜欢"他/她而不是"相信"他/她的政治能力而为其投票。

这种"常人"形象的塑造一直以来经由大众媒体向公众传递。严肃报纸数个世纪以来始终是政治精英和普通大众之间的过滤器。尽管那时候政治人物也不乏丑闻、琐事和花边消息，但严肃报纸通常会过滤、淡化或有效引导民众对娱乐性内容的解读，守卫严肃新闻和娱乐新闻之间的界限①，使得花边新闻仅能点缀政治人物的整体形象，而无损其严肃性和崇高性。而随着大众传播时代的到来，名人新闻的发布权不再为白宫记者团的老牌报纸所独享，狗仔队们端着照相机和手持摄像机，像炮制连续剧一样更新肯尼迪的花边新闻和克林顿的风流故事；社交媒体则将政治和八卦有意地搅和在一起，人们像评论朋友或评价网红一样围观政治人物们"推特治国"。

作为传统精英的政治控制力和作为娱乐名人的角色魅力之间原本分明的界线变得模糊。政治精英能够在多大程度上获得公众的支持直接影响其政治生涯。例如，1998 年 1 月 21 日，克林顿和莱温斯基丑闻被爆，当日美股下跌 0.8%，随后，期权恐慌指数 VIX 大幅度波动。又如，2004 年 1 月 19 日，风头正劲的民主党候选人霍华德·迪安（Howard Dean）在爱荷华州党团会议上突然发出怪叫，这一幕以"迪安怪叫"（Dean scream）为标签在各大媒体及平

---

① ZHOU S, MAXWELL L C, KIM Y, et al. More than a mistake: the role of political gaffes in U. S. presidential election coverage [J]. Communication & society, 2017, 42: 255 - 303.

台迅速传播，使其沦为笑柄，黯然退出初选①……尽管对于普通人而言，名人八卦只是单纯的消遣信息，但股市和选举局势的变化传递了不同的信号：名人八卦对部分人群而言具有信息属性，是其提前嗅出实质性权力关系变化的前兆。

第二，名人八卦具有强社会影响功能。在松散的、原子化的大众社会中，名人八卦是少数能够凝聚各阶层目光的事件。人们通过对名人八卦的反复传播，破坏其名声甚至摧毁其职业生涯，以直接警示违规行为的后果，规约社群中其他个体的不端行为；个体通过对名人八卦的参与、讨论和传播，间接习得社会规范；名人八卦作为普通人的谈资，有助于交往障碍的消除和社交距离的缩短，从而充当凝聚共享身份的纽带。更重要的是，剥去"名人"光环以后的名人八卦往往具有公共性。人们对名人八卦的关注很容易扩展到泛社会问题和道德问题。如对王宝强、贾乃亮等明星婚姻问题的关注实际上讨论的是现代婚姻中的法律和道德契约；对明星家庭教育方式的争论反映了现代育儿理念的多元与冲突；对德云社弟子吴鹤臣通过水滴筹募捐的讨论关乎社会资源的分配准则；对名人性骚扰事件的揭露乃至席卷全球的 Metoo 运动则直指性别压迫和性别歧视的社会现实。这类名人八卦已经超越了私人事务的范畴，成为凝聚社群身份的公共事务，也是人们对协商共识、建立伦理边界的集体价值系统的反复体认。

需要指出的是，名人八卦的社会规约功能所约束的对象不一定

---

① ZHOU S, MAXWELL L C, KIM Y, et al. More than a mistake: the role of political gaffes in U. S. presidential election coverage [J]. Communication & society, 2017, 42: 255 - 303.

是八卦新闻的主角。只有那些依赖大众关注而获取魅力型权力的名人（如影视明星），以及由大众直接制造出来的名人（如选秀明星、真人秀明星和网红）才是名人八卦能够真正"一言兴之，一言毁之"的对象。民众对这类名人八卦形成的"众意"具有现实性后果。然而，这类名人本身拥有的就是外包权力而非实际权力，也无须被实际权力保护。一旦某个名人不能俘获"众意"，即人设崩塌，就会随时被替换。顶流明星在人们的口齿间来去，以其命运的浮沉作为社会规则的注脚。民众在对明星的毁誉中获得造神的成就感或弑神的快感，但实际上，他们摧毁的仅仅是权力的外包傀儡，而远不足以触及真正的权力。

这一论断的典型例子是，名人的负面八卦可能会影响政治明星，令利益集团或政党更换代理人，却不会撼动整个利益集团的既有地位。经济精英则拥有更强大的独立性。商业大亨的花边新闻，如澳门赌神的妻妾成群、三星家族的爱恨情仇、亚马逊创始人的劳燕分飞等都不影响经济权力的实际控制力。名人八卦甚至影响不了体育明星和社交名媛。比如高尔夫球星老虎伍兹的桃色新闻和社交名媛帕里斯·希尔顿的奢靡生活一向是名人八卦的热门话题，但这既无法动摇前者在职业赛中的统治地位，也无法更改后者所具有的家族血统。从这一意义上说，人们因为消费名人八卦所获得的社会参与感，仅仅是权力有意抛出的一种幻象。

第三，名人八卦具有更强的娱乐功能。少数时候，人们因为名人的正面八卦而羡慕、喜悦、共情。名人们或面容俊美、天赋不凡，或命途通达、功成名就。人们因为将自己代入名人的角色，而

211

在幻想中共历他们的喜悦与荣光。但在大多数情况下，名人的负面八卦才更具有传播力。人们乐见高位者的坠落，津津乐道于豪门中落、朱楼坍圮、晚节终难保、神女堕凡尘。这并不是一种幸灾乐祸的恶趣味，而是写在人们基因里的本能。一项神经学研究显示，名人的负面八卦能够显著激活大脑的奖励中枢[1]。神经生物学家亚当·帕金斯（Adam Perkins）就此评论道：

> 从本质上而言，我们还是顶着洞穴人大脑在现代世界跑来跑去的原始人。这种对名人生活的窥视和熟悉能够欺骗我们的大脑，从而视名人如我们的同辈群体一样，与之进行直接比较，哪怕我们从未见过他们。而当一个名人走下神坛的时候，我们大脑的奖赏区域就被激活，就好像见证了一个更成功的竞争对手失败的过程一样。[2]

换言之，人类产生文字文明不过短短几千年，进入工业革命时代也不过几百年。短暂的现代文明根本不足以改写人的本能。不论世界如何广袤，我们依旧生活在由 150 个人组成的亲密社交圈里；遥远的名人因为大众媒体这一中介，一举一动如在眼前，于是我们的大脑判定他是亲密的，如同一个生活在部落中的真实邻居一样。然而，这种身份的差距总令人们感到不安。因为他者过于优越的社

---

① PENG X Z, LI Y, WANG P F, et al. The ugly truth: negative gossip about celebrities and positive gossip about self-entertain people in different ways [J]. Social neuroscience, 2015, 10 (3): 320 - 336.

② MACRAE F. Can reading gossip about a troubled star really feel as good as winning the lottery? [EB/OL]. (2015 - 01 - 26) [2022 - 02 - 15]. https://www.dailymail.co.uk/news/article-2927562/Can-reading-gossip-troubled-star-really-feel-as-good-winning-lottery.html.

会地位意味着对资源的压制性掠夺，就如同部落里的卓越者总会压制性地占有更多的食物、配偶和后代一样。因此，人们对名人单向度的敬仰、狂热和奉献不能久长。如果名人无甚瑕疵又无甚创举，粉丝们在度过最初的狂热之后往往会"脱粉"，即，将名人从自己的社交圈中排除出去；如果名人有负面新闻，大众会即刻陷入声讨的狂欢，因为，"假如名人从不受挫，讨好名人的所有报道终将令读者感到沮丧。这其中发挥作用的是一种审美所必需的骄傲。为了让自己的生活保持一定的合理性，我们必须相信英雄也会遭受命运捉弄"①。

八卦是人类在漫长的演化进程中保留下来的重要社会行为。人们热爱常人八卦，更钟情于名人八卦。大众媒体上的八卦常以名人为主，偶尔涵盖独特的普通人。随着名人从英雄到娱乐明星的转移，名人新闻、八卦新闻、娱乐新闻的界线日益模糊。

名人新闻

人际传播中的八卦通常涉及三种对象：熟人、名人、特别的人②。但大众媒体上的八卦常以名人为主，偶尔涵盖独特的普通人。随着名人从英雄到娱乐明星的转移，名

① 斯蒂芬斯. 新闻的历史（第三版）[M]. 陈继静，译. 北京：北京大学出版社，2014：72.

② BEN-ZE'EV A. The vindication of gossip [M] // GOODMAN R F, BEN-ZE'EV A. Good gossip. Lawrence：University Press of Kansas，1994：17.

人新闻（celebrity news）、八卦新闻（gossip news）、娱乐新闻（entertainment news）的界线日益模糊。本节以"名人新闻"指代以名人八卦为对象的新闻报道。

名人新闻是指那些遵循特定的新闻标准和日常活动而生产的、以名人的私生活而非公共生活为焦点的新闻①。同名人研究在文化研究领域的边缘化地位一样，名人新闻在新闻业务和新闻学研究中也鲜登大雅之堂。除了特纳所谓的文化研究传统的傲慢以外②，名人新闻的所属领域界定不清也是重要原因之一。在传播和媒体研究领域，固然有大量研究关注新闻的通俗化、私人化和煽情主义，但政治事务、精英媒体和精英新闻依旧处于核心地位；这类讨论也并不以名人新闻为着眼点，而是针对严肃新闻的通俗化趋势。安尼克·迪比耶（Annik Dubied）和托马斯·哈尼茨奇（Thomas Hanitzsch）认为，名人新闻似乎属于多个领域，但却未在任何一个领域得到充分讨论，甚至关于名人新闻到底是不是一种新闻的问题都曾反复拉锯③。

名人新闻对传统新闻业的挑战

学者们对名人新闻的第一个争论焦点在于：名人新闻到底是不

① GORIN V, DUBIED A. Desirable people: identifying social values through celebrity news [J]. Media Culture & Society, 2011, 33 (4): 599-618.

② TURNER G. Approaching celebrity studies [J]. Celebrity studies, 2010, 1 (1): 11-20.

③ DUBIED A, HANITZSCH T. Studying celebrity news [J]. Journalism, 2014, 15 (2): 137-143.

是一种新闻。这个问题似乎有些愚蠢：名人新闻兼具新鲜性、及时性、异常性，有时还有重大性，且模式简单重复，内容常换常新，完美契合了当代人短平快的信息需求，是通俗新闻的不二之选。[①]但在学理角度上，名人新闻并不会因为被冠以"新闻"二字就自动具备新闻属性。

名人新闻和传统新闻遵循两套生产逻辑。传统新闻的规范逻辑是面向公共服务和更大的善，将受众视为需要信息供应以做出公共决策的公民；名人新闻则将受众视为有消费能力的消费者，通过向其贩售他人的私人信息以盈利[②]。

由于逻辑起点迥异，名人新闻冲击了一系列传统新闻法则，如为娱乐性而牺牲信息性、为煽情性而失之准确性、为故事性而耽于琐碎性、为轰动性而罔顾正义性等等。迪比耶和哈尼茨奇在《名人新闻研究》一文中将这种冲击总结为三点：第一，名人新闻模糊了真实和虚构的界限，时时与广告商和公关公司共舞，从而令新闻的可靠性大打折扣；第二，名人新闻挑战了传统新闻法规和职业道德，如通过偷拍偷录侵犯个人隐私权，通过索取"公关费""封口费"牺牲公民知情权，以隐瞒、欺骗甚至违法手段获取材料，践踏职业伦理规范等；第三，名人新闻改变了记者和信源之间的关系，从相互独立、监督乃至质询型关系转换为相互依存、支撑乃至利益

---

① TURNER G. Approaching celebrity studies [J]. Celebrity studies，2010，1（1）：11 - 20.

② GORIN V，DUBIED A. Desirable people：identifying social values through celebrity news [J]. Media Culture & Society，2011，33（4）：599 - 618.

型关系，从而影响了新闻业的独立法则①。

特纳将名人新闻与传统新闻的差异归结为生产流程、新闻内容和产业格局三个核心层面②。第一，常规名人新闻的生产没有突发性。大部分名人新闻是事先组织和规划的，名人、经纪公司或公关公司是整个名人新闻的导演，新闻媒体是预先设计的演出中的一环，既是剧目又是舞台。这类名人新闻由组织运作并推送，出于商业而非信息目的，服务于报道人物的利益而非公众的知情权。这种计划性的新闻也改变了记者的职业角色：由于名人信息供过于求，娱乐新闻的采写不是记者主动挖掘真相，而是等待经纪公司或发布会的信息推送或打包通稿；娱乐记者不再是传统的信息搜寻者，而是一个信息过滤者。

名人新闻在新闻业务和新闻学研究中鲜登大雅之堂。除了所谓的文化研究传统的傲慢以外，名人新闻和传统新闻遵循两套生产逻辑，名人新闻对传统新闻的法则造成了冲击。

传统新闻的规范逻辑是面向公共服务和更大的善，将受众视为需要信息供应以做出公共决策的公民；名人新闻则将受众视为有消费能力的消费者，通过向其贩售他人的私人信息以盈利。

由于逻辑起点迥异，名人新闻冲击了一系列传统新闻法则，如为娱乐性而牺牲信息性、为煽情性而失之准确性、为故事性而耽于琐碎性、为轰动性而罔顾正义性等等。

---

① DUBIED A, HANITZSCH T. Studying celebrity news [J]. Journalism, 2014, 15 (2): 137 - 143.

② TURNER G. Is celebrity news, news? [J]. Journalism, 2014, 15 (2): 144 - 152.

最明显的是对精心策划的"娱乐事件"的报道，这些事件的唯一目的就是借道媒体向公众发布信息，将新闻业变成娱乐业的信息通道。娱乐记者了然自己被公关公司和经纪公司利用的现实，但是他们除了合作之外别无选择，否则就会被排除在游戏之外，无法继续获取信息。娱乐记者丧失了独立性，与信源相互依存，甚至被信源绑架。读者或许会说，这不过是娱乐记者懒惰和敛财的借口，他们不依赖经纪公司和公关公司的通稿，也可以自己去发掘新闻，就像调查记者一样。这个天真的想法忽略了娱乐新闻业——乃至新闻业——作为一个常规产业的事实。同任何一个行业一样，新闻业作为一个稳定的产业门类，其生产价值要求最小的新闻生产成本和最高的新闻生产效率，这使得记者必须趋向于最方便的、最易接近的、最具持续性和稳定性的信源，唯此，才能最大限度地保证新闻业具有一种持续性的、恒定化的、能够经受时间洗礼的规范路径（normative approach）[1]。调查记者或许能够间断性地曝出"大新闻"，成就个人价值和社会价值的双赢，但每日出版的新闻版面是靠那些方便、可靠、稳定且持续的信源支撑的。这些信源是政治新闻中的政府发布会和通讯员，是经济新闻中的企业发布会、公关专员和公司经营情况公告，是娱乐新闻中的经纪公司和公关公司。

记者并非孤独来去的骑士，凭一支笔独自捍卫公共利益与正义。记者与所报道对象的相互合作和互相依偎在政治新闻与商业新

① DONSBACH W. Psychology of news decisions: factors behind journalists' professional behaviour [J]. Journalism: theory, practice, and criticism, 2004, 5 (2): 131-157.

217

闻中都普遍存在，只是娱乐新闻的处境常常被忽略。《人物》（*People*）杂志的一位编辑直言：我们在做新闻和做名人的传声筒之间有一条明确而细微的分界线；保持娱乐新闻的正直性太难了，因为太多人试图去控制其形象①。因此，娱乐新闻业"处于记者试图控制内容和名人试图寻求可见度的长期斗争之中"②。当这场斗争处于市场资本主义的背景之下时，娱乐产业、广告公司和媒体董事会都站在记者的对立面。娱乐新闻业越依赖明星报道以售卖（为发行量）或二次售卖（为广告额），编辑部在内容和导向方面的议价权就越式微③。

从某种程度上来说，反而是狗仔队（paparazzi）承担了娱乐业"真相挖掘者"的角色，尽管狗仔记者的报道动机与新闻记者殊为不同（见下一节）。公关公司、娱乐记者、狗仔队之间的持续性斗争实际

从某种程度上来说，狗仔队承担了娱乐业"真相挖掘者"的角色，尽管狗仔记者的报道动机与报道一般新闻的记者殊为不同。公关公司、娱乐记者、狗仔队之间的持续性斗争实际上是"信息经济"战争中关于自主权和控制权的斗争。这场战争需要一个仲裁者，确保基本的专业法则和价值判断能够被遵循。

---

① GAMSON J. Claims to fame：celebrity in contemporary America ［M］. Berkeley，CA：University of California Press，1994：85.

② HELLMUELLER L C，AESCHBACHER N. Media and celebrity：production and consumption of "well-knownnes" ［J］. Communication research trends，2010，29（4）：3-35.

③ 同②.

上是"信息经济"战争中关于自主权和控制权的斗争①。这场战争需要一个仲裁者，确保基本的专业法则和价值判断能够被遵循。但在当下快速变化的媒体环境中，新闻业的传统准则也在经受巨大的挑战。因此，在承认娱乐新闻挑战了传统新闻业的同时，何谓"传统新闻业"未尝不是一个新的问题。

第二，名人新闻以八卦为主要内容，真实性不是其首属要求。娱乐记者的可信性不是建立在其对信息进行验证并准确报道的能力之上，而是建立在其获取信源的能力上。与明星或经纪公司良好的私人关系意味着娱记能够持续获得一手信源——持续性，而非真实性、突发性、准确性等，是娱乐新闻业保持兴旺的要义。这种业态产生了两个事实：一是娱乐新闻与政治新闻和体育新闻一样，产生了知名记者，他们自己就是权威信源，无须为自己的报道提供辅助性证据；二是传统新闻要求记者与信源相互独立，娱乐新闻却乐于强调记者与名人间的亲密关系，这种亲密关系甚至是成功娱记的必备素养。名人新闻的判断标准不是准确性，而是记者能够获取独家信源的能力，哪怕这种信息是道听途说的小道消息，观众们消费起来依旧乐此不疲。

第三，名人新闻对视觉信息的绝对依赖创造了新闻业内容生产的新格局。首先，名人文化本身就高度依赖视觉影像。摄影术的诞生和在新闻业的应用催生了名人文化从集体主义到个体主义的变化。此前，手绘画、版画或油墨画只能激发人们对名人的想象，

---

① HELLMUELLER L C, AESCHBACHER N. Media and celebrity: production and consumption of "well-knownnes" [J]. Communication research trends, 2010, 29 (4): 3-35.

"无图无真相"的具体影像则为公众的认同、投射和崇拜提供了真实而具体的载体。名人新闻自兹始。其次，娱乐文化的流行进一步导致视觉文本对语言文本的压制。在过去，一篇深度报道往往引发全社会的讨论和反思，但如今，引爆舆论往往只需要一张"周一见"的图片、一个模糊的剪影、一段晃动的镜头或者一小段分析蛛丝马迹的短视频。随着传统新闻业的低迷，名人影像成为市场份额争夺战中的杀手锏。影像和文字内容在盈利能力上的天壤之别令媒体集团不惜重金购买独家图片以刺激发行和收视。再次，技术的进步打开了对影像信息需求的无限缺口：需要明星图片的不再是有限的娱乐杂志、八卦周刊或都市报的娱乐版，互联网——包括各类官方网站、社交媒体、娱乐博客、粉丝应援会等——产生了巨大的、无上限的容纳力，急需各种名人图片填充；移动互联网的发展又延长了受众的媒体使用时间，将通勤、排队、开会、等咖啡等无数碎片时间转换为媒体时间，而碎片化阅读几乎与娱乐新闻是天作之合。市场容量的拓展和消费速度的提升催生了庞大的市场需求。最后，影像信息是融媒体时代的"天选之子"。跨媒体巨头只需支付一次版税，就可以将同一套图片在公司旗下的多个渠道发布，同步覆盖不同层次的读者、观众、网络用户市场，实现最大化盈利。因此，媒体机构往往不惜对名人图片一掷千金。由此，技术飞跃和市场需求的双重驱动直接刺激了名人影像产业的繁荣①。

---

① MCNAMARA K. The paparazzi industry and new media：the evolving production and consumption of celebrity news and gossip [J]. International journal of cultural studies，2011，14（5）：515 - 530.

　　这种繁荣最终体现为视觉信息供应行业的独立化。一方面，便携的影像采集无限扩充了供稿来源。传统的新闻图片主要来自两大渠道：媒体机构的自由摄影师和自由来稿人。他们需要在大街上截住名人，把尺寸巨大的禄来福来反光照相机（Rolleiflex cameras）伸到明星的面前来拍一张私人照；如今，轻便的长焦光学镜头令狗仔们可以在完全不被发现的情况下获得偷拍照片①。智能手机、智能相机和移动通信网络的进步大大便利了图片的传输和分发，娱乐记者能够第一时间将偷拍照传回公司或者发布到媒体，极大地提高了影像信息的供应总量和供应效率。不仅如此，便携图像生产工具还扩大了图像提供的可能性——不再需要专业的摄影器材，人人都可能偶遇明星，拍个大新闻，上传到个人网站或者直接向媒体爆料。一个"公民狗仔"（citizen paparazzi）②的时代诞生了。许多媒体专门开辟通道接收网友供稿。著名的名人照片网站 Splash-news. com 专门设立了附属网站供"公民狗仔"上传名人照片以换取报酬。英国著名的名人杂志《热火》（*Heat*）每天收到一两万幅来自网友的照片投稿③。信息生产者和消费者之间的界线模糊了。狗仔新闻业收割来自"公民狗仔"的供稿，转手又将这些图片售卖

---

　　① HOWE P. Paparazzi and our obsession with celebrity ［M］. New York：Artisan，2005：22.

　　② 值得一提的是，同样是人人参与，公民新闻（citizen journalism）和公民狗仔得到的评价截然不同。前者被认为极大地贡献了参与性的公民话语，有助于公共空间的拓展和民主社会的普及；后者则被认为是出于商业目的的机会主义行为（opportunistically operating for commercial purposes），是普通人借助技术创新而试图获利的投机行径。

　　③ DAY E. Celebrity：a good year for the paparazzi? ［EB/OL］.（2008 - 08 - 17）［2022 - 02 - 15］. http：//www. guardian. co. uk/lifeandstyle/2008/aug/17/celebrity.

给媒体或观众，形成了一种自生性（self-genereated）的图片供应
市场。①

　　另一方面，专业的影像生产业日渐独立甚至垄断。传统的自由
摄影师往往依靠从大量低成本的图片中偶尔爆得一两张独家图片，
指望财大气粗的媒体机构收购并发表。然而，由于报纸能够消化的
照片有限，占狗仔照多数的"普通"照片通常乏人问津，在20世
纪末期往往通过较低的价格打包卖给主流娱乐媒体的网络版。然
而，随着信息发布渠道不再为机构媒体所垄断，以名人照片为业的
摄影师们可以独立创建网站和自媒体账号，绕过新闻机构直接发布
图片并换取收益。供需关系的倒转伴随着议价权的转移。摄影师们
不再将名人照片零星售卖给传统媒体，而是建立起自有品牌的跨国
娱乐网站。包括狗仔队在内的摄影记者从传统媒体的内容提供者转
变为独立的新闻终端，主导甚至垄断了影像供应。行业巨头建立起
从照片采集、修饰到分发、炒作的标准流水线，偷拍业"从一种扫街
工种变为一种技术工种"②。至此，摄影部供稿—编辑刊发或自由来
稿—媒体收购两类新闻图片的供求传统被彻底改变了。网络分发平台
的崛起将过去上不了台面的狗仔偷拍变成主流，偷拍机构摇身变为新
闻提供者，传统媒体转而需要跟进娱乐网站的爆料来设置议程③。

　　① MCNAMARA K. The paparazzi industry and new media: the evolving production and consumption of celebrity news and gossip [J]. International journal of cultural studies, 2011, 14 (5): 515-530.

　　② 同①.

　　③ PAVLIK J K. Media in the digital age [M]. New York: Columbia University Press, 2008.

名人新闻对传统新闻业的延续

尽管名人新闻在生产流程、新闻内容和产业格局三个层面都与传统新闻迥异，但多数观点依旧认为，名人新闻应该被视为一种新闻形式，一种以满足人们娱乐诉求为主要功能的新闻形式。它保持了传统新闻的某些特征，也将娱乐新闻的逻辑渗透入一些过去由传统新闻控制的领域①。例如，娱乐新闻沿用了传统新闻的某些价值判断标准，如重要性（咖位越大的名人得到的关注越多②）、戏剧性（情节越夸张、冲突性越强，点击率就越高③）、临近性与亲密性（名人与观众相似性和认同感越高，其新闻就越受欢迎）。例如，本国/本土名人的吸引力通常比国际名人更大，哪怕有些本土明星的影响力仅限于国土的地理范围内。鲁斯·麦克尔罗伊（Ruth McElroy）和丽贝卡·威廉姆斯（Rebecca Williams）为此专门创造了"localebrities"一词来称呼这些影响力不出国门的名人④。瓦莱丽·戈林（Valérie Gorin）和迪比耶认为，尽管娱乐新闻的生产方式与传统新闻有所不同，但娱乐记者并不是作家，娱乐新闻也不是

① TURNER G. Is celebrity news, news？[J]. Journalism, 2014, 15 (2)：144 - 152.

② SISSONS H. Practical journalism：how to write news [M]. London：Sage, 2008.

③ OLDS J, BARNES L. "We look after our own"：the cultural dynamics of celebrity in a small country [J]. Pacific journalism review, 2013, 19 (2)：86 - 106.

④ MCELROY R, WILLIAMS R. Remembering ourselves, viewing the others：historical reality television and celebrity in the small nation [J]. Television & new media, 2011, 12 (3)：187 - 206.

小说、段子等虚拟性作品。娱乐记者也遵循特定的新闻生产准则采写娱乐新闻，也需要挖掘真实和记录证据，即便这些证据真假掺半。①

因此，以内容、采写方式、记者与信源的独立程度等方面的差异为标准，尚不足以将名人新闻排除出新闻类别。因为，如果从新闻发展史的角度观之，上述这些被奉为圭臬的新闻行业操作标准并非新闻业生而有之；它们在诞生之初，也被作为新闻业的"异类"而排斥。② 例如，19 世纪 60 年代，美国记者开创性地采用面对面的新闻采访形式直接向当事人获取信息或当面质询，这被当时的欧洲新闻界视为"异类"，因为这种直截了当的发问被认为是粗鲁或谄媚的，有辱记者的职业性。19 世纪末，便士报和黄色新闻引领了通俗新闻业的风潮，其内容以民生琐事为主，随后扩展到犯罪新闻、上层人物报道和花边轶事；形式上则以煽情和夸张为主要手段；采取沿街售卖而非传统的订阅方式。这在当时同样被斥为"拉低了新闻业的标准"③，并且至今仍被视为严肃新闻的反面。

因此，欧内布林和约森认为，所谓名人新闻对传统新闻业的挑

① GORIN V，DUBIED A. Desirable people：identifying social values through celebrity news [J]. Media Culture & Society，2011，33（4）：599 – 618.

② ÖRNEBRING H，JÖNSSON A M. Tabloid journalism and the public sphere：a historical perspective on tabloid journalism [J]. Journalism studies，2004，5（3）：283 – 295.

③ DEFLEUR M L，BALL-ROKEACH S. Theories of mass communication [M]. 5th ed. New York：Longman，1989：52.

战，不过是新闻业周期性形态革新的一部分。这种更新在历史上曾经以多种形态出现，本身就是新闻业顺应社会发展的一种体现。之所以新闻业褒扬传统新闻而贬低名人新闻，是因为新闻业没有以一种发展的态度，为出现了娱乐新闻之后的"新新闻"行业制定新标准，而是固守20世纪甚至19世纪的精英报纸标准来衡量名人新闻。一旦被引入与传统新闻相比照的"好-坏""优-劣"的二元参照系之中①，名人新闻自然显得时时相形见绌，处处格调低下，人人得而诛之。实际上，新闻业中的"他者"始终存在，"他者"身上的低劣标签不过是建制派新闻对"非我族类"的一种定义；这些"他者"拓展了受众对象，开辟了替代性公共领域，使得草根群体对建制派精英的对抗可以走上前台②。新闻娱乐化并非自名人新闻

新闻业中的"他者"始终存在，"他者"身上的低劣标签不过是建制派新闻对"非我族类"的一种定义。所谓名人新闻对传统新闻业的挑战，不过是新闻业周期性形态革新的一部分。这种更新在历史上曾经以多种形态出现，本身就是新闻业顺应社会发展的一种体现。之所以新闻业褒扬传统新闻而贬低名人新闻，是因为新闻业没有以一种发展的态度，为出现了娱乐新闻之后的"新新闻"行业制定新标准，而是固守20世纪甚至19世纪的精英报纸标准来衡量名人新闻。

---

① TURNER G. Is celebrity news, news? [J]. Journalism, 2014, 15 (2): 144-152.

② ÖRNEBRING H, JÖNSSON A M. Tabloid journalism and the public sphere: a historical perspective on tabloid journalism [J]. Journalism studies, 2004, 5 (3): 283-295.

始，因此也不应该将名人新闻打入另册。

狗仔队新闻

狗仔队的起源与定义

狗仔队（paparazzi）一词源自 papataceo，本意是一种大型蚊子，引申为如同成群的害虫一般围攻名人的娱乐记者。对娱乐记者的类似形容还包括"以名人为食的秃鹰"（vultures feeding off celebrities）[1]、"现代版赏金猎人"（modern day bounty hunters）[2] 等。1960 年，意大利导演费德里科·费里尼（Federico Fellini）在电影《甜蜜生活》（*La Dolce Vita*）中塑造了一名烦人的新闻记者 Paparazzo 夫人，自此，paparazzi 成为形容娱乐记者的最著名的专有名词；狗仔新闻也专指那些采用非公开手段采集的、以名人隐私为主要内容的新闻。

狗仔新闻几乎与明星制同步出现，并且在相当长的时间内为主流新闻业的娱乐版所倚重。在数字革命之前，在娱乐杂志和娱乐报纸鼎盛的年代，一张珍贵的狗仔照（paparazzi photography）往往价值千金[3]。那时候，尽管狗仔照是通俗报纸和八卦杂志的宠儿，

① SHARKEY J. The Diana aftermath [J]. American journalism review，1997，19（9）：19.

② BODMAN B. A high price to pay [J]. British journal of photography，1997，10：12.

③ MCNAMARA K. The paparazzi industry and new media：the evolving production and consumption of celebrity news and gossip [J]. International journal of cultural studies，2011，14（5）：515-530.

但地位仍极为边缘化。摄影记者波特·吉福德（Porter Gifford）曾辛辣地嘲讽道："狗仔队这种新闻行当的渣滓和真正摄影记者的唯一共同点就是他们手里也拿着相机。"[1] 随着数码技术的发展，狗仔照通杀各类媒体平台，与红毯照（red carpet photography）共同构成了名人新闻的两大视觉来源[2]。对狗仔照的定义往往也与红毯照相对举：后者是指名人出席各类活动时有意摆拍的照片，包括工作照、宣传照、现场照等；前者则指那些非有意摆拍的照片，如名人的日常生活照或抓拍的工作照等。卡罗尔·斯奎尔斯（Carol Squiers）将狗仔照视为一种杂交体（hybrid），混合了新闻摄影（photojournalism）、纪录片（documentary）、名人照（celebrity photography）和监控摄影（surveillance photography）四种不同的摄影类型[3]。

狗仔照与新闻摄影和纪录片的区别在于其内容（关注名人而非战争、政治问题或社会积弊）和动机（出于金钱收益而非社会责任）。同传统的新闻摄影不同，狗仔照的核心在于其内容而非形式。构图、用光、景别都不是狗仔照的重点，"拍得到"比"拍得好"更加重要。人们通常会对一张严肃新闻的摄影吹毛求疵，但对狗仔

---

①　GIFFORD P. Mom，I'm not a paparazzo［N］. The New York Times，1997 - 09 - 06（23）.

②　MORTENSEN M，JERSLEV A. Taking the extra out of the extraordinary：paparazzi photography as an online celebrity news genre［J］. International journal of cultural studies，2014，17（6）：619 - 636.

③　SQUIERS C. Class struggle：the invention of paparazzi photography and the death of Diana，princess of Wales［M］//SQUIERS C. Over exposed：essays on contemporary photography. New York：New Press，1999：171.

照则宽容得多。实际上,最好的狗仔照甚至是反审美的(anti-aes-thetic),摇晃的镜头和模糊的噪点更能显示狗仔们抓取真相的非凡能力①。

狗仔照:名人的"普通化"与"表演的私人性"

一说起"狗仔照",人们往往想到"大新闻"。那些踢爆明星恋情、家暴、出轨、私生子的狗仔记者们令读者日思夜盼、爱恨交加。而对于明星而言,对那些时刻能断送自己职业生涯或者不时需要自己"破财消灾"的狗仔更是如"瘟神"一般避之唯恐不及吧?并不总是如此。

与人们的日常认知相反,大部分狗仔照不但不劲爆,反而十分琐碎。梅特·莫特森(Mette Mortensen)和耶斯莱乌分析了全球访问量最高的十大娱乐网站,发现高达93%的图片都是展现名人"普通性"的一面,包括购物、出行、度假、亲子活动等②。如同上一节所说的那样,狗仔新闻是一个成熟的行业门类,需要一种持续、稳定的信息供给。如果狗仔队天天踢爆名人——行业的唯一原材料——的绯闻,无异于杀鸡取卵。这种自杀式的行业运作模式必不可能久长。因此,尽管狗仔们需要偶尔制造"大新闻"来证明行业价值,但狗仔照的主题恰恰是"大新闻"的反面,即那些持续

① HOWE P. Paparazzi and our obsession with celebrity [M]. New York: Artisan, 2005.

② MORTENSEN M, JERSLEV A. Taking the extra out of the extraordinary: paparazzi photography as an online celebrity news genre [J]. International journal of cultural studies, 2014, 17 (6): 619-636.

的、琐碎的、无伤大雅甚至锦上添花的名人日常。

狗仔照是现代名人建构的有机组织部分，甚至可以说是不可或缺的那一部分。典型的名人建构是三重人格的统一体：职业人格 （the professional persona），是指名人公开表演的人物形象，如职业身份、商业代言身份等；私人人格 （the private persona），是指名人向外界公开的官方人设，如淑女、浪子、顾家男人、国民妹妹；真实人格 （the real persona），是指名人在无防备的情况下展示出的真实形象[①]。三重人格由不同的媒体塑造，最终将名人制造成一种媒介人格 （mediated personae)[②]。这三重人格时刻处于"平凡与非凡"的张力之中。狗仔照和红毯照恰恰分别建构了这两个维度：红毯照展示名人的职业人格，展示其天赋、光鲜和非凡的一面；狗仔照揭示名人的私人人格和偶尔的真实人格，从而填补职业人格所不能呈现的、名人"平凡"的一面。通过名人们的平价服饰、朴素妆容和与普通人一般无二的日常行为，如吃饭、加油、购物、带娃等，将名人构建为"我们"的一员[③]。

大部分狗仔照呈现的都是日常场景中名人"猝不及防"或"全不知情"的瞬间，在冲突性和煽情性方面都价值颇低；这些内容之

① VAN DEN BULCK, TAMBUYZER S. De celebritysupermarkt ［The celebrity supermarket］［M］. Berchem：EPO, 2008.

② EVANS J, HESMONDHALGH D. Understanding media：inside celebrity ［M］. Maidenhead：Open University Press, 2005.

③ MORTENSEN M, JERSLEV A. Taking the extra out of the extraordinary：paparazzi photography as an online celebrity news genre ［J］. International journal of cultural studies, 2014, 17 （6）：619 - 636.

所以广受欢迎，是因为受众以媒体为中介满足自己的窥视癖①，探究到名人日常化的、"我们"的一面，从而更容易产生身份认同，进而将名人八卦转化为茶余饭后的谈资和社会控制的介质，这也是狗仔照被称为"视觉八卦"的原因②。

被拍的名人对狗仔新闻则态度暧昧。一方面，名人需要狗仔新闻来保持热度。作为一种经济体，名人需要持续不断地吸引大众的注意力，进而将注意力置换为经济收益；但名人的正式活动频率较低，狗仔照则提供了将名人的日常生活变现的契机。大多数情况下，名人对非负面的狗仔照持欢迎，至少是不抵触的态度。但另一方面，这种交换的代价是名人们私人空间和公共空间的界线消弭，他们需要时时处于一种表演的私人性状态（performative privateness）③。一旦其"真实人格"与"官方人格"相冲突，便会有人设崩塌之虞。此时，他们要么依赖公关公司力挽狂澜，将"真实人格"最大限度地向"官方人格"靠拢，如将在公共场合爆粗口营销为"真性情"，将离婚包装为"一别两宽"；要么则"破财消灾"，通过经纪公司重金"封口"狗仔队，继续保持人设的统一——只要人设不倒，"封口费"早晚会赚回来。

---

① CALVERT C. Voyeur nation: media, privacy, and peering in modern culture [M]. Boulder: Westview Press, 2004.

② SQUIERS C. Class struggle: the invention of paparazzi photography and the death of Diana, princess of Wales [M] //SQUIERS C. Over exposed: essays on contemporary photography. New York: New Press, 1999: 171.

③ MORTENSEN M, JERSLEV A. Taking the extra out of the extraordinary: paparazzi photography as an online celebrity news genre [J]. International journal of cultural studies, 2014, 17 (6): 619 - 636.

实际上，狗仔照给名人带来的收益多过损失，因为名人们很快发现"普通"的"真实自我"具有巨大的市场潜力。那些展现明星负面信息的照片还主要是在明星不知情的情况下隐秘地获取的，展现正面信息的狗仔照则多数来自明星的默许或配合，有的是"状似无意"的摆拍，有的干脆就是工作室或"站姐"出品。因此，莫特森和耶斯莱乌对狗仔照的定义去掉了其获得途径的限制，而将一切"给人以'名人猝不及防被拍'的印象的照片"都定义为狗仔照①。

即便是偷拍获得的名人的"真实瞬间"，也往往含有巨大的表演成分。因为人们一旦发觉自己处于镜头之下，就会立刻进入一种"摆姿势"的状态，能够即刻塑造另一个身体，转化为另一个形象②。名人对镜头的敏感程度又比普通人高得多。他们一旦发现自己正在被偷拍，就会立刻自动调整到这种"表演的私人性"状态，展示出"经过授权的'普通'自我"（an authored "ordinary" self）③。这种转换是主动的，是一种"自发自觉的中区展演"④。真人秀节目中的选手、社交网站上的自拍、抖音上的"原生态"主播、狗仔镜头前

① MORTENSEN M，JERSLEV A. Taking the extra out of the extraordinary：paparazzi photography as an online celebrity news genre [J]. International journal of cultural studies，2014，17（6）：619–636.

② BARTHES R. Camera lucida：reflections on photography [M]. London：Flamingo，1984：10.

③ TOLSON A. Being yourself：the pursuit of authentic celebrity [J]. Discourse studies，2001，3（4）：443–457.

④ HOLMES S，REDMOND S. Framing celebrity：new directions in celebrity culture [M]. London：Routledge，2012.

若无其事的名人……所有那些明了镜头存在而展现的行为都是不再是"真实人格"的再现，而是为了维护自身形象的保护性表演实践①，其核心是通过信息控制保持形象的一致性，或曰保持人设的一致性。对于名人而言，这意味着前台-后台界线的消弭，"他们受制于其私人生活永久暴露于公众凝视之下的现实，并恒久担负维持私人形象和公众形象统一的虚拟义务"②。从这一意义上说，狗仔照所展示的"普通性"其实是一个悖论：名人在镜头前仿佛全不知情地沉浸在其日常生活之中，使得人们仿佛窥见了其"后台"的真实自我；但这种"全不知情"的姿态未尝不是另外一种表演③。

隐私权与形象控制权之争

这就自然涉及隐私权问题，即，狗仔队拍摄名人的私人生活以盈利，这是否侵犯了名人作为自然人的隐私权。有学者认为，由于狗仔照无助于民众对公共事务的知情权，因此超出了隐私侵权行为的辩护范畴④⑤；然而，如果针对狗仔照专门立法，禁止一切对公

---

① GOFFMAN E. The presentation of self in everyday life [M]. New York：Anchor Books，1959：13.

② DAKHLIA J. Politique people [M]. Paris：Editions Bréal，2008：97.

③ MORTENSEN M，JERSLEV A. Taking the extra out of the extraordinary：paparazzi photography as an online celebrity news genre [J]. International journal of cultural studies，2014，17（6）：619 – 636.

④ CRISCI C L. All the world is not a stage：finding a right to privacy in existing and proposed legislation [J]. Journal of legislation and public policy，2002，6（1）：207 – 244.

⑤ DENDY G. The newsworthiness defense to the public disclosure tort [J]. Kentucky law journal，1996，85：147 – 168.

众人物非职业行为的信息获取，则有可能损害合法的新闻活动①。

罗斯玛丽·库姆（Rosemary Coombe）认为，要厘清名人的隐私权问题，首先要解决名人的所有权问题（who owns celebrity）。名人是不是一个自然人，是否拥有多于或少于自然人的权利或义务。她认为，名人生产过程中多重角色的介入，以及名人形象完成后的多重解读或改写，都使得某一个自然人不具备对"名人"这一产品的专有权。名人产品的拥有者——名人本人及公司主张其所有权固然受法律保护，其他机构对名人这一产品的借用，如民众的阐释和狗仔的再定义，也是自由表达权的一种，同样受法律保护②。

安德鲁·门德尔松（Andrew Mendelson）则认为，狗仔照与名人的关系应当从名人形象控制的商业角度，而非个体隐私权的法律角度来考察。因为名人并非自然人，而是一种经济实体，试图通过形象的一致化来提高其文化和经济权力③。名人的私生活是其形象不可分割的一部分。名人通过"中区展演"模糊公共和私人的界线，使观众产生了"窥见真实"的错觉，进而产生认同。从这一意义上说，名人有意售卖隐私以交换经济利益。当狗仔照与其既有人设一致时，他们通常予以配合，利用狗仔照获得受众的注意力，进

---

① MORTON A D. Much ado about newsgathering: personal privacy, law enforcement, and the law of unintended consequences for anti-paparazzi legislation [J]. University of Pennsylvania law review, 1998/1999, 147: 1435 - 1472.

② COOMBE R J. The celebrity image and cultural identity: publicity rights and the subaltern politics of gender [J]. Discourse, 1992, 14: 59 - 88.

③ MENDELSON A L. On the function of the United States paparazzi: mosquito swarm or watchdogs of celebrity image control and power [J]. Visual studies, 2007, 22 (2): 169 - 183.

而变现；当狗仔照与他们的既有人设不一致时，名人也没有理由诉诸隐私权的保护。如同约书亚·甘姆森（Joshua Gamson）所说，"名人产业实际上是一场持续性的控制权之战"①，争夺的对象就是名人形象的定义权。名人通过大众媒体传播精心控制的"前台"形象，狗仔队则试图通过对"后台"的捕捉推翻这种形象。作为产品的名人通过各种手段来反控制，包括个人化手段（如使用伪装、雇用保镖）、市场化手段（如赎买狗仔照片、雇用水军控评）、技术化手段（如通过官方网站和社交媒体直接发布"真实"信息，对冲狗仔照的负面影响）等②③。

然而，狗仔队的行为如果涉及名人形象之外的其他个体，如名人从未主动营销的家人、朋友，便侵犯了这些对象的隐私权。后者从未将个人形象售卖以盈利，因此也保留对个人形象的全部所有权。他们并不因为是明星的孩子、父母、朋友、前伴侣等而自动让渡作为自然人的权利，因此，狗仔队对这类人的跟踪、偷拍、曝光就构成对普通人隐私权的侵犯。然而，鉴于这种清晰的权责界线，狗仔们很少专门偷拍明星的亲友，而是指向明星的私人生活，如亲子、会友、探亲等。库姆因此指出，这种冲突实际上是现代律法与后现代社会现实之间的冲突。在现代社会，自由表达权和私有财产

---

① GAMSON J. Claims to fame：celebrity in contemporary America ［M］. Berkeley，CA：University of California Press，1994：85.

② DALTON D M. A historical look at the paparazzi phenomenon of the twentieth century ［D］. San Jose：San Jose State University，2000.

③ HASS N. Hollywood's new status symbol：a web site ［N］. The New York Times，1999 - 01 - 24（1 - 2）.

权之间界线分明；但在数字媒体中介的后现代文化中，这种界线被打破了，商业化的名人文本向公共和私人空间同时开放①，使得公域和私域的界线模糊，从而导致关于名人隐私权问题的持久争论。

狗仔新闻业的合理性

斯派克斯在《赞八卦》中曾经指出，八卦固然有这样或那样的个体裨益，但八卦作为一种古老的人类社会现象，必然有超越个体得失的存在理由②。同样，尽管狗仔记者们或许出于追名逐利的个体动机参与到狗仔新闻业中，但一个行业的存在、兴起和延续必然有超越个体动机的理由——不论这个理由是高尚的还是卑鄙的。

名人现象的广泛存在使得对名人新闻的报道无法回避。对于任何一条具体的名人新闻而言，新闻机构有四种报道对策：不报道、当作花边琐事来报道、按名人设计好的通稿形象报道、将名人当作其他权力文化机构来报道③。这四种对策并存于当前的媒体现实，而狗仔新闻无疑属于最后一种。狗仔记者是被高度控制的名人形象机器的挑战者，是游离于娱乐资本控制之外的反迷幻剂④。这并不

① COOMBE R J. The celebrity image and cultural identity: publicity rights and the subaltern politics of gender [J]. Discourse, 1992, 14: 59 - 88.

② SPACKS P M. In praise of gossip [J]. The hudson review, 1982, 35 (1): 19 - 38.

③ MENDELSON A L. On the function of the United States paparazzi: mosquito swarm or watchdogs of celebrity image control and power [J]. Visual studies, 2007, 22 (2): 169 - 183.

④ MEYROWITZ J. No sense of place: the impact of electronic media on social behavior [M]. New York: Oxford University Press, 1985.

是说狗仔照提供了真相，但起码提供了一种在资本权力控制之外的替代性形象。狗仔新闻也揭示了一定程度的现实，只是这些现实可能比较私人、琐碎、隐秘，但也是新闻职业准则的体现。对现实的发掘不应该因为其内容或形式而受指责，只有报道失实时才能算作违背新闻业法则。斯奎尔斯甚至认为，"在严格控制的（娱乐工业）体系下……狗仔甚至是唯一摆脱公关公司的控制而报道名人的记者"①。

持类似主张的学者认为，狗仔队对名人不伦行为或丑闻的报道属于调查报道，因为他们挑战了既有权力者②。权力持有人不是传统的政治精英，而是被赋予影响力的娱乐明星。他们持有一定形式的文化、政治和经济权力，以间接影响力而非直接操控力的方式影响大众③；他们既是资本的产物，又是资本权力的载体和前台。当官方的名人形象营销能够置换文化和经济权力时，狗仔队对这种交换关系的不顺从、不溢美、不粉饰就成为对既有权威的挑战。从这一意义上说，狗仔新闻符合新闻业的规范模式，是真相的挖掘者。但是人们贬低狗仔队对娱乐名人的检视，而只褒扬严肃报纸对政治和公共权力的监督。门德尔松指出，在当今的商业文化社会中，这

① SQUIERS C. Diana and the paparazzi [J]. American Photo 8, 1997, (November/December), 15 – 16, 99.

② LULL J, HINERMAN S. The search for scandal [M] // LULL J, HINERMAN S. Media scandals: morality and desire in the popular culture marketplace. New York: Columbia University Press, 1997: 1 – 33.

③ GAMSON J. Claims to fame: celebrity in contemporary America [M]. Berkeley, CA: University of California Press, 1994: 85.

种对权力的定义无疑过于狭隘：唯有政治权力处于社会秩序中心的时代已经过去了；严肃新闻业对名人八卦不屑一顾，未尝不是对资本权力和文化权力的消极性回避①。

正是在这一意义上，狗仔记者对名人形象的检视与其他记者对政治精英的监督一样，都践行着新闻业监督社会和质疑权力的职业准则。尤其是在严肃新闻业被政治控制和资本收买的今天，严肃新闻记者并不总是像他们所宣称的那样，挑战官方信源、寻找替代性观点或发表独立质询②；相反，精英记者常常与政治权力持有人产生认同，将自己视为政治过程的一部分③，甚至时时与权力共舞。由此观之，狗仔记者甚至代表了新闻业最好的一面——突破重重控制挖掘替代性真相的一面④。

最后的问题是：狗仔记者们挖掘到的这种真相是理性公民所需要的吗？如果不是的话，

> 狗仔记者对名人形象的检视与其他记者对政治精英的监督一样，都践行着新闻业监督社会和质疑权力的职业准则。

① MENDELSON A L. On the function of the United States paparazzi: mosquito swarm or watchdogs of celebrity image control and power [J]. Visual studies，2007，22 (2)：169-183.

② 同①.

③ FALLOWS J M. Breaking the news: how the media undermine American democracy [M]. New York：Pantheon Books，1996.

④ 同①.

那么狗仔业是否应该为民众的堕落负责？其实精英主义者们大可不必如此担心。因为公众不是生活在无菌环境中的巨婴。大众对狗仔照的追逐和消费并不一定是盲目的和冲动的。相反，这是在交易市场上相互依存的三方——受众、名人和媒体——各自最大化个人利益的行为：狗仔记者以照片换取金钱，名人以曝光度和隐私交换名声，媒体以信息交换受众的关注和订阅，受众则以注意力或金钱换取名人信息以满足其窥视欲或认同感①。只要这一多边交易关系对各方持续有利，狗仔新闻业就只会日益更新而不会消失。如同戴尔在《神圣的肉体：电影明星与社会》一书中所指出的：

> 观众与马克思主义社会理论家们对明星的感受是不同的。换句话说，文化产业并不完全控制对名人的建构和解释。观众在名人建构中扮演着积极的角色，而不仅仅是流行文化的虚假意识消费者。他们能够意识到，名人作为被商品化的公共产品与私人化的自我之间的张力，并热切地寻找真正的和可识别的特定明星和/或他们的角色。②

从这一角度来说，是观众的需求造就了名人产业和狗仔新闻业的繁盛，而他们对名人八卦和狗仔新闻的选择本质上也是一种有意识的身份选择。

---

① HELLMUELLER L C, AESCHBACHER N. Media and celebrity: production and consumption of "well-knownnes" [J]. Communication research trends, 2010, 29 (4): 3-35.

② DYER R. Heavenly bodies: film stars and society [M]. London: British Film Institute, 1986: 4-5.

第七章 | 八卦新闻的争论：批评与辩护

　　本章收录围绕八卦的学界争论。通过对不同学者观点的并置、梳理、比照，本章提出"去二元化的新闻评价准则"的观点，并追加了对这种准则的再批评。

　　需要指出的是，本书并没有对八卦、八卦新闻及其社会功能做出最终臧否。盖因本书的目的之一就是廓清人们对"八卦"的刻板印象，同时无意于因希求强为之正名而制造出新的标签。

从人类活动中的八卦行为，到支撑起通俗新闻业的常人八卦和名人八卦，八卦的各种形态似乎都广受青睐却又声名不佳。人们消遣八卦，获得隐秘的快乐，而后又面孔一板，开始义正词严的批评。

一边是精英的指责来势汹汹，一边是娱乐新闻的销量节节高升，娱乐热搜的点击率一骑绝尘。道德高地之下，八卦丛林枝繁叶茂。这些指责除了使人们在沉迷于娱乐新闻时，徒增一丝罪恶感或冒犯禁忌的刺激感之外，并没有对民众有显见的教化之功。这似乎越发证实了精英们的担心，即，无聊而低俗的小报新闻、名人八卦、世情琐事侵占了人们本应用于公共事务的时间，使理性公众越发不可能。

然而，近年来，越来越多的学者指出，上述担忧是一种来自精英主义的俯视。

批评：非恶即俗的八卦与八卦新闻

八卦之恶，对于个体而言，包括传递不实信息、侵犯个体隐私、中伤他人名誉、损害人际关系等[①]；对于社会而言，则在于"劣币驱逐良币"的替代效应，如捕风捉影的八卦信息混淆了事实真相，耽于八卦挤占了公民本应用于公共事务的时间，通过操纵八

---

① ROSNOW R L. Rumor and gossip in interpersonal interaction and beyond：a social exchange perspective ［M］// KOWALSKI R M. Behaving badly：aversive behaviors in interpersonal relationships. Washington，D. C. ：American Psychological Association，2001：203 - 232.

卦实现的私力报复影响了公民寻求公共正义的信念……八卦的这些恶名毋庸讳言。它令被谈论者烦恼和痛苦。八卦的主角们往往因成为被讨论的对象而不安，因成为被排斥的他者而孤单，因八卦带来的名誉损失而影响潜在利益，如失去朋友、失去晋升机会等，甚至因为八卦带来的精神压力而蒙受肉体的折磨，如神经衰弱、抑郁症乃至自杀。那些谈论八卦的人将自己的快乐建立在别人的痛苦之上。如果被谈论者的确实施了八卦所谈论的行为，比如搭便车、不伦或离经叛道，那他所经受的惩罚还多少有些咎由自取——关于罪有应得和无妄之灾的道德判断，读者们可以阅读玛莎·纳斯鲍姆（Martha Nussbaum）的经典之作《思想的动荡：情感的智慧》（*Upheavals of Thought：The Intelligence of Emotions*）；但多数八卦是道听途说之辞，以捕风捉影的消息破坏被谈论者的名誉[①]，令其经历本不应受的损失和痛苦。

上述的种种批评都是现实之理。然而，倘若因上述这些极端的负面八卦的恶劣影响而全面否定八卦作为一项人类行为的正当性，也有以偏概全之嫌。因为现实生活中的负面八卦比例并不大。邓巴的一项研究显示，尽管人们热衷于八卦，但多数八卦只是关于某些隐私的闲言碎语，负面八卦信息只有三成左右[②]。人们之所以一想起八卦，总是与劲爆的绯闻、丑闻、糗闻相连，只不过是人类可怜的记忆偏差所致——以人类有限的记忆能力，人们只能记住自己一

① SPACKS P M. In praise of gossip [J]. The hudson review, 1982, 35 (1)：19 - 38.
② DUNBAR R I M, MARRIOTT A, DUNCAN N D C. Human conversational behavior [J]. Human nature, 1997, 8 (3)：231 - 246.

生中乃至一天中经历过的极少的事，而无法记住行道树的数量、上下车的乘客、工位的纹理、蝉鸣的节律、雪的每一种形态，就如同人们只能记住自己听闻和传递的负面八卦，而忽略或遗忘了那些琐碎、消遣的八卦信息一样。实际上，所有非技术性的知识都可以算作八卦，如邻居家女儿的学校、伴侣单位里新来的同事、发小家生了二胎、岳母的广场舞队更新了曲目和动作……这类信息都无关生存，而是人际关系网络赖以勾连的消遣性信息。它们在演化意义上具有重要的社会功能，也不像极端的负面八卦那样令人不喜，更与谣言或恶意诽谤殊为不同。

八卦与谣言不同。谣言是未经证实的消息。谣言有时候是真的，只是尚未得到真实信源或正式渠道的确认；有时候是假的，或真假参半的，它根植于求真的欲望，是人们对欲求证而不得的消息的揣测。但八卦并不包含求真性。人们在参与八卦的多数情况下并不包含向听者求证的目的——如果是为了求证，那么八卦应当总是向更权威者流动，而不是向不知情的消息闭塞者；但八卦显然不是，它的天然属性是交换甚至炫耀，向不知情者展示自己对信息的占有。谣言多少涉及实在的生活，如"非典"期间谣传食盐将涨价、福岛核电站泄漏期间谣传海鱼遭辐射，以及嚼大蒜能预防新冠感染、七星连珠之日世界将毁灭……时过境迁的谣言没有价值，因此，谣言往往迫切需要在短期内传播，并通过各种真假掺半的消息渠道证实或证伪，以指导行动，如抢购食盐、拒购海鱼、嚼大蒜、信教等；但八卦并不包含迫切性，八卦消息往往只是食物里的调味剂，得之可玩味，不得亦无妨。

八卦与诽谤不同。诽谤是通过故意捏造信息对他者构成的恶意中伤,具有主观目的上的伤害性和对象指向的明确性。八卦既无主观恶意性,多数也并没有明确对象。在无人约束也无时间限制的自由情境中,一场八卦往往充满了随意性。信息与信息交换,事件与事件勾连,某个名字会突然在特定的片段中出场,而后又会毫无预兆地跳转到另一个名字。一场酣畅的八卦交流往往充满了意识流叙事的恣肆,同时又饱含着现实主义的丰实和魔幻主义的跳脱。某一个谈论对象是一个片段的主角,更是下一个转场的引子。即便是特意打听或传播某个人的八卦,也仅止于嘴皮子上的闲谈。传播者和接收者对八卦对象的全部兴趣仅止于播散八卦本身。一旦参与人怀抱恶意,旨在通过传播特定对象的八卦而达到闲谈之外的目的,八卦便立时转为中伤或诽谤。

按照第一章中提及的本-泽耶夫的说法,八卦是一种内在价值型行为,因为与人八卦本身的参与感、获得信息的满足感和放松心情的娱乐感就是目的①。只有唠嗑型的闲聊才是八卦;带有恶意目的指向的闲聊则往往是谣言、诽谤或恶意中伤。因此,尽管八卦"不上台面",但亦不过是一种小恶小俗。对八卦的很多负面评价是因为混淆了八卦与其他类似行为的关系。从演化论的意义上说,八卦既不好也不坏,就是一种人类行为;但八卦的公开传播,如八卦新闻,就是一种目的指向的外在价值型行为。对八卦新闻的讨论须置于社会维度而非生物维度之下。

---

① BEN-ZE'EV A. The vindication of gossip[M] // GOODMAN R F, BEN-ZE'EV A. Good gossip. Lawrence:University Press of Kansas,1994:11-24.

第七章　八卦新闻的争论：批评与辩护

对于作为"常人八卦"的通俗新闻而言，其遭受的最严厉的批评便是缺乏公共性。严肃新闻记者和学者们一直大声疾呼，提醒人们这种新闻业的肤浅化——娱乐导向的信息日益盛行，公共导向的信息日益边缘化和琐碎化——将会导致民众对政治的漠不关心和对世事的愤世嫉俗①。八卦新闻、煽情主义和小报标志着"以诚实、准确、公正为准则的传统新闻的道德滑坡和价值体系崩塌"②。

在此基础上，名人八卦新闻更是冲击了一系列传统新闻法则。如同第六章所说的那样，为娱乐性而牺牲信息性、为煽情性而失之准确性、为故事性而耽于琐碎性、为轰动性而罔顾正义性等等。对名人新闻更多的批评并不局限于新闻业，而是扩展到名人新闻的社会影响。公众通常将名人新闻视为新闻小报化和煽情化的一种表现，是一种肤浅的、低级趣味的、以名人个人问题牟利的报道活动③，通过煽情性、丑闻类和戏剧化的报道，使得公众沉迷于私人事务，甚至产生名人崇拜④。名人新闻往往是去政治性的（apolitical side），将受众的注意力从那些他们本该关心的事务，如政治和公共事务上转移开来⑤⑥，

①　NGUYEN A. The effect of soft news on public attachment to the news: is "info-tainment" good for democracy? [J]. Journalism studies, 2012, 13 (5-6): 706-717.

②　BIRD S E. For enquiring minds: a cultural study of supermarket tabloids [M]. Knoxville: University of Tennessee Press, 1992.

③　FRANKLIN B. Newszak and news media [M]. London: Edward Arnold, 1997.

④　DUBIED A, HANITZSCH T. Studying celebrity news [J]. Journalism, 2014, 15 (2): 137-143.

⑤　COULDRY N, LIVINGSTONE S, MARKHAM T. Media consumption and public engagement: beyond the presumption of attention [M]. London: Palgrave, 2007.

⑥　POSTMAN N. Amusing ourselves to death: public discourse in the age of show business [M]. London: Penguin, 1986.

使受众关注琐碎的私人事务；其报道方式也往往极尽煽情主义之能事，削减乃至消解了受众对这类话题采取批判立场和理性思辨的可能；这类话题的导向反映并夯实着主流价值观，造就受众对商业资本主义的认同而非反思①②；这种文化的扁平化也令民众对政治漠不关心，从而危害民主③。

辩护：八卦新闻的公众性与公共性

八卦新闻与公众性

传统的政治精英想象了一种"理想化的公民"，他们独立、理性、充分知情、参与公共事务并自由发表意见，从而构建理想的公共领域。这种想象包含了两个假设性前提：第一，人人都需要硬新闻；第二，严肃报纸能够覆盖所有人。

第一个假设在社会心理上并不成立。如第三章所述，不同阶层有着不同的信息需求。时效性和准确性是精英阶层的信息需求标准，但稳态社会中平民阶层对硬新闻的需求并不像他们被灌输的那样迫切；严肃新闻早一天或晚一天到来对普通民众的生活并无实质影响，他们更需要的是一种持续的、能够长久谈论的消遣。精英们

① CONBOY M. Tabloid Britain：constructing a community through language [M]. London：Routledge，2006.

② COULDRY N，LIVINGSTONE S，MARKHAM T. Media consumption and public engagement：beyond the presumption of attention [M]. London：Palgrave，2007.

③ 同①.

所想象的那种独立、理性、积极参与公共事务的理想公民才是少数人，是一般民众中的"非典型者"（atypical of the general public）①。这种建立在元老院和小城邦雏形上的精英公民之想象不足以推衍到大工业甚至后工业时代的全体公民。

第二个假设在历史现实上并不成立。19 世纪以前，严肃新闻不论在内容上还是售价上，都从未将底层民众视为读者对象——这里的底层（less powerful sections of the community），援引格洛丽亚-让·马夏洛特（Gloria-Jean Masciarotte）的定义，包括任何属于"女性、工人阶级或下层阶级、有色人种"类别的人，他们都在不同程度上被主流意识形态视为大众的主体，而非中产的、个体的主体②。他们目不识丁、家无余粮，既无文化水平亦无经济能力购买报纸，长期以来一直被精英报纸视若无睹。相反，恰恰是廉价新闻、黄色新闻和小报新闻发现了底层的商业价值，将粗通文墨者、半文盲和文盲转化为报纸的读者。

在通俗新闻业诞生之前，底层民众的精神世界由民间故事（folklore）、廉价小说（dime novel）、低俗民谣（ballad）和民间说书人（story teller）共同织就③。尽管这些文学和艺术形式有长久的生命力，但同时也是古老的、不定期的、不稳定的、易变形的。

---

① NGUYEN A. The effect of soft news on public attachment to the news: is "infotainment" good for democracy? [J]. Journalism studies, 2012, 13 (5-6): 706-717.

② MASCIAROTTE G J. C'mon, girl: Oprah Winfrey and the discourse of feminine talk [J]. Genders, 1991 (11): 81-110.

③ HUGHES H M. News and the human interest story [M]. Chicago: Greenwood Press, 1968: 179.

通俗报纸为底层民众创造了一个专门的现代文化空间：它每日发行、周期稳定、内容新鲜，勾连着每个读者的鲜活日常；它培养了底层民众的读报习惯，使他们进入由报纸构筑的文明社会；那些发生在身边的故事如同千丝万缕的纽带，使每一个伦敦人通过报纸上另一个伦敦人的故事与每一个伦敦人相连，从而促进地方性认同；而软新闻中的政治内容，不论如何低俗、简单或煽情，都将民众的兴趣抬升至此前他们无法接触或无意接触的世界，由此同硬新闻一样，甚至在一个更广的范围上，促进国民身份的形成。可以说，并不是通俗新闻的出现侵占了理想化的公民，而是通俗新闻发掘了此前被排除在现代"文明"之外的人。如同布赖恩·麦克奈尔（Brian McNair）所说，过分褒扬硬新闻而贬低软新闻，实际上是"在'神话化'一个此

19 世纪以前，严肃新闻不论在内容上还是售价上，都从未将底层民众视为读者对象——他们目不识丁、家无余粮，既无文化水平亦无经济能力购买报纸，长期以来一直被精英报纸视若无睹。相反，恰恰是廉价新闻、黄色新闻和小报新闻发现了底层的商业价值，将粗通文墨者、半文盲和文盲转化为报纸的读者。

并不是通俗新闻的出现侵占了理想化的公民，而是通俗新闻发掘了此前被排除在现代"文明"之外的人。通俗新闻业的诞生恰恰回应了长期被忽略的底层民众的需求，使得他们能够通过自己喜闻乐见的文化形态表达自身的兴趣和喜好。

前从未存在过的严肃新闻时代；而即便这个时代确实存在，也仅仅是为一小部分人服务的"①。

通俗新闻业的诞生恰恰回应了长期被忽略的底层民众的需求，使得他们能够通过自己喜闻乐见的文化形态表达自身的兴趣和喜好。他们对八卦新闻的戏谑狂欢是对权威经典的消解；针对同一信息的对立性阐释则可以被视为来自底层的喧哗反抗②。从这一意义上说，底层对八卦新闻的消费是一种文化身份的集体表达，是"社会大众，尤其是那些无力改变现实处境的人表达他们对社会不满的证据"③，是边缘群体通过寻求"我们能够使用的新闻"（news we can use）来应对现实挣扎的手段④。

八卦新闻与公共性

八卦新闻本身不一定凝聚理性——事实上，它往往是理性的反面；即便如此，其对公共性亦有附带效应。

传统新闻的标准旨在服务于受过良好教育的一小部分公民，而非保持一个庞大的受众群体⑤。由于大部分人没有足够的需求或认

① MCNAIR B. News and journalism in the UK [M]. 4th ed. London：Routledge，2003：50.

② GLYNN K. Tabloid culture：trash taste，popular power，and the transformation of American television [M]. Durham：Duke University Press，2000//柯裕棻. 都是八卦惹的祸 [J]. 新闻学研究，2003（75）：243-246.

③ FISKE J. Understanding popular culture [M]. Boston：Unwin Hymna，1989：117.

④ BIRD S E. News we can use：an audience perspective on the tabloidisation of news in the United States [J]. Javnost-the public，1998，5（3）：33-49.

⑤ NGUYEN A. The effect of soft news on public attachment to the news：is "info-tainment" good for democracy? [J]. Journalism studies，2012，13（5-6）：706-717.

知能力来处理硬新闻，因此，"记者们扮演着一个长期而光荣的角色，就是让复杂的概念或事件'活过来'，以方便那些没有能力或意愿去阅读关于复杂事件的长篇文章的人。而小报记者尤其如此"①。通俗报纸虽然以常人八卦和名人八卦为主体，但也以小报化的形式报道一些政治和公共事务新闻，使其读者逐步地、零零碎碎地、点点滴滴地获得一些政治和民主知识，从而缓慢地提高普通人的智识水平。

在对软新闻的诸多辩护中，马修·A.鲍姆（Matthew A. Baum）发表于《美国政治学评论》上的《性、谎言和战争：软新闻如何将外交政策带给不关心政治的公众》一文中提出的观点是目前影响力和争议性最大的观点。他认为：软新闻以娱乐化的方式选择性地报道政治事件，尽管其深度、严肃程度等难以与硬新闻匹敌，但却覆盖了硬新闻难以覆盖的大众——那些对政治不感兴趣的、低参与度的大众，从而使他们在消遣软新闻的同时也顺带获取了政治、外交和公共事务信息。因此，软新闻是民主的助力者而非腐蚀者。②

鲍姆认为，软硬新闻的差别不是种类的差别，而是程度的差别③。美国的软新闻节目涵盖了20世纪90年代以后美国所有重大的军事和外交事件，只是其报道框架与硬新闻有所不同。硬新闻的报道方式通常严肃而复杂，难以吸引那些对政治不感兴趣的普通

---

① BARNETT S. Dumbing down or reaching out: is it tabloidisation wot done it? [J]. The political quarterly, 1998, 69 (B): 75 - 90.

② BAUM M A. Sex, lies, and war: how soft news brings foreign policy to the inattentive public [J]. American political science review, 2002, 96 (1): 91 - 109.

③ 同②.

人；而软新闻则采用较为容易接受的方式，通过戏剧化、煽情化、个人化的框架来吸引受众。对于大部分受众而言，他们最容易理解的就是这类框架，包括敌我、人性、弱势群体、立场争议和道德对立①。当信息供应不足时，人们或许会选择被动接收硬新闻；但在信息供应丰裕的当下，相当数量的观众在辛劳了一天后，会首先选择娱乐导向的信息，比如电视剧、综艺、杂耍、真人秀。相比之下，软新闻已经是娱乐信息中最接近时事的产品类型了。它可能用极化、简单化、煽情化、低幼化的方式来报道和阐释政治事件，但它至少将政治、外交和公共事务的信息带给了原本压根儿不会关心这些信息的公众，因此在事实上扩大了知晓性公众（attentive public）的范围。

精英们批评软新闻对政治和公共事务的包装犹如糟糕的厨师用高油、高盐和工业糖精糟蹋食材，但问题是，如果没有这种裹着糖霜油脂的烹饪方式，低政治参与度的民众可能压根儿就不会购买这些食物。如同精英们认为看八卦新闻无聊且无趣一样，低政治参与度的人们也认为看政治新闻是浪费时间，因此几乎不会专门搜寻和获取政治类信息，除非这类信息的获取是无成本或低成本的——这里的成本包括时间成本和精力成本。因此，要调动这部分公众对政治和公共生活最起码的了解，只能在他们消费软新闻时"捎带"一点"硬货"，从而使其被动接触政治信息。鲍姆将这种信息接收方

---

① POWLICK P J，KATE A Z. Testing a model of public opinion-foreign policy linkage：public opinion in two carter foreign policy decisions［C］. Chicago：Meeting of the Midwest Political Science Association，1998.

式称为"意外性注意"（incidental attention），即，接收政治信息是人们使用娱乐性信息的赠品（free bonus）或副产品（by-product）——即使这种"捎带"的方式也不总是奏效。软新闻需要采用尽可能明白易懂的框架来呈现政治问题，不增加低政治参与度的受众在软新闻收视中的精力成本。否则，民众一旦看到软新闻中夹带的硬消息超出他们的理解范畴或偏好区间，就极有可能换台或关机。从这一意义上说，软新闻的观众比硬新闻的观众更难讨好，更需要技巧。

低政治参与度的民众尽管难以调动，却数量庞大且增势明显。这已经是全球政治的普遍性事实。罔顾这个事实，只是痛心疾首地批评公众之堕落，或者回避这个事实，只沉浸在精英主义的阳春白雪里，都对公共领域的建设毫无裨益。虽然这部分民众并非民主政治中的活跃分子，但他们又确实是体量庞大

精英们批评软新闻对政治和公共事务的包装犹如糟糕的厨师用高油、高盐和工业糖精糟蹋食材，但问题是，如果没有这种裹着糖霜油脂的烹饪方式，低政治参与度的民众可能压根儿就不会购买这些食物。

如同精英们认为看八卦新闻无聊且无趣一样，低政治参与度的人们也认为看政治新闻是浪费时间。因此，要调动这部分公众对政治和公共生活最起码的了解，只能在他们消费软新闻时"捎带"一点"硬货"，从而使其被动接触政治信息。

不过，目前尚无支持性的实证研究证据支持这一研究假设，相反，很多研究驳斥了软新闻的"捎带"效应。

的公众。软新闻对这部分人群的"捎带"式政治信息传递，无疑是民主社会的助力而非阻力。

鲍姆的上述观点引发了激烈讨论。尽管理论假设美好，但目前尚无支持性的实证研究证据。相反，很多研究驳斥了软新闻的"捎带"效应。例如，马库斯·普里尔（Markus Prior）在鲍姆理论的基础上推衍了两个研究假设：如果软新闻不仅被更多的受众使用，并且提高了他们的政治知识，那么软新闻就是对民主有利的；如果软新闻仅仅提高了民众对政治新闻中娱乐性一面的认知，那么，软新闻有利于民主的论断就是存疑的[①]。他对全美 2 000 余名居民的随机调查没有支持上述任何一个假设。研究显示：第一，在使用行为上，将软新闻列为首选新闻对象的受访者仅占 5.1%，绝大部分民众依然喜欢硬新闻；第二，在使用意愿上，民众对软新闻的需求意愿不及对硬新闻和纯娱乐新闻的需求意愿；第三，同其他观众相比，软新闻受众关于软新闻话题和政治话题的知识均不及其他群体。作者因此指出，"希望一个更有效的新闻市场能巧合地同时供应娱乐和信息从而促进民主，这一期待没有得到本研究的理论支持"[②]。但是，这项实证研究与鲍姆的理论假设存在很多不一致。鲍姆曾特别指出，软新闻中的政治内容对那些高政治参与度的人们没有影响，因为他们已经能够从硬新闻中积极获取必要信息。因此，该理论的理想样本应该是低政治参与度人群，而非随机选择的居

---

① PRIOR M. Any good news in soft news?: the impact of soft news preference on political knowledge [J]. Political communication，2003，20（2）：149-171.
② 同①.

民；其比较也应该在低政治参与度群体内进行，而不是进行群体间比较。

新标准：去二元化的新闻评价准则

对通俗报业、软硬新闻、常人八卦和名人八卦的臧否总是充满了激烈的对抗。所有的批评都是站在精英主义高地上居高临下的否定，所有的辩护实际上也都是一种精英主义的回护，回护这些被指责而瑟缩在角落里的新闻形态实际上是以某种曲线救国的方式婉转地、附带地辅助民众的知识进步与民主参与。这种回护，无论有效与否，都是一种精英主义的回护，与批评者的基础逻辑是一致的。要知道，争论也是一种对话。双方的争论之所以旷日持久且你来我往，恰恰是因为双方有共通的逻辑、立场和目标，即，在对理想公民的设想上，争论双方非但不是对立的，反而是高度一致的，只是对通往理想公民之路的一种装置——软新闻——的评价不同。这类争论充溢着精英主义的担忧和傲慢，但却忽视了一个可能，即，存在一个"精英-庸众"框架之外的群体，存在一个"好新闻-坏新闻"之外的定义标准。

约翰·哈特利（John Hartley）在《流行性现实》一书中指出，将信息与娱乐对立、硬新闻与软新闻对立、公共领域与私人生活对立、公共服务性媒体与商业媒体对立，这些都是阶级和性别二元主义的体现形式，却被政策制定者、学界、新闻界和普罗大众普遍接受。它们被冠以"常识"之名，却掩盖了其权力关系之实，尤其是已经确立了主流地位的、建制派的意识形态对边缘性的或新生的"非主流"意识形态的压制。①

在简·沙塔克（Jane Shattuc）看来，对八卦新闻及其消费群体的批评是看似掌握了（经济和话语）权力的中产阶级对底层的文化霸凌②。在这场霸凌中，站在主流意识形态前台的往往是中产而非精英阶层，而被霸凌的底层包括任何属于"女性、工人阶级或下层阶级、有色人种"类别的人③，甚至任何被标签化为"他们"的群体，如低教育水平和低文化程度者、同性恋者、抑郁症群体、单亲妈妈或全职主妇、老人、残疾人等等。他们都不同程度地被主流意识形态视为"他者"。中产阶层通过"庸俗""低级""毫无品位"等标签，贬低、压制和凌驾于更加无权阶层的

对通俗报业、软硬新闻、常人八卦和名人八卦的臧否总是充满了激烈的对抗。所有的批评都是站在精英主义高地上居高临下的否定，所有的辩护实际上也都是一种精英主义的回护。回护者与批评者的基础逻辑是一致的。这类争论充溢着精英主义的担忧和傲慢，但却忽视了一个可能，即，存在一个"精英-庸众"框架之外的群体，存在一个"好新闻-坏新闻"之外的定义标准。

①　HARTLEY J. Popular reality：journalism，modernity，popular culture［M］. London：Edward Arnold，1996.

②　SHATTUC J. "Go Ricki"：politics，perversion，and pleasure in the 1990s［M］// GERAGHTY C，LUSTED D. Television studies book. London：Edward Arnold，1998.

③　MASCIAROTTE G J. C'mon，girl：Oprah Winfrey and the discourse of feminine talk［J］. Genders，1991（11）：81-110.

"价值体制"之上①。这种以抽象的"品位"为名的批评掩盖了实质上的权力关系。"俗"文化所代表的人群是在主流文化控制之外的群体②，是长期的被压抑者和被忽视者。传统的主流文化没有为这部分群体提供消费对象和发声空间。当市场扩容和技术便利提供了这种可能，使得他们能够通过自己的文化形态——小报化的文化形态——表达自身、满足需求、传递抗争时，他们同时冒犯了精英和中产。

这种冒犯所直接侵犯的对象是中产，因为在2%的精英占据98%人类财富的当下，中产和底层的个人财产在精英们的眼中并无区隔，脆弱的中产和流离的底层之间只有一场大病、一次裁员、一次投资失败的距离。因此，符号价值，而非财富价值，成为中产维护阶层身份的精神支柱。"品位"就是一种极具概括力的符号。衣着、体态、家居、烹饪、育儿以及是否交头接耳地论人短长，都是中产建构自己脆弱阶层边界的方式。对快手、喊麦、土味文化、网红主播、八卦杂志等的排斥和批评，反映了中产阶层被迫面对"不礼貌的和不友好的底层行为时"所感受到的冒犯③。安德鲁·罗斯（Andrew Ross）在《不尊重：知识分子与流行文化》一书中指出，流行文化的"冒犯性"是对精英标准和捍卫他们的知识分子的一种

① FROW J. Cultural studies and cultural value [M]. London：Oxford University Press，1995.

② 同①222.

③ SHATTUC J. "Go Ricki"：politics，perversion，and pleasure in the 1990s [M] // GERAGHTY C，LUSTED D. Television studies book. London：Edward Arnold，1998.

"故意的冲撞"：

> 弥漫于这些（庸俗文化）流派中的性别歧视、种族主义和军国主义从未以纯粹的形式表达过（不论这种纯粹的形式可能是什么）；它们的表达总是通过并伴随着由于被压制和被排斥而产生的社会怨恨。如果一种政治只会鼓吹性别主义、种族主义和军国主义，而没有重新诠释这些不受尊重的阶层所表达的反抗性诉求，那么这种政治在与里根主义和撒切尔主义治理下的专制民粹主义语言的任何竞争中，都将无所凭依。①

约翰·佛柔（John Frow）在此基础上进一步指出，知识阶层的权力在一定程度上也是一种统治性权力。这种权力一方面淡化了资本的统治性角色，另一方面接受了知识分子作为替罪羊的定位②。知识阶层的这种两难性和两面性在文化研究学派对通俗文化的研究中得到了充分体现。直到 20 世纪 70 年代，文化研究学派才开始逐渐承认，不能再将流行文化及其受众视为"文化笨蛋"（cultural dopes），才开始将通俗节目、小报新闻及其受众群体作为值得正视的研究对象。约翰·费斯克（John Fiske）、约翰·哈特利、伊丽莎白·伯德（Elizabeth Bird）等文化研究学派的学者都曾指出，小报的兴起表明传统的社会机构，如传统媒体、法庭、警察和其他政治

---

①　ROSS A. No respect: intellectuals and popular culture [M]. New York: Routledge, 1989: 231.

②　FROW J. Cultural studies and cultural value [M]. London: Oxford University Press, 1995: 158.

机构不足以替全体大众充分发声①。同致力于驯化大众的政治精英或教化大众的中产阶层相比，政治上处于弱势地位的大众通过寻找和消费属于自己的文化产品——娱乐新闻和小报——的形式，行使和彰显自己的文化品位与政治权力。这是一种同工人运动一样的"冒犯"的权力，是一种不合作的态度，拒绝被同化为主流价值观的一部分，也拒绝成为精英们所设想的"理想公民"的一部分。

这种拒绝意味着底层不再遵从精英主义关于人与社会关系的基本设定，而是寻求新的可能。麦克奈尔不无谨慎地提出：有这样一种可能，即"对有些人——甚至对大部分人而言，我们可以试探性地这样建议——轶事、丑闻、八卦等都是世界的一部分；除了严肃政治以外，它们是全面的文化生活的元素之一，存在于由真实人类组成的真实世界上"②。托德·吉特林（Todd Gitlin）进一步承认了民众的分化："有可能存在一种愿意被转移和被欺骗的公众意志，一种不想知道的意志——不想知道那些可能动摇我们日常生活的任何事——这种对幻象的激情长久以来都是西方文明不可或缺的一部分，远在媒体巨头成为新闻和娱乐的中心之前就已经存在了。"③

这一视角呼应了近年来关于多元公共领域和多元公众的讨论。尤尔根·哈贝马斯（Jürgen Habermas）将公共领域视为一个政治

<hr>

① ÖRNEBRING H, JÖNSSON A M. Tabloid journalism and the public sphere: a historical perspective on tabloid journalism [J]. Journalism studies, 2004, 5 (3): 283-295.

② MCNAIR B. News and journalism in the UK [M]. 4th ed. London: Routledge, 2003: 49.

③ GITLIN T. The anti-political populism of cultural studies [M] // FERGUSON M, GOLDING P. Cultural studies in question. London: Sage, 1997: 36.

权力的场所，故而具有单一性。南希·弗雷泽（Nancy Fraser）则将公共领域视为一个文化认知的仲裁者，因此具有多元性。在这个多元的公共领域中，既有主流公共领域，也有替代性公共领域（alternative public sphere），后者的构成主体是"从属性社会群体成员——妇女、工人、有色人种和同性恋者……我称他们为次反公众，以表明他们是一个平行性的、散漫的领域，其成员通过发明和传播反话语对其身份利益和身份需求做出（与主流话语相）对立的解释"①。

当此前被"理想公民"排除在外的"大部分人"被通俗报纸重新发掘而进入权力场——尽管首先是以商品的形式进入资本权力场——他们在公共生活中的角色就需要被重新定义。原先的"理想公民"样板不应当作为准绳，否则，这些长期的被压抑者和被忽视者只会继续承受来自精英和中产的文化霸凌②。这种源自一元化标准的霸凌在一定程度上可以通过对多元标准的重构来缓解。

例如，迈克尔·舒德森（Michael Schudson）摒弃了对少数理想公民的想象，在《好公民：美国公共生活史》一书中提出了一个新的"好公民"的概念。他认为，一个好的公民无须如政治学者和新闻学者要求的那样，是一个知情的公民（informed citizen）；一

---

① FRASER N. Rethinking the public sphere: a contribution to the critique of actually existing democracy [M] // CRAIG C. Habermas and the public sphere. Cambridge: MIT Press, 1992: 122 - 123.

② SHATTUC J. "Go Ricki": politics, perversion, and pleasure in the 1990s [M] // GERAGHTY C, LUSTED D. Television studies book. London: Edward Arnold, 1998.

个好的公民应当是一个监测性公民（monitorial citizen），他不需要对每一件公共事务都了如指掌，而只需要时时关注政治领域，"做好行动的准备以备行动之召唤"①。

在承认民众分化的基础上，为这部分公众所生产的新闻也需要一个新的评价标准。以往大部分——如果不是所有——关于软硬新闻的争论都建立在一个"好新闻-坏新闻"二分法的基础上：严肃新闻、硬新闻、服务于公共福祉的新闻是好新闻；娱乐新闻、软新闻、服务于个体欲望的新闻是坏新闻。马丁·康博伊（Martin Conboy）指出，这种分类法不是将二者平行式并置，而是评价式对立②。当以硬新闻作为一种理想性的新闻标准时，软新闻自然弊端尽显，无一达标。这对软新闻而言显然是不公平的。一个替代性的方案就是跳出这种二元化的标准。呼应弗雷泽关于多元公共领域的论述，如果从文化认知而非政治统治的视域出发，关于新闻的评价标准便不应该只考量新闻在多大程度上有益于民众知晓和参与政治事务，还应当考量新闻如何有益于民众获得文化认同；新闻的评价标准也不再只是单一的信息性维度，而应该是多元的价值维度。以这种多元性视角观之，八卦新闻与严肃新闻之间并非对立竞争的关系，而是并行共存的关系。人们对严肃新闻的需求是生存性的信息需求，因此，时效性和准确性是其价值标准；对八卦新闻的需求则是休闲性的文化需求，因此，它的评价标准应当是其易于理解、

---

① SCHUDSON M. The good citizen: a history of American civic life [M]. New York: Free Press, 1998: 311.

② CONBOY M. Tabloid Britain: constructing a community through language [M]. London: Routledge, 2006.

易于共情和易于传播的能力。

约翰·扎勒（John Zaller）的"防盗警报标准"（the Bur-glar Alarm standard）便是一种可供参考的"新新闻"价值标准。他认为，媒体应该停止向大众提供不必要的、持续不断的硬新闻；而只需要像防盗警报一样，在关键时刻发出"兴奋和嘈杂的声音"来创造新闻狂潮，使得公共空间的任何角落都被穿透而无遗漏，令每个公民对于重大事件能充分知晓即可①。而在没有重大新闻的普通日子里，那些不关心政治的人应当有权利去关注他们感兴趣的私人议题或社会琐事。而这些信息主要由软新闻提供。从这一意义上说，软新闻不仅没有将公众的注意力从公共事务上转移开去，反而开辟了普通民众和重大事件之间的通

以往关于软硬新闻的争论都建立在一个"好新闻-坏新闻"二分法的基础上：严肃新闻、硬新闻、服务于公共福祉的新闻是好新闻；娱乐新闻、软新闻、服务于个体欲望的新闻是坏新闻。当以硬新闻作为一种理想性的新闻标准时，软新闻自然弊端尽显。

一个替代性的方案就是跳出这种二元化的标准。比如，从文化认知而非政治统治的视域出发，关于新闻的评价标准便不应该只考量新闻在多大程度上有益于民众知晓和参与政治事务，还应当考量新闻如何有益于民众获得文化认同；新闻的评价标准也不再只是单一的信息性维度，而应该是多元的价值维度。

---

① ZALLER J. A new standard of news quality：burglar alarms for the monitorial citizen［J］. Political communication，2003，20（2）：109-130.

道①。这一主张呼应了本节开头关于多元公共领域的讨论：严肃新闻和八卦新闻不应当被视为在一个公共领域内争夺同一群公众（the public）的竞争者，而应被视为在不同的公共领域内回应各自公众（its public）的协同者。二者共同构成了一个完整的新闻业，服务于当代社会总体，而非分别服务于乃至鼓噪分裂着精英和大众。

同此前精英主义的诋毁或辩护不同，这一提法跳出了"好与坏"的权力视角，打破了二分法的粗暴分类，将小报视为一个与严肃报纸并行的新闻类型，将娱乐新闻传递的意识形态视为一个与主流意识形态并存的价值维度，将八卦新闻服务的大众视为主流公共领域之外的一个替代性公共领域②。

严肃新闻和八卦新闻不应当被视为在一个公共领域内争夺同一群公众的竞争者，而应被视为在不同的公共领域内回应各自公众的协同者：人们对严肃新闻的需求是生存性的信息需求，因此，时效性和准确性是其价值标准；对八卦新闻的需求则是休闲性的文化需求，因此，它的评价标准应当是其易于理解、易于共情和易于传播的能力。

① LANGER J. Tabloid television：popular journalism and the "other news" [M]. London：Routledge，1998：159.

② ÖRNEBRING H，JÖNSSON A M. Tabloid journalism and the public sphere：a historical perspective on tabloid journalism [J]. Journalism studies，2004，5（3）：283 - 295.

再批评：娱乐真能带来民主化吗？

最后的问题是，替代性公共领域中的人们真的能随时切入主流公共领域吗？

八卦新闻关注的是主流意识形态和严肃媒体不屑于关注的领域——私人的、情感的、隐秘的，覆盖的是被权力阶层边缘化的群体——如女性、有色人种、低收入和低教育水平群体，传达的是现代理性的反面——猎奇、围观、猜测、谣言、捕风捉影和聚众狂欢。当商业资本向边缘人群敞开媒体市场时，后者从权力社会中的边缘人成为娱乐市场上的主流消费者，在日益丰富的媒介内容面前拥有了更多的自决权力（powers of self-determination）。哈特利因此乐观地认为，八卦新闻作为媒介内容多元性增殖的副产品，激发了边缘群体的民主潜能，是"民主化娱乐"（democratainment）的体现①。

然而，特纳认为这种"民主化娱乐"的论点过于乐观了②。八卦新闻的消费者是作为商业主义的产物而不是商业资本的控制者诞生的。他们以被二次剥削的形式支配自己劳动所得的权利何以通向民主的权力？八卦新闻的确提供了此前不曾有过的商品类型，令底层拥有了"我们的新闻"，但这种多元化何以等同于平等化？长期

---

① HARTLEY J. Use of television [M]. London：Routledge，1999.

② TURNER G. The mass production of celebrity："celetoids"，reality TV and the "demotic turn" [J]. International journal of cultural studies，2006，9（2）：153－165.

耽溺于软新闻的人，即便他在关键时刻接收到政治和公共事务的新闻狂潮，又何以做出理性的判断，构成理性公共领域之基石？如果深究这些问题就会发现，所谓"民主化娱乐"的乐观论调，实际上只谈到了硬币的一面，而有意忽略了另一面。这种论调之所以貌似合理，是因为它将八卦新闻抽象为一种理想的信息形式，而回避了其作为具体新闻实践的种种现实问题。

八卦新闻实践对理性公共领域的危害可以概括为两类：一是以个体旨趣为名，对八卦读者公共权利意识的侵占和侵蚀；二是以公共权利为名，对八卦对象私人权利的侵入和侵害。

其一，在信息功能方面，不论是常人八卦还是名人八卦，八卦新闻所提供的都是非生存性信息，仅有娱乐和消遣功能；那些真正与公共利益攸关的私事，如两性平等、家庭暴力、婚姻忠诚和社会资源分配等问题，即便自八卦新闻起，其广泛的公共讨论乃至实质的社会行动也是由严肃媒体、社会组织和政府机构等来挖掘和推动的。严肃新闻和八卦新闻的核心区别在于新闻是否指向行动[1]。严肃新闻的着眼点是新闻事件，它将一个事件视为一类现实问题的缩影，旨在通过新闻报道引发公众关注，进而转化为公共行动，从而彻底解决或部分改善该问题；八卦新闻的着眼点则是人，它将事件视为孤立的个体故事，旨在通过煽情手法调动读者兴趣，使其购买他人私事以取乐。多数八卦新闻提供的只是孤立性的信息，既不增加个体系统性的知识储备，也不增加对类似社会事务的总体性认

① HUGHES H M. News and the human interest story [M]. Chicago：Greenwood Press，1968：179.

知，而只是茶余饭后的谈资；读者除了围观之外，并不能——也无须——对事件做出任何行动上的回应。这种伪信息功能造成"劣币驱逐良币"的替代效应①，不但挤占了原本用于严肃新闻的新闻版面和播放时段，而且侵占了公众本来可以用于政治和公共事务的精力和时间②。"当八卦登上高贵报纸，塞满本应用来服务社区真正利益的版面，无知和愚蠢平庸的东西被误认为非常重要也就毫不奇怪了……绯闻传言将阻塞其他事物进入人类头脑的通道，琐碎无聊的东西很快就能摧毁强有力的思想和细腻的情感。"③

　　其二，在社会功能方面，八卦新闻通过"人言可畏"的社会舆论对规则破坏者造成道德威慑，从而宣示社会规则、规约成员行为、确认群体边界。然而，上述理想化的社会规约功能在具体的八卦新闻实践中往往是通过对另一些社会规则的破坏来实现的。八卦新闻首先损毁的是公私权利的清晰边界，进而破坏作为社会基础的公共契约和公共善法则。

　　八卦新闻常常以满足"公众知情权"的名义获得正当性。这种看似合理的辩护其实混淆了作为统治者的"公众"与作为被统治者的"大众"的区别。爱德华·J. 布劳斯汀（Edward J. Bloustein）在对美国第一修正案和隐私权的解释中列举了新闻价值的三种合目

---

① BARNETT S. Dumbing down or reaching out：is it tabloidisation wot done it? [J]. The political quarterly, 1998, 69（B）：75-90.

② POSTMAN N. Amusing ourselves to death：public discourse in the age of show business [M]. London：Penguin, 1986.

③ WARREN S D, BRANDEIS L D. The right to privacy [J]. Harvard law review, 1890, 4（5）：196.

的性：满足公众对公共事务的知情权，满足私人出版商的言论和发表权，迎合公众对他人私生活和奇闻异事永不餍足的欲望。第一种新闻价值满足的是公众作为统治者的知情权，第三种新闻价值满足的则是公众作为被统治者的私人欲求①。然而，大众社会的特点便是两类受众的高度统一，八卦新闻遂以满足公众的公共权利——知情权——为名，行满足大众的私人欲求——对其他社会成员的私人事务永无休止的好奇心和窥视欲——之实，以攫取暴利。

　　贩售隐私的八卦新闻所侵犯的并非仅仅是报道对象的个人权利。私人领域的合法性来源于人的"自然权利"，包括人格利益（interests of personality）、家庭利益（domestic interest）和实体利益（interests of substance）。其中，人格利益是自然权利的基础，身体完整、荣誉/名誉以及信仰和思想是人格权利的核心②。八卦新闻通过兜售隐私，侵犯个体对象"作为人的尊严及其神圣性表征的神秘性和私人性"权利③，动摇了以自然权利为基础的社会契约。早在通俗报业诞生之初，《纽约论坛报》创始人霍勒斯·格里利（Horace Greeley）便明确指出，使公众知情只不过是伪善者"罔顾其更高责任而伤害公共善"时的破烂托词。换言之，"'告知'（inform）或'知情'（be informed）不可以独立地成为新闻的目的性价值，在其之上还有许多远为重要的社会或个人价值……这些价值

①　BLOUSTEIN E J. The first amendment and privacy：the supreme court justice and the philosopher ［J］. Rutgers law review，1974，28（1）：41 - 95.

②　POUND R. Interests of personality ［J］. Harvard law review，1915，28（4 - 5）：345 - 365.

③　王金礼. 新闻德性论：原则框架 ［M］. 北京：北京大学出版社，2017：174.

不可能寓于煽情新闻骇人听闻的犯罪、恶行等故事之中，相反，这些故事在很大程度上却成为这些共同价值的颠覆性力量"①。

现实见证了上述两个方面的权力越界和道德滑坡，也无情地击碎了理论家们对娱乐新闻的辩护。自通俗新闻业诞生近两百年来，以及自好莱坞影视业诞生一百年来，娱乐文化以一种污名加身但披坚执锐的方式向其他社会领域殖民。在过去二十年间，全球政治活动、公共话语乃至日常生活都变得泛娱乐化，民众对严肃政治的兴趣日趋下降，欧美 Z 世代投票率年年递减，东亚一些国家的公共政治日益萌化、低幼化甚至反智化，严肃的理性辩论被简化为明星打榜一般的粉丝运动，任何折中的、保守的中间方案都被极化的政治运动裹挟乃至摧毁……政治活动和公共话语不得不进一步娱乐化以迎合、挽回和激发民众的参与度，从而造成政治活动、公共领域和社会参与模式的彻底变革②。

原本被视为边缘文化的娱乐文化和名人逻辑以其强大的民粹基础反过来形塑严肃政治。这种影响首先体现为政治人物的明星化。同此前几乎完全依赖政绩的政治人物相比，美国前总统比尔·克林顿（Bill Clinton）、巴拉克·奥巴马（Barack Obama），英国前首相托尼·布莱尔（Tony Blair）等政治明星通过对个人形象、人格魅力、私人生活乃至无伤大雅的花边新闻等各个层面的精心控制，谋求选民的认同与支持。很多时候，他们自己就是热搜榜上的常客，

---

① 王金礼. 新闻德性论：原则框架 [M]. 北京：北京大学出版社，2017：210 - 215.

② DUBIED A, HANITZSCH T. Studying celebrity news [J]. Journalism, 2014, 15 (2)：137 - 143.

通过精心营造的个人形象迎合民众对政治领袖的喜好。约翰·史崔特（John Street）总结了政客明星化的三种常见行为。一是利用娱乐性平台进行形象宣传，如克林顿在娱乐节目中吹萨克斯、奥巴马做客脱口秀等。二是采用娱乐明星的营销技术来进行个人形象塑造，如 2002 年法国总统竞选期间，左翼政党竞选人卢特·欧弗瑞尔（Lutte Ouvriere）借用了"电影明星经纪人的战术"，将竞选活动搞成了明星新闻发布会——记者需要预约采访机会，采访名额有正式和候补名单，每人只能问三个问题，等等，"就像你在采访朱莉娅·罗伯茨（Julia Roberts）一样"①。三是在政治活动中直接使用明星。即政治人物有意营造其与歌星、影星、体育明星、著名主持人等的亲密关系，通过后者的权威为自己加持②。最典型的例子是希拉里·克林顿（Hillary Clinton）在 2016 年的民主党提名大会上，邀请包括影星凯蒂·佩里（Katy Perry）、梅丽尔·斯特里普（Meryl Streep）和球星卡里姆·阿布杜尔-贾巴尔（Kareem Abdul-Jabbar）在内的一众名人为其站台，以争取这些明星的海量粉丝对自己的支持③。这种政治明星和娱乐明星的联合将后者的影响力转借给前者，但这种表面上的影响力转借并不是一件好事④⑤，因为明星的参与将严肃的候选人竞选转化成了粉丝打榜式的娱乐事件。

---

① STREET J. Celebrity politicians: popular culture and political representation [J]. The British journal of politics & international relations, 2004, 6 (4): 435-452.

② FUREDI F. Celebrity culture [J]. Society, 2010, 47 (6): 493-497.

③ 同②.

④ FRANKLIN B. Newszak and news media [M]. London: Edward Arnold, 1997.

⑤ FRANKLIN B. Packaging politics: political communication in Britain's media democracy [M]. 2nd ed. London: Edward Arnold, 2004.

人们对某个政治人物的支持并非出自理性公民的选择，而只是追随者的狂热。此时，政治明星所争取的选票并非来自选民对其施政纲领的认同，而是粉丝对于偶像之热爱的无条件嫁接。这种娱乐势力直接介入政治事件的情景，在 20 世纪 90 年代之前是无法想象的。

娱乐文化对政治领域的第二大影响体现为娱乐明星广泛参与公共事务。他们或者为严肃的政治观点站台、游说或背书，或者为公益性事业或弱势群体代言。明星参与公共事务之所以自带巨大的社会影响力，出于三个原因：一是名人的新闻效应，他们本就是某个领域功成名就的人物，因此，他们对公共事务的发声比他们在本领域的某项成就更加具有异常性的新闻价值；二是政治关注度，政治家们更愿意与名人对话，以表达他们的政治亲民主义；三是名人效应，他们本身就自带拥趸，其发声更容易获得粉丝支持、公众关注或经济捐赠。但明星参与公共事务并不意味着民主的进步，因为名人通常对政治事务只有"不相关的品质和肤浅的知识"，并不能证明其主张能够"代表民意"①。相反，名人或许有极大的社会号召力，但在真正的严肃议题上，名人往往缺乏对公共政策的系统了解、理解问题关键的专业知识以及切中肯綮的执行能力。他们的无知导致他们只能在自己能够理解的范围内阐释公共事务，呼吁民众关注，从而使得严肃的政治问题琐碎化和浅薄化②。因此，在"公民反对名人'专家'"（Citizens Against Celebrity "Pundits"）的网

---

① STREET J. Celebrity politicians: popular culture and political representation [J]. The British journal of politics & international relations，2004，6（4）：435 – 452.

② WEST D, ORMAN J. Celebrity Politics [M]. Hoboken: Prentice Hall，2002：118.

站上，反对者声明："我们反对富有的好莱坞名人滥用他们的地位代表我们发声。我们不相信他们对我们的生活方式、我们所恐惧的东西和我们所支持的东西有清楚的了解。"①

在更底层的逻辑上，名人文化是一种以个体为中心的文化，其核心是名人本身的个体品质和沟通能力。当这种文化向政治领域迁移时，就会改变政治人物的评价标准和运作方式。政治家唤起民众共情的能力取代了其领导力，成为名人政治时代的主要技能②。政治正在被大众传播技术以流行文化的修辞方式和工具装置"重新形象化"③。名人政治的兴起使传统的政治技能，如谈判、妥协、斡旋、多头管理的技能被个人形象控制的能力、即兴演讲的能力、煽动公众的能力和筹款能力取代④，由此形成了一种"政治中的娱乐艺术"⑤。尼尔·波兹曼（Neil Postman）因此担忧道："我们的政治、宗教、新闻、体育、教育和商业已经变成了秀场附属品。外表和形象已经主宰了政治，我们已经到了这样的时刻，化妆术取代了意识形态，成为政治家必须充分掌握的专业技能"。决定选民是否支持某位候选人而不是另一位候选人的，并非其政治主张而是个人"风格"，"即他们（政治家）的外形、目光、笑容和说

① BARDSLEY L. Citizens against celebrity "pundits" [R/OL]. [2022 - 02 - 15]. https：//www. ipetitions. com/petition/hollywoodceleb/.

② MEYROWITZ J. No sense of place：the impact of electronic media on social behavior [M]. New York：Oxford University Press，1985.

③ MEYER T. Media democracy：how the media colonize politics [M]. Cambridge：Polity，2002：33.

④ WEST D，ORMAN J. Celebrity Politics [M]. Hoboken：Prentice Hall，2002：112.

⑤ 同③.

俏皮话的方式"①。

如此，名人文化时代的政治日渐成为一种娱乐性政治。选举如选秀，政坛也变秀场。

更严重的结果在于，人们对娱乐新闻的消费造成了参与公共事务的幻象。历数几个政治人物的八卦、评论几桩私德有亏的丑闻、臧否几番候选人的着装，都成为人们"参与"政治的装饰，乃至轻易做出投票决定的判断依据。人们满足于对"公共事务"这种轻而易举的参与，以为围观、点赞和毁掉一个职业名人的声誉就是践行正义与公平，从而低估真正的公共参与、公民运动的严肃性。这种替代性参与可能会消耗人们对真正的公共事务的热情，或者销蚀人们在面临真正的公共动员时的勇气。对严肃事务的娱乐化表达导致"公共事务的琐碎化，肥皂剧对公共话语的篡改，形成公共意志的机制失灵和崩溃……信息以及其他事物的琐碎化与左派和右派的原则都背道而驰。新闻的不连贯性、视野的分裂化、公共空间的个人化阻碍了所有持续性的政治动员"②。这才是八卦新闻对现代社会的真正危害。

从这个意义上说，为八卦新闻乃至软新闻的诸多辩护都太过乐观了。往昔被严肃报纸排除在"现代文明"之外的底层人群虽然经由通俗新闻的桥接进入了文化商品市场，但并没有因其消费身份而颠覆其阶级身份，其消费权利也不会自动兑换为政治权利。多元性并不是一种内生的民主形式。相反，以多元化为名对公共参与的疏

① POSTMAN N. Amusing ourselves to death: public discourse in the age of show business [M]. London: Penguin, 1986: 100, 137.

② GITLIN T. The anti-political populism of cultural studies [M] // FERGUSON M, GOLDING P. Cultural studies in question. London: Sage, 1997: 35.

离和解构却更有可能导致对政治的冷漠、轻佻或愤世嫉俗①。早在两百年前便士报诞生之初，学者塞缪尔·沃伦（Samuel Warren）和路易斯·布兰迪斯（Louis Brandeis）便指出："八卦看似无害，但如果听任其广泛而持续地随意扩散，它终将成为邪恶的渊薮。实际上，它既使人猥琐又使人变坏。其所以使人变得猥琐，是因为它颠覆了人们对事物重要性的判断，使人不再追求深刻思想与远大抱负……受这种颓靡之风熏染，理想、热情不再存在，慨然豪迈之气也无从产生。"②

特纳因此回应道，在"民主化娱乐"这个新提法中，"民主"是"娱乐"的一种偶然性和意外性的结果，"更广泛的媒体使用人群和更民主的政治参与之间并无必然联系……没有任何乐观证据可以支持，通俗文化提供了通往政治文化的可能性道路"③。

消费八卦新闻导致人们产生公共参与的幻象，这才是八卦新闻对现代社会的真正危害。从这个意义上说，为八卦新闻的诸多辩护都太过乐观了。往昔被严肃报纸排除在"现代文明"之外的底层人群虽然经由通俗新闻的桥接进入了文化商品市场，但并没有因其消费身份而颠覆其阶层身份。

① NGUYEN A. The effect of soft news on public attachment to the news：is "infotainment" good for democracy? [J]. Journalism studies，2012，13（5-6）：706-717.

② WARREN S D，BRANDEIS L D. The right to privacy [J]. Harvard law review，1890，4（5）：196.

③ TURNER G. The mass production of celebrity："celetoids", reality TV and the "demotic turn" [J]. International journal of cultural studies，2006，9（2）：157.

人名中英文对照表（按首字母排序）

Aaron Ben-Ze'ev 亚伦·本-泽耶夫

Adam Perkins 亚当·帕金斯

Akiba A. Cohen 阿基巴·A. 科恩

Alexander Rysman 亚历山大·里斯曼

Alice Marwick 爱丽丝·马维克

Andrew Mendelson 安德鲁·门德尔松

Andrew Ross 安德鲁·罗斯

Andy Miah 安迪·米娅

Andy Warhol 安迪·沃霍尔

Anna M. Jönsson 安娜·M. 约森

Anne Jerslev 安妮·耶斯莱乌

Annik Dubied 安尼克·迪比耶

Barack Obama 巴拉克·奥巴马

Benjamin Hampton 本杰明·汉普顿

Benjamin Day 本杰明·戴

Bill Clinton 比尔·克林顿

Biograph Studios 比沃格拉夫电影公司

Bob Franklin 鲍勃·富兰克林

Brian McNair 布赖恩·麦克奈尔

Carl Laemmle 卡尔·莱默尔

Carol Squiers 卡罗尔·斯奎尔斯

Carsten Reinemann 卡斯顿·莱纳曼

Catharine Lumby 凯瑟琳·兰比

Chris Rojek 克里斯·罗杰克

Danah boyd 丹娜·博伊德

Daniel J. Boorstin 丹尼尔·J. 布尔斯汀

David Grazian 大卫·格拉齐安

David Marshall 大卫·马歇尔

Deena Weinstein 黛娜·温斯顿

Edgar Morin 埃德加·莫兰

Edward J. Bloustein 爱德华·J. 布劳斯汀

Edwin Emery 埃德温·埃默里

Elizabeth Bird 伊丽莎白·伯德

Emanuel Levy 伊曼纽·莱维

Emrys Westacott 埃默里斯·韦斯科特

Eric Foster 艾瑞克·福斯特

Eric Gans 艾瑞克·甘斯

Federico Fellini 费德里科·费里尼

Florence Lawrence 弗洛伦丝·劳伦斯

Florence Turner 弗洛伦丝·特纳

Francesco Alberoni 弗朗西斯科·阿尔贝隆尼

人名中英文对照表

Frank E. Woods 弗兰克·E. 伍兹

Frank Furedi 弗兰克·福雷迪

Frederick Lumley 弗雷德里克·拉姆利

Gary A. Fine 加里·A. 费恩

George Winsner 乔治·文森纳

Gloria-Jean Masciarotte 格洛丽亚-让·马夏洛特

Graeme Turner 格雷姆·特纳

Guy Redden 盖·雷登

Hannah Arendt 汉娜·阿伦特

Helen M. Hughes 海伦·M. 休斯

Henrik Örnebring 亨利克·欧内布林

Hillary Clinton 希拉里·克林顿

Horace Greely 霍勒斯·格里利

Howard Dean 霍华德·迪安

Hunter Hargraves 亨特·哈格雷夫斯

Jacquelyn Arcy 杰奎琳·阿尔西

James Bennett 詹姆斯·贝内特

James Curran 詹姆斯·柯兰

James Bennett 詹姆斯·贝内特

James Parton 詹姆斯·帕顿

James Ulmer 詹姆斯·厄尔默

Jane Jenkins 简·詹金斯

Jane Shattuc 简·沙塔克

Janet Hirshenson 简尼特·赫申森

Janet Staiger 简尼特·斯泰格

Jason Toynbee 杰森·汤因比

John Fiske 约翰·费斯克

John Frow 约翰·佛柔

John Hartley 约翰·哈特利

John Langer 约翰·朗格

John Langley 约翰·兰利

John Street 约翰·史崔特

John Zaller 约翰·扎勒

Joseph Campbell 约瑟夫·坎贝尔

Joseph Pulitzer 约瑟夫·普利策

Joshua Gamson 约书亚·甘姆森

Julia Roberts 朱莉娅·罗伯茨

Jürgen Habermas 尤尔根·哈贝马斯

Kareem Abdul-Jabbar 卡里姆·阿布杜尔-贾巴尔

Katy Perry 凯蒂·佩里

Keith Negus 基斯·尼格斯

Lea C. Hellmueller 李·C. 赫尔姆勒

Louis Brandeis 路易斯·布兰迪斯

Lutte Ouvriere 卢特·欧弗瑞尔

Markus Prior 马库斯·普里尔

Martha Nussbaum 玛莎·纳斯鲍姆

Martin Conboy 马丁·康博伊

Martin Heidegger 马丁·海德格尔

Matthew A. Baum 马修·A. 鲍姆

Max Weber 马克斯·韦伯

人名中英文对照表

Meryl Streep 梅丽尔·斯特里普

Mette Mortensen 梅特·莫特森

Michael Emery 迈克尔·埃默里

Michael Schudson 迈克尔·舒德森

Michael Weinstein 迈克尔·温斯顿

Nancy Fraser 南希·弗雷泽

Neil Postman 尼尔·波兹曼

Nick Couldry 尼克·库尔德利

Nina Aeschbacher 尼娜·埃希巴赫

Olivier Driessens 奥利维尔·德里森

Pamela J. Shoemaker 帕梅拉·J. 休梅克

Patricia Spacks 帕特里夏·斯派克斯

Paul Vettehen 保罗·维特亨

Paul Weiss 保罗·韦斯

Philip Drake 菲利普·德雷克

Porter Gifford 波特·吉福德

Pramod K. Nayar 普拉蒙·K. 纳亚

Ralph L. Rosnow 拉尔夫·L. 罗斯诺

Rebecca Williams 丽贝卡·威廉姆斯

Richard Caves 理查德·凯夫斯

Richard DeCordova 理查德·德科尔多瓦

Richard Dyer 理查德·戴尔

Richard F. Outcault 理查德·F. 奥特考特

Robin Dunbar 罗宾·邓巴

Rosemary Coombe 罗斯玛丽·库姆

Ruth McElroy 鲁斯·麦克尔罗伊

Samuel Johnson 萨缪尔·约翰逊

Samuel Warren 塞缪尔·沃伦

Sarah Bernhardt 莎拉·伯恩哈特

Sarah Thomas 萨拉·托马斯

Simon Frith 西蒙·弗里斯

Soren Kierkegaard 索伦·克尔凯郭尔

Steven Barnett 史蒂文·巴尼特

Susie Khamis 苏西·哈米斯

the Biograph Girl 比沃格拉夫女郎

Theresa M. Senft 特蕾莎·M. 森福特

Thomas Hanitzsch 托马斯·哈尼茨奇

Thomas E. Patterson 托马斯·E. 帕特森

Tobias Raun 托比亚斯·劳恩

Todd Gitlin 托德·吉特林

Tony Blair 托尼·布莱尔

Valérie Gorin 瓦莱丽·戈林

Von Ogden Vogt 冯·奥格登·沃格特

Whitelaw Reid 怀特洛·里德

Will Irwin 威尔·欧文

William Hearst 威廉·赫斯特

后　记

　　这本书是一个无心插柳的成果，却有一个长长的故事。

　　现在回忆起读博士的日子，都觉得并不真切。一时似乎每天都在读 paper，从清晨读到午夜，不然没法应付那么多的课程、作业和论文；一时又仿佛日子逍遥，经常睡到日上三竿，午饭之后接午觉，一天是从下午三点才开始干活儿的，周末还有时间聚餐、打牌和去遥远的亚特兰大打牙祭。

　　2012 年的某个日上三竿时，我打开 iPad 刷"天涯论坛"八卦版，突然看到一个消息。大意是媒体采访某名人，问其为何对某个私人八卦沉默十年。该名人回应说，因为媒体的热点总是稍纵即逝的，我即便回应了，也不过会占据一个星期的版面，然后就烟消云散了；而我因此需要付出自己的隐私，觉得不值得，因此从不回应。

看到这条八卦的那一刻，我感觉自己的脑壳都被点亮了！因为这是一个天然的选题——究竟是什么决定了一个娱乐新闻在大众视野中的停留时间？是咖位吗？异常性吗？当时是否有其他竞争性热点？是否有水军下场？我现在还能隐约回忆起十年前那一刻的快乐，那种被灵感激荡的充盈。

无奈当时我已经通过了博士资格考试，正在博士论文的准备阶段，因此根本没有时间——也不敢去做这个"不务正业"的题目。于是，我把这个灵感和自己博士论文的研究方向——灾难传播——相结合，换了一个题目，即，是什么决定了一场自然灾害在公众视野中的停留时间。我把这个想法跟 Kim Bissell 教授说了，当时我是她的科研助理。她也很感兴趣，我们一拍即合，决定写出来，投 ICA 在智利的前会，这样可以去智利玩儿。这篇名为"The sky is falling：Predictors of news coverage of natural disasters world-wide"的文章 2012 年 7 月被会议接收，后来由于我的个人原因没有成行；2015 年正式在线发表于 *Communication Research*。那时，我回国工作已有两年了。

2013 年，我成为武汉大学的博士后。这个关于八卦的题目我还是很惦记，但初出茅庐的青椒丝毫不敢拿"八卦"作为自己入行的敲门砖，所以我还是老老实实地做自己的灾难传播，只不过把对象从博士期间的自然灾害转为了重特大事故。起始的问题还是那个老问题：究竟是什么决定了一场重特大事故在大众视野中的停留时间？之所以从自然灾害转做重特大事故，是因为后者往往勾连着复杂的社会关系，包含更多面的涉事群体和利益诉求，在学理上更迷

后　记

人，在实践层面也更有价值。2016 年，这个系列的第一篇论文《喧哗与寂灭：中国特别重大事故的媒体呈现（2000—2015）》发表于《新闻与传播研究》。我也因此慢慢走进很多人的视野。此后，重特大事故报道这个主题又陆续发表了十余篇论文，未来应该还会走下去。

但我的八卦之心不死。

2015 年，我迎来了自己的第一批硕士。那时候有的是时间看论文，灵感激荡，选题遍地，硕士进门第一次组会，我就摊开一长串题目让大家随意挑选。邹文雪和王冠宇挑了灾难叙事，许孝媛挑了发廊妹整容，李晓菲挑了老年人的广告形象，张皖疆挑了"指尖上的八卦"。此后一年半，皖疆君带给我太多惊喜，文章发表之路也异常顺利，审稿人不吝赞美，期刊也乐见其成。"Gossip at one's fingertips：Predictors of celebrity news on Twitter"一文 2017 年投稿，2018 年 8 月就见刊于国际知名期刊 *Journalism*。

一文写完，这个主题也不是我的主业，应该就到此为止了。但为了满足这个旁逸斜出的灵感，我看了与自己的主业毫不相关的近200 篇论文和 6 本著作，涉及人类学、政治学、历史学、词源学等很多领域，有些文章十分有启发，有些则令人捧腹。不同领域的学者在涉及八卦这个永恒的话题时所流露出的智慧与幽默令人心折。我怕忘记这些看过的知识，也怕忘记这种快乐，于是计划把看过的论文写成综述，以为记录。2018 年 2 月，一篇三万六千字的大综述完成。文章起于八卦、承接名人和名人研究、转为名人新闻和娱乐新闻，最后合入对次反公众和次反公共领域的讨论。由于涉及学科驳杂，适合本学科的部分并不多。我把中间一部分截出来，投稿到《国际新闻界》并于 2019 年刊出，题目是《名流、名流文化与名流新闻：历史、功能与争论》。

2017 年 3 月，"多友论坛"在南京师范大学举行。我没有别的文章，又想去凑热闹，就把三万字中剩下的头尾部分拼接了一下带去参会。我自知文章质量不佳，于是提前跟点评人潘祥辉老师告了饶。潘老师为人厚道，点评的时候只说了好话。无奈会上人人火眼金睛，个个嫉菜如仇，如白红义、刘鹏等当时熟悉或尚不熟悉的朋友纷纷下场批评；李金铨老师长者风度，也提出了很多改进意见。我急着回武汉参加同门十年聚会，没能跟师友们充分讨论就匆匆告辞，只能在微信群中瞥见大家对"八卦"这个题目的热情。回程的火车上，我收到了人大出版社翟江虹老师的微信。她热情地肯定了这个选题，鼓励我写成一本小书。这便是本书的第一个音符。

受到鼓励之后，我 2019 年暑假便开始动笔，7 月到 10 月间又写了五万多字。其中的一部分改写成《软新闻：机械时代的通俗文学》一文，参加了 11 月在福建师范大学举办的"'再造传统'：媒介社会学的理论图景与多元想象"工作坊。坊间也是炮火猛烈、子弹横飞，点评人李红涛老师和虞淑娟老师都批评得很带劲儿。实话说，我携实证研究论文参会几乎没受到过什么激烈的批评，但"八卦"论文的这两次参会都是批评者众，加之当时手头还有其他论文在写，我一时心生气馁，就慢慢放下了。

2019 年末，《新闻记者》主编刘鹏老师突然联系我，问我"多

后 记

友论坛"上讲的那篇"八卦"发表在哪里了，他想要引用一下。我一时受宠若惊。一来是因为刘鹏老师很少当面说人好话，这个拐弯抹角的肯定一时让我有点儿不适应；二是这其中的意味。因为这一刻，连着翟江虹老师给我发的微信，让我确定了一件事："八卦"这个主题在我看来，仅仅是"有趣"但不重要；但在资深编辑的眼中却很有价值。这才坚定了我将这本书写完的信心。我如实跟刘老师说，文章还没有发表，因为它其实是一个大综述的前后两截，逻辑上有明显的断裂，会上多友们也已经批评过了。刘老师当即出言指点。我在此基础上大修全文，重新追加了40多篇文献，写成《从八卦到八卦新闻：起源、功能与争论》一文，于2020年8月发表于《新闻记者》。

至此，全书已有十万余字。2020年10月，翟江虹老师特意约我，在人大"水穿石"咖啡厅里谈了半下午，将这本书的章节体例基本确定下来。

无奈诸事繁杂，一拖就到了2021年10月。我结束了手头的其他论文，着手整理文稿。此时，距第一次成稿已有三年，有些研究内容偏于陈旧，需要更新。我原本只想更新万余字即可成书，无奈文献越看越多。2022年2月，围绕影视明星、真人秀明星和网红，又补充了五万余字。至此，这本书的初稿才告完成。

弹指一算，围绕这本书的故事跨越十一年。从博士期间的一个灵感，到被转借到其他的研究课题衍生出的很多探索，到后来许多师友的见证与鼓励，才育成此书。它承载了学术这条路上最美好的东西。从最初灵感起源的兴奋，到每每读文献时偶有所得的喜悦，到每一次携文章参会时师友们的真诚批评，到学生们令人激赏的贡献，以及前辈们善意满满的指点。它是这样一个有趣的题目，又伴随这么多温暖而美好的人与事。

它代表了学术这条路上所有的幸运时刻，恰如繁星耀天河。

壬寅年元宵节初稿

癸卯年元宵节定稿

于中国人民大学静园

图书在版编目（CIP）数据

娱乐新闻小史：从讲八卦到流行文化的诞生／闫岩
著 . -- 北京：中国人民大学出版社，2024.4
ISBN 978-7-300-31983-4

Ⅰ.①娱… Ⅱ.①闫… Ⅲ.①文娱活动-新闻报道-
研究 Ⅳ.①G212

中国国家版本馆 CIP 数据核字（2023）第 144178 号

娱乐新闻小史
从讲八卦到流行文化的诞生
闫岩　著
Yule Xinwen Xiaoshi

出版发行	中国人民大学出版社	
社　　址	北京中关村大街 31 号	**邮政编码**　100080
电　　话	010 - 62511242（总编室）	010 - 62511770（质管部）
	010 - 82501766（邮购部）	010 - 62514148（门市部）
	010 - 62515195（发行公司）	010 - 62515275（盗版举报）
网　　址	http://www.crup.com.cn	
经　　销	新华书店	
印　　刷	涿州市星河印刷有限公司	
开　　本	890 mm×1240 mm　1/32	**版　次**　2024 年 4 月第 1 版
印　　张	9.25 插页 4	**印　次**　2024 年 5 月第 2 次印刷
字　　数	193 000	**定　价**　79.80 元